QUANDO FINALMENTE VOLTARÁ A SER COMO NUNCA FOI

BEST-SELLER DA REVISTA *SPIEGEL*

* * *

Finalista do Deutscher Buchpreis,
do Ingeborg-Bachmann Preis e do
Euregio-Schüler Literaturpreis.

JOACHIM MEYERHOFF

QUANDO FINALMENTE VOLTARÁ A SER COMO NUNCA FOI

A LOUCURA ESTÁ DO LADO DE DENTRO OU DE FORA?

TRADUÇÃO
KARINA JANNINI

valentina

Rio de Janeiro, 2016
1ª edição

Copyright © 2013, Verlag Kiepenheuer & Witsch GmbH & Co. KG, Colônia, Alemanha.

TÍTULO ORIGINAL
Wann wird es endlich wieder so, wie es nie war

CAPA
Rafael Nobre e Igor Arume | Babilonia Cultura Editorial

FOTO DE CAPA
Tanya Little | Getty Images

FOTO DO AUTOR
Peter Rigaud | Shotview Syndication

ILUSTRAÇÃO DE GUARDA
Felder KölnBerlin

DIAGRAMAÇÃO
Kátia Regina Silva | Babilonia Cultura Editorial

Impresso no Brasil
Printed in Brazil
2016

CIP-BRASIL. CATALOGAÇÃO NA PUBLICAÇÃO
SINDICATO NACIONAL DOS EDITORES DE LIVROS, RJ

M559q

Meyerhoff, Joachim
    Quando finalmente voltará a ser como nunca foi / Joachim Meyerhoff; tradução Karina Jannini. – 1. ed. – Rio de Janeiro: Valentina, 2016.
    352p.; 21 cm.

    Tradução de: Wann wird es endlich wieder so, wie es nie war
    ISBN 978-85-65859-97-4

    1. Ficção alemã. I. Jannini, Karina. II. Título.

16-30496

CDD: 833
CDU: 821.112.2-3

Todos os livros da Editora Valentina estão em conformidade com
o novo Acordo Ortográfico da Língua Portuguesa.

Todos os direitos desta edição reservados à

EDITORA VALENTINA
Rua Santa Clara 50/1107 – Copacabana
Rio de Janeiro – 22041-012
Tel/Fax: (21) 3208-8777
www.editoravalentina.com.br

Para Alma

VAMOS PARAR POR AQUI

MEU PRIMEIRO MORTO FOI UM APOSENTADO.
    Bem antes que um acidente, uma doença e a senilidade levassem as pessoas queridas e mais próximas da minha família; bem antes que eu fosse obrigado a aceitar que meu próprio irmão, meu pai jovem demais, meus avós e até mesmo minha cadela, companheira de infância, não eram imortais; e bem antes de eu manter um diálogo constante – tão alegre, tão desesperado – com meus mortos, certa manhã, encontrei um aposentado morto.

Uma semana antes, eu tinha completado sete anos e desejado ansiosamente esse aniversário, já que, graças a ele, eu finalmente conquistaria o direito de ir sozinho para a escola. De um dia para o outro, eu estava autorizado a ficar parado e continuar andando quando bem entendesse. O terreno do hospital psiquiátrico onde cresci, bem como os jardins, as casas, as ruas e a sebe que ficavam fora dos muros da instituição, pareciam mudados, e acabei descobrindo uma porção de coisas que nunca haviam chamado minha atenção quando estava na companhia da minha mãe ou do meu irmão. Dei passos um pouco maiores e me senti incrivelmente adulto. Como eu estava sozinho, as coisas ao meu redor também pareciam mais isoladas. Enfrentava-as cara a cara: o cruzamento das ruas e eu. A banca de jornal e eu. O muro do ferro-velho e eu.
    Fiquei surpreso com a quantidade de decisões que, de repente, podia tomar. De mão dada com a minha mãe, geralmente eu ficava imaginando coisas ou conversava com ela, e me deixava levar para a escola como se leva um cartão-postal ao correio, sem nunca prestar atenção no caminho.

JOACHIM MEYERHOFF

Na primeira semana, como eu havia prometido solenemente, percorri direitinho o caminho combinado – aquele que minha mãe tinha me ensinado, com todas as orientações para olhar para a esquerda e para a direita e de novo para a esquerda –, mas, na segunda-feira seguinte, decidi pegar um pequeno desvio pela horta comunitária. Abri, num solavanco, um portão verde gradeado e passeei ao longo de uma trilha entre seres em miniatura, arbustos e canteiros de hortaliças. Totalmente tranquilo eu não estava, porque meu pai tinha até me proibido, com todas as letras, de entrar naquela área.

— Estranhos podem se esconder nas cabanas da horta! – advertiu-me. – Por favor, não passe por ali. Combinado?

— Claro, pai, combinado!

Colhi uma maçã ainda verde, dei uma mordida nela, cuspi com habilidade o pedacinho azedo entre duas ripas da cerca e lancei a fruta o mais longe que consegui por cima dos telhados. Esperei ouvir um barulho, mas tudo continuou em total silêncio, como se eu tivesse jogado a maçã diretamente na gravidade zero. Ainda dei umas cuspidas e continuei andando. Não tinha levado em conta o fato de que a área era muito grande e parecia um labirinto. A cada bifurcação, eu me mantinha à direita e torcia para chegar a um portão que eu conhecia muito bem e que ficava a algumas centenas de metros da minha escola.

Olhei para meu novo relógio de pulso que havia ganhado de aniversário sem ter pedido. Ele era a condição para a minha nova independência. Faltavam cinco minutos para as oito. Eu tinha mesmo de me apressar. Cheguei a um jardim pelo qual já havia passado e acelerei o passo. Todos os caminhos eram parecidos, e procurei ignorar a angústia que crescia em mim. O encanto sinuoso da horta, que ainda despertava da tranquilidade da aurora, tinha ido embora tanto quanto a vontade que eu sentira pouco antes de percorrê-la por conta própria. Então, bem longe, mas

QUANDO FINALMENTE VOLTARÁ A SER COMO NUNCA FOI

com clareza, ouvi o sinal da escola, que tocava chamando para a primeira aula. Saí em disparada. A mochila batia com força nas minhas costas, como se um cocheiro mal-humorado estivesse me açoitando com seu chicote.

Finalmente, cheguei a uma longa reta e vi o ansiado portão. Quando o alcancei, constatei que estava fechado, mas atrás dele reconheci meu caminho para a escola. Saltei nele e segurei firme na borda superior. Como a grade era estreita, a ponta dos meus pés deslizava, e só quando coloquei toda a planta do pé contra ela é que consegui escalar. Passei uma perna para o outro lado e já estava me preparando para passar a outra e pular quando vi, no canteiro do jardim, à esquerda, um homem deitado. Soube na hora que era um morto.

Ainda hoje me espanto com o fato de não ter me assustado nem um pouco, nem ter saído em disparada. Ao contrário: cheio de curiosidade, fui me equilibrando pelo portão de ferro, arrastando o traseiro. Agora, sim, podia vê-lo melhor. Estava inteiro e, pelo que pude constatar, muito bem-vestido. Todo de bege. Um dos sapatos marrom-claros tinha saído do pé calçado com uma meia igualmente marrom-clara; sua camisa estava cuidadosamente enfiada por dentro da calça leve, e seu cinto trançado era igual ao que meu pai usava de vez em quando. Seus pés e suas pernas estavam no gramado e o restante do corpo, no canteiro de flores. Eu não sabia que flores eram aquelas, mas eram bonitas e coloridas.

Por que eu tinha tanta certeza de que se tratava de um morto? Por que não cheguei a pensar, nem mesmo por uma fração de segundo, em buscar ajuda? Por que achei que aquele cadáver era para mim, que me pertencia?

Ao redor do seu tronco, os talos das plantas estavam quebrados, alguns até arrancados, como se ele tivesse se debatido, lutado contra a morte, se agarrado nelas, cheio de dor. Estava deitado com a cabeça virada para baixo; os cabelos grisalhos, desgrenhados. Não consegui desviar o olhar; continuei sentado no portão, que oferecia um bom panorama, e observei-o. Eu estava pasmo. Não sabia o que fazer. Deveria descer até ele e entrar no reino florido dos mortos, ou pular para o outro lado – aquele dos vivos, dos carros, dos pedestres e da aula que já havia começado? Uma das minhas pernas pendia sobre o jardim e a outra, sobre a calçada. Uma ideia, inicialmente ainda vaga, consolidou-se em uma constatação sensacional e, por fim, abriu caminho, passando pela língua até chegar aos lábios:

– Encontrei um morto – disse baixinho, várias vezes e com entusiasmo crescente. – Encontrei um morto.

Pulei do portão para a calçada e corri para a escola. Abri a porta, subi a escada correndo, entrei desenfreado na sala de aula e comuniquei, radiante, em alto e bom som, a alegre notícia:

– ENCONTREI UM MORTO!!!!

A professora e todos os meus colegas olharam para mim como se Jesus Cristo em pessoa tivesse irrompido ali. O que está acontecendo? Estão surdos?, pensei, erguendo os braços e cerrando os punhos em sinal de vitória, para gritar ainda mais alto do que antes:

– EEEU ENCOOONTREI UM MOOORTO!!!!!

– O que é que deu em você para entrar aqui desse jeito? – repreendeu-me a professora, com uma irritação totalmente incompreensível. – Ficou louco?

Então, fui tomado por uma profunda tolerância para com a estupidez dos meus colegas, que me observavam incrédulos, e para com as expressões faciais nada pedagógicas que a professora deixava escapar. Eu não podia exigir demais daquelas pessoas. Certo da vitória e com uma lentidão enfática, coloquei-os a par da minha descoberta sensacional.

QUANDO FINALMENTE VOLTARÁ A SER COMO NUNCA FOI

— Tem um cara estirado na horta, é um morto. Eu o encontrei. Ele... está... morto! – articulei com a máxima clareza para todos os boquiabertos. – Está estirado entre as flores. Um homem. Um morto. Eu o encontrei. Isso mesmo, eu. Encontrei um morto!

— Vá se sentar no seu lugar!

Tirei a mochila das costas e sentei-me na minha cadeira. Meu Deus, como o tampo da minha carteira era baixo! Meus joelhos mal cabiam embaixo dele. Mas isso não me surpreendeu. Quem possui um morto avança, espicha, expande-se e tem uma vantagem decisiva. A professora levantou-se da sua mesa, que me pareceu tão diminuta e frágil como nunca, veio até mim, abaixou-se e olhou-me com seriedade. Esse olhar ainda me encontraria muitas vezes na vida; um olhar que não deixa dúvidas quanto à sua mensagem: "Vamos parar por aqui. Acabou a graça." Um olhar que coloca você diante de uma encruzilhada: ou você se despede da sociedade feita de pessoas honestas e que amam a verdade, como se você fosse o mentiroso barão de Münchhausen tornando-se ou confessando-se um vigarista sem salvação, ou você se confessa culpado, se arrepende e se afasta com repugnância de tudo o que não é plausível.

Passou um bom tempo olhando-me assim:

— E então, o que aconteceu? Diga a verdade: *o que* você encontrou?

Calei-me. Como se a voz dela quisesse deixar aberto para mim o caminho de volta para eu me retratar, enunciou a pergunta que soou como um abraço que me tirasse todo o peso dos ombros:

— Vamos lá, me diga: o que realmente aconteceu?

Eu ainda estava sem fôlego por causa da minha corrida veloz, ou, melhor dizendo, da falta de ar que irrompera somente naquele momento, uma vez que eu podia responder com toda calma.

— Encontrei uma coisa.

— O quê?
— Um morto! – respondi, ofegante.
— Um morto?
— É.
— Onde?
— Perto da horta.

Nunca, em aula nenhuma, nem mesmo quando o diretor, gravemente ferido na guerra por um tiro na cabeça, substituiu nosso professor doente e mostrou-se disposto a jogar o molho de chaves na gente, fez-se um silêncio tão grande na sala.

Quanto mais eu era pressionado, mais inseguro ficava. De repente, insistir no meu morto pareceu muito mais difícil do que ceder à sua incredulidade e simplesmente negar tudo e dizer: "A senhora tem toda razão. Me desculpe" ou "Acho que me enganei. Não era nada. Uma calça, sim, talvez uma calça, um espantalho caído. Isso mesmo, foi isso. Sinto muito ter chegado atrasado. Foi uma desculpa. Não encontrei nada, muito menos um morto."

Mas não me dei tão facilmente por vencido, mesmo depois que a pressão aumentou:

— Se for verdade o que você está dizendo, então terei de chamar a polícia, que irá até lá. E, se não houver nada, pode ter certeza de que você se arrependerá amargamente.

Ah, não! A polícia?, pensei. O que fazer agora? Talvez eu realmente tenha me confundido; vai ver o homem estava apenas inconsciente ou procurando alguma coisa entre as flores. Talvez, pensei desesperado, já tenha se levantado há tempo, calçado o sapato, arrumado as flores, penteado os cabelos e agora esteja sentado em uma espreguiçadeira na frente da sua casinha jeitosa. O policial apareceria junto ao portãozinho do seu jardim, imaginei, e o cumprimentaria:

— Bom dia. Desculpe por incomodar. Por acaso, o senhor viu um morto por aí?

– Um morto? Não, seu guarda, com certeza, não.
– Um menino afirmou ter visto um aqui.
– Nossa! Faz tempo que não ouço uma bobagem como essa! No meu jardim? Um morto? Mas que absurdo! Até onde vai a imaginação dessa garotada, hein?
– Com certeza, o senhor tem toda razão. Tenha um bom-dia.

O que fazer? Todos olhavam para mim. Até os dinossauros de plasticina, feitos na aula de trabalhos manuais e que estavam sobre os parapeitos das janelas, pareciam me encarar com ceticismo. Mas era verdade, verdade verdadeira!

– Sim – insisti –, eu vi. Na grama. Estava morto!
– Muito bem – anuiu. – Por favor, fiquem todos, e quando eu digo todos, quero dizer todos mesmo, na sala, sentados em suas cadeiras. Volto logo.

Assim que ela passou pela porta, todos, mas todos mesmo, vieram correndo até mim.

– É verdade?
– Onde?
– Como era a cara dele?
– Já estava podre?

Recostei-me e respondi:

– Não, nem um pouco.
– Como você sabe que ele estava morto?
– Essas coisas a gente vê.
– Ei, mas e se estivesse vivo?
– Será que foi assassinado?
– Você viu sangue?

Eu estava prestes a ceder à tentação de ter visto um pouco de sangue em sua nuca. Imaginei direitinho.

– É claro que pode ter sido assassinado – respondi –, na sua... Não, sangue eu não vi.

A professora voltou, e os alunos foram para seus lugares. Ela se colocou atrás da sua mesa, levantou as mãos pedindo silêncio e disse:
— Vamos até o diretor.
Levantei-me e me dirigi à porta da sala. Ela se aproximou de mim, colocou a mão nas minhas costas, e o calor da sua mão quente atravessou momentaneamente meu pulôver e ardeu na minha pele como uma advertência em brasa; então, ela me preveniu, sussurrando em um tom de voz desagradável, de forma que os outros alunos não ouvissem:
— Ainda está em tempo de me dizer a verdade. Você sabe que o diretor odeia que mintam para ele. Você tem mesmo certeza?

Sua confiança em mim era nenhuma, uma vez que recentemente ela me pegara mentindo. Nada importante, assim eu achava.
No pátio, dois meninos começaram a brigar. Eu nunca tinha visto uma pancadaria, mas ao redor dos brigões formara-se uma aglomeração de crianças. Tentei me espremer entre elas, mas não consegui de jeito nenhum. Ouvia respirações ofegantes e gritos de incitação. Então, vi nossa professora atravessar o pátio correndo. O espetáculo não demoraria a acabar. Por isso, gritei:
— Também quero ver!
Sem chance.
— Pessoal, me deixe passar! Também quero ver!
De novo, nenhuma reação. Então, gritei, sem pensar, o mais alto que pude:
— Eu sou médico!
O círculo externo dos curiosos cedeu, e abri caminho:
— Me deixem passar. Sou médico!
Formou-se um corredor, em cuja extremidade consegui ver os meninos que se espancavam com brutalidade. Em seguida, entrei no centro da roda: um médico de sete anos a caminho da sua primeira emergência.

QUANDO FINALMENTE VOLTARÁ A SER COMO NUNCA FOI

Foi quando a professora me pegou pela nuca e me afastou para o lado.

— Conversamos mais tarde, entendido? — E lançou-se como uma juíza entre os lutadores atracados no chão.

No intervalo seguinte, tive de encontrá-la na sala totalmente enfumaçada dos professores, sentar-me à mesa e me explicar.

— O que você exclamou lá no pátio?

— Não lembro mais.

— Lembra, sim. Não minta para mim.

Consciente da minha culpa, abaixei minha cabeça encaracolada, mais para demonstração do que por convicção.

— Você vai repetir agora mesmo o que exclamou! Ou então vou chamar seus pais.

— Eu sou médico!

— Ficou louco? Por que disse isso?

— Eu queria ter dito: "Meu pai é médico."

— Que bobagem! E por quê?

— Queria ver o que estava acontecendo.

— O que havia ali para ser visto?

A professora conversava comigo devagar e com a máxima clareza, como se estivesse falando com um paspalho.

— Você... não... é... médico!

Concordei com a cabeça.

— Quem... é... médico?

— Meu pai! — respondi bem em cima de um cinzeiro à minha frente, e minúsculas partículas de cinzas pairaram no ar, enquanto minha confissão ia parar dentro dele.

— Muito bem. Pode ir agora.

Ainda nos corredores abandonados que levavam ao diretor, sentia a mão quente da professora nas minhas costas. O diretor estava sentado atrás de uma escrivaninha monstruosamente grande. Nem a porta nem as janelas da sua sala me pareceram amplas o bastante para ter deixado passar aquela tora de madeira. A escola inteira devia ter sido construída em torno daquele bloco maciço. Logo comecei a imaginar, vi uma escrivaninha enorme no ar, suspensa por um guindaste. Operários gritavam: "Um pouco mais para cima! Um pouco mais para a esquerda! Assim está bom!", e, com perfeição, posicionavam o móvel gigantesco no centro do nada, enquanto ao seu redor os muros da minha escola eram erguidos.

– Onde o encontrou?
– O quê?
– Onde encontrou o homem?
– Lá em cima, junto ao portão. Mas ele está fechado. O homem está estirado do outro lado, no jardim.
– Tem certeza?
– Acho que sim.
– Como "acho que sim"?

Olhou-me com um olhar penetrante, um autêntico olhar de diretor, mas que me pareceu meio embotado, meio gasto. Logo tive certeza de que ele já havia mirado centenas, para não dizer milhares, de crianças com aquele olhar.

– Ou você viu o morto, ou não viu! – prosseguiu. – Sabe, quando eu era jovem, vi muitos mortos; não dá para esquecer o olhar deles assim tão facilmente. – Encarou-me no fundo dos meus olhos, mas era como se estivesse vendo outra época através de mim. – Não é nada bonito ver braços e pernas retorcidos e congelados na neve. Para suportar o frio, roubávamos os casacos dos russos mortos. Perdi quatro dedos dos pés.

O diretor tirou os óculos, e, em seu crânio calvo, vi um sulco que as hastes deviam ter imprimido na pele. Esse homem me pareceu profundamente suspeito. Em uma aula de substituição, havia levado seu acordeão, cantado canções populares e, por fim, caído em prantos. Por alguns minutos, ficara chorando diante da turma, abrindo e

QUANDO FINALMENTE VOLTARÁ A SER COMO NUNCA FOI

fechando o acordeão, sem dele tirar nenhum som. Como um animal plissado, sentado agonizante em seu colo, o instrumento lutara para respirar e só parara ao toque do sinal.

— Ei, você está me ouvindo?

— O quê? Estou, claro. Então, vi um morto. Tenho certeza. Lá no meio das flores.

— Tem certeza?

— Tenho.

— Muito bem! — Pegou o fone gigantesco e preto retinto do telefone, antiquado já naquela época. — Bom dia. Aqui é o diretor Waldmann, da Escola Norte. Gostaria de notificar que um dos nossos alunos encontrou um morto na horta. — Parou para ouvir e olhou para mim. — Quando foi?

— Às oito, um minuto depois das oito — respondi, feliz por saber responder pelo menos isso com exatidão.

Ele ainda disse duas vezes "Sim, está bem", depois desligou.

— Pode voltar para sua sala.

Como assim?, pensei. Isso é tudo? Mal passei pela porta, virei-me novamente:

— Não devo mostrar aos policiais o local onde ele está?

— Se ele está lá, vão encontrá-lo. Agora pode ir. E mande lembranças ao seu pai.

— Mando, sim.

Ao voltar para a sala, de repente tive a ideia de sair correndo da escola pela entrada da horta e antecipar-me aos policiais para comprovar se ele ainda estava lá. Mas, justo nesse momento, tocou o sinal, os alunos irromperam pelas portas abertas com violência, e minha ideia acabou naufragando na confusão geral. Os colegas me cercaram, me crivaram de perguntas sobre o aposentado, e, no começo, ainda consegui contar toda a história de maneira verídica. Mas logo simplesmente ficou

tentador demais recorrer a pequenos floreios para continuar prendendo a atenção dos meus indagadores e ouvintes, entre os quais também várias meninas. À pergunta: "Você viu o rosto dele?", inicialmente eu sempre respondia com um claro "não". Mas depois, quando me perguntaram pela terceira ou quarta vez: "Tem certeza de que não viu?", eu respondia:
— Talvez um pouco. O nariz.
— Mas se você viu o nariz, também deve ter visto um olho!
— Vi, sim. O nariz e um olho.
— Estava aberto ou fechado?
— Estava... — baixei o tom de voz — ... estava aberto.

Meus indagadores ansiavam tanto por saber como era a cara do defunto que, aos poucos, foram virando-o de costas. Eu não queria decepcioná-los. A cada intervalo, meu morto foi ficando pavoroso. Por volta das dez horas, seus olhos abertos fitavam o céu; ao meio--dia, da sua boca de aposentado sem dentes já pendia uma língua esbranquiçada; e, no início da última aula, por pouco um besouro preto e cintilante não se arrastara para dentro da sua garganta.

Naquela manhã, não aprendi nem sequer o mínimo em aula nenhuma, de tão ocupado que estava em burilar os detalhes. Terminada a aula, finalmente rompi a última trincheira da verdade. Cercado por uma multidão de colegas no pátio, arrisquei-me dando asas à imaginação. O melhor aluno da turma, que costumava faltar muitos dias porque participava de torneios de xadrez nas duas Alemanhas e geralmente não se dignava a olhar para mim, perguntou:

— E você tem cem por cento de certeza de que ele não estava vivo?

— Na verdade, sim, se bem que... — Olhei pensativo para o grupo que não desgrudava os olhos dos meus lábios e, de repente, fiz cara de surpreso, como se tivesse acabado de me lembrar de uma peça do quebra-cabeça, que me havia escapado até então. — Se bem que, agora que você está me perguntando... dois dedos da... espere um pouco... sim, da mão esquerda se mexeram embaixo das flores.

— Embaixo das flores? E como você conseguiu ver isso? – objetou seu cérebro treinado até não poder mais pelo xadrez para exercer o raciocínio lógico.

— Bom – respondi, dominado pela atenção que me era dispensada e desfrutando do suspense –, seus dois dedos se arrastaram bem devagar, como minhocas saindo da terra, por entre as flores até a superfície.

As reações da minha família ao meu morto foram bem diferentes. Minha mãe me apertou contra ela e me consolou:

— Coitadinho, está mesmo tudo bem com você? Que coisa horrível!

Meu pai, psicologicamente treinado, falou-me da efemeridade da vida, deslocou minha descoberta para um contexto bastante abrangente e me explicou como devia ter morrido o aposentado:

— Muito provavelmente foi um infarto. Não deve ter sofrido. Na verdade, não é nada mal morrer assim. De manhã, colhendo flores.

Depois, para meu alívio, não perguntou o que eu fora fazer na horta, apesar de sua proibição.

Meus dois irmãos mais velhos não acreditaram em uma palavra minha, embora eu tenha retomado a versão original do meu relato sobre a descoberta do corpo – tão bem quanto ainda era capaz de me lembrar dela, após tanto enfeitá-la. Só depois que tive um ataque de fúria, de chorar desconsoladamente e soluçar, dizendo: "Por que vocês não acreditam em mim? Juro por tudo o que me é sagrado, juro pela minha vida que encontrei um morto!", é que a admiração foi aos poucos tomando o lugar do ceticismo. Consolaram-me e fizeram-me contar todos os detalhes, ainda que ínfimos.

Contudo, o fato de que, nos dias seguintes, nenhum policial tenha batido à minha porta, de que eu não tenha ido parar nos jornais – eu imaginava uma foto grande, na qual eu aparecia sério, apontando com o dedo o local da descoberta – e de que não houvesse nenhuma recompensa para quem encontrasse gente morta me deixou um bom tempo magoado.

Nas semanas seguintes, volta e meia tive de falar a respeito do meu achado. Na escola, na associação de natação, aos meus irmãos, aos parentes e aos amigos dos meus pais. Aprimorei a história, memorizei as versões mais bem-sucedidas e cheguei a desenvolver algo como versões ajustadas aos ouvintes. Meus colegas e meus irmãos queriam horrorizar-se. Nesse caso, a palavra "apodrecido" era tiro e queda, e as frases "seus olhos abertos fitavam o céu. Estavam levemente apodrecidos" sempre provocavam um novo calafrio. Os adultos do sexo masculino ficavam impressionados com uma ação infantil resoluta: "Tudo ficou gravado na minha cabeça com precisão: horário, local da descoberta, posição do cadáver... Saí correndo direto para a sala do diretor e lhe contei tudo!" Já com o público feminino, eu permitia que minha timidez aos poucos alcançasse o grande *páthos* e, sem o menor constrangimento, oferecia frases como estas: "Uma brisa soprou pétalas de rosas sobre o corpo enrijecido. Algumas se prenderam em seus cabelos grisalhos."

É claro que eu sabia muito bem que estava mentindo, mas para mim era como se a história tivesse vida própria e a minha responsabilidade de satisfazê-la mostrasse que eu era digno dela. Afinal, quem costuma encontrar um morto? Eu queria de todo jeito que esse acontecimento extraordinário se sentisse bem comigo, queria que ficasse ao meu lado; por isso, eu não economizava em presenteá-lo com guirlandas e arabescos.

Foi então que aconteceu algo inconcebível para mim, algo que até hoje marca minha vida. Eu estava contando a história do aposentado pela enésima vez para um amigo do meu irmão mais velho. Como

QUANDO FINALMENTE VOLTARÁ A SER COMO NUNCA FOI

sempre, comecei com a minha decisão de abandonar o caminho da escola, depois contei que jogara fora a maçã verde, aumentei o suspense dizendo que me perdera, escalara o portão e descobrira no canteiro o homem caído. Para não me entediar, sempre inventava novos detalhes, e disse por fim:

— Então vi que ele usava uma aliança no dedo. Parecia valiosa. Rapidamente pensei em pular o portão e tirá-la do seu dedo. Mas o sinal da escola tocou, e saí correndo.

Enquanto inventava a aliança, de repente senti um arrepio me percorrer a espinha e, de fato, vi a aliança diante de mim. Era verdade! Não tinha inventado. Meu morto usava uma aliança de ouro na mão esquerda já sem vida!

— É verdade! — exclamei. — É verdade mesmo! Ele estava usando uma aliança!

Meu irmão e seu amigo me olharam sem entender.

— Como assim? O que você quer dizer com "é verdade"?

— Estou falando da aliança. É verdade mesmo.

Nunca vou esquecer esse momento. Eu tinha inventado uma coisa que, de fato, era verdade. A aliança imaginada, pescada no ar, tinha ressuscitado a aliança real, verdadeira. Como um instrumento arqueológico, a mentira havia trazido à tona um detalhe oculto das profundezas da memória.

Para mim, foi um reconhecimento incrivelmente libertador: inventar significa recordar.

UM LAR NO HOSPITAL PSIQUIÁTRICO

NA ÉPOCA, E AINDA HOJE, O HOSPITAL PSIQUIÁTRICO regional para crianças e adolescentes no qual cresci se chamava "Hesterberg". É o maior do gênero em Schleswig-Holstein. Meu pai era psiquiatra de crianças e adolescentes, e, quando se tornou diretor do hospital, havia lá mais de 1.500 pacientes. A instituição foi fundada em 1817 por um doutor chamado Suadicani, que se dirigira ao rei, pedindo a construção de um manicômio "para salvar essas pessoas tão desafortunadas, cuja miséria clama aos céus". A cada dois anos, tinha o nome alterado. Primeiro chamou-se "Manicômio Provincial"; depois, "Instituição Provincial para Pessoas Afetadas por Idiotia"; em seguida, "Sanatório Provincial para Pessoas com Debilidade Mental". Mais tarde, especializou-se em jovens e se nomeou "Sanatório e Educandário para Crianças com Debilidade Mental", e, por fim, após 150 anos, "Hospital Psiquiátrico Hesterberg para Crianças e Adolescentes".

Contudo, ainda moram no hospital muitos pacientes crescidos e até bem velhos, que nunca foram transferidos para um hospital psiquiátrico para adultos, porque não tinham condições de deixar o ambiente com o qual estavam familiarizados, na maioria das vezes, desde a infância.

Com exceção de um moderno hospital, que estava para ser inaugurado, as construções remontam ao fim do século XIX. Enormes e sombrios caixotes de tijolos aparentes, nos quais chegavam a dormir até 20 pacientes em cada quarto. Escadas compridas ladeavam os beliches de quatro andares. As grades das camas superiores podiam

QUANDO FINALMENTE VOLTARÁ A SER COMO NUNCA FOI

ser trancadas para que os pacientes não caíssem; mais pareciam pequenas jaulas.

O terreno do hospital psiquiátrico era grande e constituía um mundo por si só. Era composto por um viveiro de plantas, uma cozinha ampla, uma marcenaria, uma alfaiataria, uma espécie de lavanderia a vapor – pelo menos, era assim que chamavam –, uma central de aquecimento a carvão, com uma chaminé de tijolos vermelhos, e uma serralheria, onde se soldavam quase exclusivamente grades: para janelas, camas e cercas de um metro de altura para rodear os jardins de cada unidade. Em alguns desses locais, trabalhavam pacientes em um misto de terapia ocupacional e exploração.

Nossa casa era o ponto central desse espaço. A mansão do diretor havia sido instalada no centro do terreno, de maneira totalmente consciente, pelo fundador do hospital psiquiátrico. De certo modo, a construção suntuosa era uma demonstração de poder e uma declaração de que, como diretor, não estava alheio àquele mundo. Assim eu cresci. Em meio a 1.500 doentes psíquicos, além de deficientes físicos e mentais. Meus irmãos e eu dávamos aos pacientes os mais diferentes nomes. Sem a menor consideração, nós os chamávamos de idiotas, loucos ou doidos. Mas também de palermas, bobões, tantãs, inúteis, babacas e cretinos. Ou de psicóticos, mongoloides, toupeiras, débeis e paspalhos – o favorito do meu irmão mais velho era: cabeções. Para nós, chamá-los assim parecia totalmente normal. De vez em quando, até meus pais utilizavam alguma dessas expressões quando estávamos só entre nós.

Todas as manhãs, eu percorria a metade do meu caminho para a escola atravessando o hospital psiquiátrico, onde sempre encontrava os mesmos pacientes. Assim que eu saía do jardim na frente da nossa casa por um portãozinho, via sentado, logo no primeiro banco, um rapaz que adorava fumar cigarros em uma única tragada. Ele ficava esperando meu pai, que costumava lhe dar um dos seus Roth-Händle. O rapaz ofegava, soltava todo o ar, colocava o cigarro na boca, acendia-o e tragava. Uma única tragada – e o cigarro inteiro queimava! Logo em seguida, cuspia a guimba na frente do banco, expirava lentamente – tanta fumaça! – e ficava ali sentado, envolvido numa fumaceira, com os olhos enevoados de felicidade.

Depois, no banco seguinte, outro rapaz, Thorsten, que sempre perguntava:

— Tem perfume aí? Tem perfume aí? Tem perfume aí?

Ele costumava franzir repentinamente os lábios, fazia biquinho, como se fosse beijar, e assoprava. Assoprava a ponta dos dedos ou os fiapos da manga da sua camisa. Na primavera, quando os fios lanosos do choupo-bálsamo ficavam sobre os bancos do hospital psiquiátrico, ele passava o dia todo assoprando os assentos e os encostos para limpá-los. Certa vez, ganhou de mim um vidro de "Lagerfeld", que assoprou, destampou e bebeu inteirinho.

Alguns metros mais adiante, na esquina seguinte dos edifícios, eu geralmente encontrava uma menina. Quando ela conseguia arrancar seu capacete de proteção, socava a própria testa e usava o sangue que escorria da cabeça para desenhar sóis, estrelas e luas. Várias vezes, eu vi essas estrelas de sangue seco no asfalto.

No verão, em um dos jardins com cercas altas, volta e meia um jovem ficava deitado no gramado. Perto da cerca. Não tinha olhos. Sua testa, seu nariz e os ossos da face formavam uma única superfície. Na pele coberta de cicatrizes, dois olhos pretos haviam sido desenhados com caneta hidrográfica. Dois círculos, cada qual com um ponto como pupila. Segundo meu pai me contara, o desenho era um desejo do próprio jovem, que queria ficar bonito quando ia para o jardim.

Havia ainda um homem ensimesmado, que se mostrava sempre amigável e passeava fumando um cachimbo apagado. Chamava-se

QUANDO FINALMENTE VOLTARÁ A SER COMO NUNCA FOI

Egon. Meu pai me preveniu contra ele, pois Egon gostava de dobrar cabides de arame e cravá-los no traseiro dos outros. Por alguns dias, uma radiografia em que se podia reconhecer um pedaço de arame nos órgãos destacados em cinza ficou pendurada na janela da nossa cozinha.

E, claro, também havia Rudi, conhecido como Tarzan. Ele gostava de subir nas árvores ou de ficar deitado, à espreita e imóvel, no gramado. Sempre trazia consigo um revólver que parecia de verdade, precipitava-se rápida e silenciosamente na frente de alguém e apontava para suas têmporas o cano da arma. Quem o conhecia sabia que era inofensivo e, para agradá-lo, fingia levar um belo susto. Tarzan adorava quando alguém se ajoelhava à sua frente e suplicava: "Por favor, por favor, não me mate!" Sua cabeça, coberta por um tufo de cabelos ruivos, não era muito mais larga que a palma da mão.

Também havia uma menina insistente que se chamava Bine ou Trine. Era baixinha. Quando eu tinha dez anos, já era mais alto que ela. Quem a encontrasse não conseguia se ver livre dela, pois acompanhava a pessoa até a saída do hospital. Com voz aguda, sempre fazia as mesmas duas perguntas: "Quem é você?" e "Quem temos aqui?". Quando eu dizia meu nome, ela ria, apertava os peitos fartos contra minhas costelas e contestava: "Nada disso, quem é você?" Eu tentava me soltar, mas ela era forte. Agarrava-me, cheirava mal e se esfregava em mim. Pouco importava o que eu dissesse, nunca acertava: "Quem é você?", sempre perguntava. Várias vezes me apertou contra o muro, mantendo-me preso por alguns minutos: "Quem temos aqui?" Eu tentava escapar. "Nada disso. Quem é você?"

Na saída, portão 2, um paciente achava que era o guarda. Andava fantasiado com um uniforme que tinha dragonas de espuma coladas nos ombros do casaco azul-claro e era todo condecorado com tampinhas de garrafa. Ao redor das pernas da calça, tinha afivelados cintos coloridos. Com extremo esforço, arqueava o tórax, batia os tacões, acenava para os carros passarem, e toda manhã me perguntava: "Aonde vai?" E eu respondia: "Para a escola." Ele batia continência e gritava: "Ah, vai transar de novo?", e me deixava passar.

Eu cumprimentava os guardas, que me conheciam bem. A cancela era aberta, e eu saía.

Muitas vezes, junto aos dois portões e também na frente das entradas principais dos prédios, ocorriam cenas dramáticas. Pacientes novos, que acabavam de chegar, recusavam-se a entrar na área ou nos prédios, agarravam-se aos parentes e chutavam os enfermeiros; ou, então, pacientes antigos defendiam-se com unhas e dentes para não deixarem a área ou os prédios, agarravam-se aos enfermeiros e chutavam os parentes. Para muitos, tanto o caminho para entrar no hospital psiquiátrico quanto para dele sair era puro horror.

É claro que também havia os mais reservados, que, obviamente, constituíam a maioria. Ficavam sentados, mergulhados em si mesmos, balbuciando, ou caminhavam sem descanso pelo terreno. Em uma unidade um pouco afastada, nos fundos da qual se encontrava um pátio com vários bancos, ficavam sentados pacientes que, como fantasmas, se assemelhavam. Crânios raspados, bocas com lábios grossos, narizes enormes e olhos melancólicos com pupilas dilatadas. Os lóbulos dos seus carnudos pavilhões auriculares pareciam inchados e pesados. Seus rostos tinham um aspecto descorado, como se tivessem sido desenhados com um lápis de grafite muito macio. Ficavam mastigando, sentados nos bancos ou no seu encosto, e, quando o sol se punha, acontecia de a luz oblíqua da noite penetrar bem avermelhada nas suas orelhas de abano. Meu irmão mais velho dizia:

— Veja só como ficam sentados, contemplando o infinito. Meio sinistro, não acha? Veem tudo, cheiram tudo, ouvem tudo, captam dez vezes mais que a gente e não fazem absolutamente nada o dia inteiro!

Chamávamos o lugar de "pátio das corujas tristes".

QUANDO FINALMENTE VOLTARÁ A SER COMO NUNCA FOI

Muitos pacientes não eram vistos, pois não estavam em condições de sair das unidades ou não tinham autorização para fazê-lo. Quando o tempo permitia e não chovia, os doentes eram empurrados para fora e, quando ainda fazia frio, ficavam deitados com gorro na cabeça e imóveis em macas com rodízios, ou sentados em cadeiras de rodas, debaixo das cobertas. As cadeiras de rodas eram totalmente diferentes umas das outras. Algumas haviam sido construídas para crianças minúsculas e aleijadas, e, graças a um mecanismo hidráulico, podiam subir e descer, ser inclinadas para frente e para trás. Outras tinham encosto de cabeça com anteparos que se ajustavam à esquerda, à direita e na parte superior. Até mesmo embaixo do queixo havia um suporte. As cabeças ficavam emolduradas como máscaras em suas caixas.

Em dias quentes, muitas dessas crianças com graves deficiências físicas eram levadas aos jardins da unidade, que possuíam cercas altas, como se fossem recintos para animais perigosos, e eram parcialmente protegidas com arame farpado nos cantos superiores – no entanto, não se via ninguém ao redor que pudesse escalar ou até pular tais obstáculos. Muitas vezes, eu ficava ali parado, com os dedos enganchados na cerca e olhando o campo coberto de dentes-de-leão ou margaridas, no qual os pacientes, deitados em cobertas coloridas, pareciam ter sido semeados. Alguns tentavam se arrastar, outros se espreguiçavam, desfrutando os raios de sol. Em um canto do gramado, sobressaíam dedos dos pés, bem abertos; em outro, mãos que vez por outra se esticavam na direção do céu azul, como garras. Alguns arrancavam as roupas de baixo, e eu via seus genitais. A uma mesa ficavam sentados enfermeiras e cuidadores, fumando e tomando café. Atrás deles, uma estante em que eram depositadas as próteses que haviam sido tiradas: cintas de diferentes formatos, com pequenas correias de couro e fivelas para o tórax, a pelve ou para cabeças, que, sem apoio, tombariam. Certa vez, um bichinho de pelúcia escapou da mão de um menino. Caiu bem ao seu lado, na grama. Ele se esforçava, mas não conseguia alcançá-lo. Voltei horas depois da escola, e ele ainda não o tinha pegado.

Os cuidadores me conheciam e acenavam para mim, ou então uma das enfermeiras me levava alguma guloseima até a grade e empurrava um pedaço de bolo mármore pela fenda.

Eu estava em casa.

De vista, eu conhecia centenas. Meninos e meninas, ano após ano atrás das mesmas janelas lambuzadas. Estava na época de pintar com os dedos, e orgias expressivas de tinta costumavam cobrir as janelas da frente. Atrás delas, viam-se os pacientes de avental, esfregando e espalhando tinta em todas as vidraças.

Sempre me surpreendeu o fato de me deparar apenas raramente com pacientes brincando entre si. Havia um grande parquinho com um trepa-trepa incrível, em forma de helicóptero, balanços e escorregadores, mas geralmente ficava às moscas. Talvez o que mais chamasse a atenção fosse o fato de que, embora a área estivesse cheia, até lotada, muitos pacientes ficavam sozinhos, ocupados consigo mesmos. E quando passeavam de mãos dadas com algum cuidador, ainda assim estavam isolados.

Alguns usavam grossos capacetes de couro que pareciam ter sido recortados de bolas medicinais. Outros, luvas acolchoadas que cobriam separadamente o polegar e os quatro dedos, e ficavam bem presas ao casaco abotoado nas costas. Seus sapatos, suas calças e suas camisas, seus vestidos, seus pulôveres e sobretudos vinham de doações. Por isso, pareciam ser de outra época. Seriam as roupas puídas e combinadas sem nenhum critério, ou o modo como as usavam, que sempre produziam uma imagem de inadequação, de desconforto, de ligeiro abandono?

Certa vez, aconteceu de eu ver um paciente, um menino, vestindo um pulôver que tinha sido meu. A sensação não foi nada boa.

QUANDO FINALMENTE VOLTARÁ A SER COMO NUNCA FOI

Não gostei de ver que uma coisa puída e lasseada, de que eu já não precisava, era a correta para alguém.

Entretanto, muitas vezes também não sabia direito se as crianças que eu encontrava no terreno do hospital psiquiátrico eram realmente pacientes. Sempre chegavam muitos visitantes. Havia um jardim de infância para os filhos dos funcionários e uma porção de tratamentos ambulatoriais para problemas de todo tipo.

Uma das principais ocupações dos pacientes era fumar. Nunca o faziam paralelamente a outra atividade, tal como meu pai, que, com o cigarro na boca, lia um romance policial, dirigia o carro ou até fazia a barba usando o barbeador elétrico. Os pacientes fumavam com uma atenção exclusiva. Já o modo como tiravam o cigarro do maço, como o seguravam, levavam à boca e o tragavam era de uma atenção obstinada. Ficavam sentados nos bancos, encostados nos muros, ou se afastavam, para preservarem sua tranquilidade. Com o olhar voltado para dentro de si mesmos, inalavam profundamente, pareciam anestesiados e ausentes. Muitas vezes, eu tinha a impressão de que seus lábios, que tanto apertavam o filtro, ficavam rígidos de sofreguidão. Não pareciam relaxados, seus punhos não se dobravam com maleabilidade, não realizavam giros graciosos como eu estava acostumado a ver nas estrelas de cinema. Pareciam, antes, ocupados de seus segredos, como se, cobiçosos, já estivessem à espreita do próximo cigarro.

Surpreendentemente, muitos deles eram bem jovens. Mas ninguém se preocupava com isso. O álcool era rigorosamente proibido dentro da instituição, e nunca vi um paciente com uma lata de cerveja, mas a nicotina parecia ser uma droga liberada pelas instâncias superiores e sem limite de idade. Todos os cuidadores, as enfermeiras, os médicos, os psicólogos e os terapeutas fumavam e distribuíam generosamente cigarros aos pacientes que os pediam. O pouco dinheiro que os internos conseguiam obter era trocado por cigarros.

No entanto, diante de nenhuma outra unidade, e muito provavelmente também dentro dela, se fumava de forma tão obsessiva como na dos maníaco-depressivos. Sempre consumiam os cigarros até a ponta dos seus dedos amarelados e cheios de cinzas. Tragavam a fumaça como se fosse a sua salvação. O caminho para a entrada principal dessa unidade era coberto de pontas de cigarro; à esquerda e à direita, diante dos bancos, havia montículos de filtros e guimbas do tamanho de toupeiras. Durante muitos anos, cigarros foram apagados contra uma das paredes do prédio, que era salpicada por milhares de pontos de cinzas, e, quando eu desfocava um pouco o olhar, essas manchas pretas pareciam minúsculas perfurações de tiros ou as entradas de um gigantesco cupinzeiro.

Nunca mais na vida tornei a ver pessoas acendendo de maneira tão compulsiva um cigarro após o outro em um espaço tão reduzido, a céu aberto, como entre os maníaco-depressivos. Era como se fossem membros de uma seita executando rituais sinistros. De repente, todos fumavam em sincronia: 30 depressivos tragando juntos, inalando juntos, soltando a fumaça juntos, todos sem abaixar o cigarro por mais de um segundo. Entre eles, as mulheres fumavam de maneira ainda mais obsessiva que os homens. Cheguei a ver mulheres e meninas que se agarravam a seus cigarros como a um fio sedoso de fumaça passando por cima de um abismo negro. Quase não se falava. Seus rostos apresentavam uma relação de parentesco que, para mim, até hoje é enigmática. Assim como externamente esse vício irrefreável em cigarros as unia, internamente também devia haver, assim pensava eu, uma comunhão, um parentesco especial em meio ao desespero.

Igualmente inesquecível era a moça que, diante de outra unidade, não conseguia segurar sozinha seu cigarro por causa dos espasmos que sofria. Nos braços de sua cadeira de rodas havia duas alças, nas quais ela enfiava as mãos para conseguir controlá-las. Só que adorava fumar. Uma enfermeira fixava sua cabeça e a alimentava com fumo.

A ALTURA DAS LETRAS

OS PRÉDIOS DA INSTITUIÇÃO, DISPOSTOS EM DOIS círculos ao redor da nossa casa, eram ordenados por letras. No círculo interno ficavam as letras A a G; no externo, H a P. Fora desses dois círculos, encontravam-se as oficinas e alguns campos de jogos. Cada um dos prédios tinha três andares. Cada andar era uma unidade. Dependendo da sua localização, o nome dos andares era "superior", "médio", "inferior". Por causa da superlotação, havia algumas exceções, como "porão" ou "sótão". A partir disso, formavam-se os nomes das unidades, como "A-inferior", "J-médio" ou "B-superior". Meu pai falava muito das unidades. Dizia: "Hoje mais um pôs fogo no G-superior". Ou: "O M-inferior está completamente lotado. Hoje vamos transferir quatro casos para o D-sótão."

Esse modo de lidar com as letras era tão familiar para mim que eu estava convencido de que tinham diferentes alturas. Quando aprendi a escrever, comecei a fazer perguntas do tipo: "'Cachorro' se escreve com C-inferior ou superior?" Mas a questão era ainda mais complexa. Dentro dos prédios, os casos menos graves ficavam no andar inferior, os complicados, no do meio, e os mais graves e sem esperanças, no superior.

Quando queria dar um significado especial a uma palavra, eu a escrevia com a inicial acima das outras letras. A famigerada seção "C-superior", que era isolada, fazia com que todas as palavras começadas com C se tornassem muito perigosas. Camarão, catapora, caco, café, cadeira ou cachorro, escritas com C-superior, eram selvagens e difíceis de serem controladas. Um camarão com C-superior não cheirava bem nem deveria ser ingerido; uma catapora com C-inferior era das leves, nada que significasse risco de morte; um cachorro com C-médio poderia morder, mas não necessariamente.

A altura das letras estava ligada às doenças dos pacientes. No L-inferior viviam as meninas anoréxicas. Na frente desse prédio, era comum haver contornos de corpos desenhados com giz na rua. Deitadas no chão, as meninas anoréxicas tinham de desenhar seu contorno para verem que ainda existiam. As palavras com o L-inferior das meninas anoréxicas eram frágeis, ameaçadas de extinção. Eu precisava prestar bastante atenção em luz, lâmpada e linho com o L-inferior. As palavras das quais eu não gostava ou tinha medo, eu as transferia para a respectiva seção isolada, da qual já não estavam autorizadas a sair. Na escola, isso me levou ao meu primeiro ataque de fúria, que me perseguiria por toda a vida. Ninguém entendia o que eu rabiscava no meu caderno ou, pior ainda, sob a risada de todos, na lousa. A professora ordenou:

— Por favor, escreva: "O gato está com fome."

A frase ficou assim:

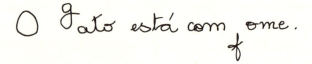

Era um gato bravo, que não estava com fome. A professora balançou a cabeça. Como é que eu poderia me preocupar com maiúsculas, minúsculas e a gramática? Afinal, havia algo muito mais evidente e belo. Não se tratava das letras como signos, e sim da sua identidade, isso mesmo, da sua essência, do seu caráter.

Na verdade, para minha total surpresa, depois de apenas quatro meses no primeiro ano, fui mandado de volta para casa. Com frequência cada vez maior, eu ficava fora de mim de tanta raiva, "do nada", como

QUANDO FINALMENTE VOLTARÁ A SER COMO NUNCA FOI

diziam. A menor injustiça já me levava ao desespero. Meu irmão do meio bateu nos meus ombros:

— Levar bomba já no primeiro ano! Que belo futuro você tem pela frente!

Para não transformar essa experiência dolorosa em outra traumática, meus pais me pouparam do retorno ao jardim de infância. Pude passar o resto do ano letivo em casa. Pela manhã, minha mãe trabalhava como fisioterapeuta em domicílio, e eu a acompanhava em suas viagens pela região. Enquanto ela ensinava lavradores céticos, que sofriam de hérnia de disco, a levantar e carregar corretamente coisas pesadas como sacos de adubo, eu ficava perambulando. Ou, então, brincava com o brinquedo de outras crianças, que naquele momento estavam na escola. Nos intervalos da equoterapia, que minha mãe ministrava uma vez por semana, ela me ensinava alguns exercícios no lombo do cavalo. Às vezes, meu pai também me levava para o trabalho, e, então, eu podia ir com os portadores de deficiência grave para a hidroterapia e ser retirado da água por um guindaste.

Quando era dia da nossa faxineira, a dona Foda, eu ficava em casa e aproveitava o tempo sem meus irmãos para ficar nos quartos deles. Para meus ex-amigos, eu era suspeito como aluno fracassado do primeiro ano. Eu também sentia claramente que mundos diferentes nos separavam. E aqueles que eu conhecia do jardim de infância, não queria ver nunca mais.

O fato de a nossa faxineira se chamar dona Foda, de que alguém pudesse ter esse nome e de que se devia agir como se este fosse um nome comum era uma aberração para mim. Meus irmãos e eu fazíamos apostas. Um de nós tinha de ir até ela e, sem alterar a voz, chamá-la pelo nome:

— Dona Foda, por acaso a senhora viu meus tênis?

Meu pai também gostava de participar, e seus três filhos ficavam escondidos em um canto, mordendo os punhos, enquanto ouviam-no dizer:

— Minha cara dona Foda, se precisar de alguma coisa, escreva na lista de compras. Tenha um bom-dia, dona Foda. Ah, sim, dona Foda, mande lembranças ao sr. Foda!

O marido dela trabalhava na estação meteorológica de Schleswig, e toda sexta-feira, quando as sirenes eram testadas, ele apertava um botão, o telhado da estação se abria, e um balão meteorológico, ao qual se prendia um medidor prateado, saía voando. Quem o encontrasse recebia cinquenta marcos. Como tantos outros meninos da nossa pequena cidade, eu também saía de bicicleta atrás desse balão que sumia acima das nossas cabeças, ora olhando para cima, com a cabeça deitada na nuca, ora olhando para baixo, na rua. Becos sem saída, caminhos acidentados ou o medo repentino de me perder, de ter deixado os limites da cidade bem para trás encerravam a caçada pelo tesouro voador, que ia ficando cada vez menor e faiscava ao sol. Nunca, nunca consegui encontrá-lo.

Essa cidade na qual não nasci, mas onde cresci, ficava logo atrás do muro da instituição e era bem mais complexa do que o terreno ordenado por letras do hospital psiquiátrico. Por muito tempo, acreditei que o muro de tijolos aparentes, de um metro de altura, fosse uma proteção, a muralha de uma fortaleza contra invasores. Esse muro sempre me dera uma sensação de segurança. Nossa casa não apenas era protegida pela cerca do jardim, como também era o coração de um autêntico bastião, com guardas junto aos portões. Deitado na minha cama, eu era como a menor das bonequinhas russas, aquela que já não pode ser aberta ao meio e que cabe em um mundo colorido de *matrioshkas*. Ao meu redor, meu quarto infantil, circundado pela casa, circundada pelo jardim com a sua cerca, que, por sua vez, era circundado pelo hospital psiquiátrico e por seu muro. A cidade não pertencia a esse mundo.

Ainda aos dez anos, quando me perguntavam no acampamento de férias de onde eu vinha, eu não dizia o nome da cidade, mas o do hospital psiquiátrico:

— Onde você mora?
— Em Kiel.
— E você?
— Em Lübeck.
— E você?
— Em Hesterberg.
— Em Hesterberg? Mas é um manicômio!
— É onde eu moro, e se diz "hospital psiquiátrico".
— E como você se chama?
— Jocki.
— Jocki? Mas aqui está Joachim!
— Não, não é assim que quero ser chamado. Todo mundo me chama de Jocki.
— Então Jocki de Hesterberg?
— Isso mesmo — respondia, concordando.

Se do outro lado do muro nada houvesse além de prados e campos, ou seja, se ao se atravessarem os portões da instituição se desse diretamente com a natureza, eu não me surpreenderia. Meu pai era o diretor daquele cosmo institucional, e, sem refletir muito a respeito, eu partia firmemente do princípio de que ele não apenas era o chefe de todo o hospital psiquiátrico, como também seu dono. Era médico e rei em uma só pessoa, e, quando eu atravessava a área com meus amigos ou brincava no parquinho em frente ao prédio D, tinha certeza de que aquele parquinho também me pertencia. Como um infante, eu flanava pelas ruas, dava uma olhada aqui e ali, ganhava de presente no viveiro de plantas uma poinsétia desabrochada antes do tempo; provava um pouco do pudim de chocolate ainda quente em uma panela gigantesca na cozinha ampla, ou podia jogar um briquete no forno em chamas da central de aquecimento.

No entanto, diante dos portões da instituição, a pequena cidade no norte da Alemanha era bonita e merecia ser visitada. Schleswig tem uma catedral com um campanário não muito antigo e meio pontiagudo e, em seu interior – segundo sempre se afirmou e se ensinou na escola fundamental –, o altar de Brüggemann ou Bordesholm, conhecido no mundo todo. Entretanto, quando eu mencionava o nome desse altar em outros lugares para descrever melhor a minha cidade natal, ninguém nunca tinha ouvido falar a respeito. Infelizmente, é proibido aproximar-se dele. No alvoroço escuro do original, é impossível reconhecer as figuras recortadas e ampliadas nos cartões-postais.

A catedral fica alguns metros mais abaixo das casas que a circundam, pois, na Idade Média, não se permitia que resíduos e fezes fossem descartados em solo sagrado. Ao longo dos séculos, os habitantes que residiam nos arredores da catedral viviam uns três metros acima da sua imundície. Como que mergulhada, ela se situa em uma depressão na parte mais antiga da cidade. Segundo os cálculos, os habitantes de Schleswig teriam de passar 15 mil anos amontoando suas imundícies para poder alcançar a ponta do campanário.

Outra atração turística: o castelo Gottorf. Uma construção impressionante, cingida por um fosso e com uma magnífica coleção de pinturas expressionistas. Quando excepcionalmente recebíamos visitas, nós as levávamos para Seebüll e passávamos horas no museu dedicado ao pintor Emil Nolde, ou visitávamos a coleção expressionista do castelo Gottorf. Ali também se encontravam, em caixões de vidro, os famosos corpos mumificados, conservados pelo pântano de Haithabu, um dos maiores povoados vikings da história, localizado

QUANDO FINALMENTE VOLTARÁ A SER COMO NUNCA FOI

nas proximidades. Todo mundo na minha cidade conhece essas múmias de couro preto, olhos vendados, cabelos ruivos ainda parcialmente trançados, braceletes e túnicas perfuradas.

Ao longo do tempo, em busca das suas raízes e para fazer algum bem ao Norte carente de estrutura, os moradores da minha cidade tornaram-se cada vez mais conscientes da sua origem viking. Daria até para afirmar que muitos habitantes de Schleswig sempre se sentiram perdidos, e só se encontraram graças à descoberta da sua alma viking.

Por essa razão, há muitos anos se celebram os dias vikings. E, durante uma semana no ano, os moradores mostram a milhares de visitantes, entre os quais também muitos dinamarqueses, seu lado oculto. Nessa ocasião, é possível ver oculistas vestindo peles, professores tendo de ser salvos do naufrágio das suas próprias embarcações vikings de madeira, sapateiros costurando pedaços de couro com grandes agulhas tortas, até transformá-los em botas disformes, ou ainda donos de restaurantes, com capacetes de chifres, cozinhando pratos e assando panquecas duras em fornos recriados historicamente. Para aqueles totalmente imbuídos dos costumes vikings, existe até a possibilidade de se mudar para um povoado construído em uma localidade histórica, junto à laguna Haddebyer, durante todo o período das festividades.

Segundo a propaganda, embora a principal intenção desses dias festivos seja livrar os vikings da sua imagem deturpada de grosseirões e reabilitar sua cultura em um patamar elevado, essas ocasiões sempre terminam em uma monumental bebedeira. Em total harmonia consigo mesma e com seu passado viking, metade da cidade vai para barracas de couro encher a cara com *Met*, a cerveja viking de alto teor alcoólico, e até o amanhecer as ambulâncias levam homens e mulheres vestindo peles para o hospital.

O ápice do entusiasmo viking refletia-se em uma construção absurdamente feia. Em um dos locais mais idílicos da cidade, à beira d'água, foi construída a chamada "torre viking". Raras vezes, uma cidade pequena fracassou de maneira tão impiedosa ao entrar para a arquitetura moderna como minha cidade. Durante anos, não se encontraram proprietários para os apartamentos em forma de fatia de bolo. Correram boatos de que prostitutas teriam se instalado ali. Na ausência de clientes sovinas, seu único consolo era o maravilhoso panorama.

Schleswig situa-se aos pés do Schlei, o mais longo braço de água doce da Alemanha. Até o mar, são quase 40 quilômetros. Junto à margem, na parte mais antiga da cidade, ainda hoje é possível visitar o Holm, uma maravilhosa comunidade de pescadores, com casas baixas e roseiras altas. Segundo uma tradição ancestral, teria vivido ali o rei das gaivotas. Era o único que podia pisar na Ilha das Gaivotas. Nessa minúscula ilhota em meio ao Schlei, eram chocados milhares de chapalhetes. E somente ele, o rei das gaivotas, estava autorizado a se deslocar para a ilha, recolher e vender os ovos. Schleswig era famosa pelos seus ovos de gaivota. Era preciso cozinhá-los por um bom tempo para matar as salmonelas; e, como as gaivotas se alimentavam principalmente dos detritos da fábrica de salsichas Böklunder, cada vez mais os ovos passaram a ter um gosto repugnante de carne e, por fim, foram proibidos.

Mas Schleswig também tem outro lado, uma segunda cara: ao lado de Hesterberg, o enorme hospital psiquiátrico para crianças e adolescentes, havia ainda Stadtfeld, o hospital psiquiátrico para adultos, onde viviam outras duas mil pessoas com deficiência mental ou física. Depois houve o Pauli-Hof, a maior instituição penal destinada a jovens de Schleswig-Holstein; dois estabelecimentos enormes para deficientes auditivos; uma lendária discoteca para surdos, em que as

QUANDO FINALMENTE VOLTARÁ A SER COMO NUNCA FOI

ondas sonoras faziam o chão trepidar; uma escola de seis andares, sem janelas, para cegos; o hospital municipal e inúmeros centros de terapia e reabilitação. Para uma cidade com apenas 25 mil habitantes, era muita coisa. De algum modo, quase todo mundo nessa cidade tinha a ver com pessoas que eram diferentes, que precisavam de ajuda. Com o passar dos anos, uma grande quantidade de clínicas particulares se instalou como satélites ao redor de Schleswig. Recebiam seus pacientes dos dois grandes hospitais psiquiátricos da cidade. Pouco importava a direção da qual se chegava à cidade: por toda parte, viam-se pacientes balançando-se nos bancos situados nas calçadas ou simplesmente inseridos na paisagem, acenando para quem passasse. A grande naturalidade com que os habitantes de Schleswig tratavam essas pessoas tão especiais era surpreendente. Certa vez, vi dois pacientes se despirem em plena zona de pedestres, começarem a dançar e a cantar um hit do momento. Os moradores se limitavam a sorrir e dizer:

— Vamos, vistam-se. Já está bom.

O CAFÉ DA MANHÃ DE ANIVERSÁRIO

NO DIA EM QUE FEZ 40 ANOS, MEU PAI DISSE A minha mãe, a meus irmãos e a mim durante o café da manhã, enquanto saboreava diversos peixes defumados — cavalas, enroladinhos de cação, enguias gordurosas e anchovas de Kiel, que ele tanto apreciava e comia com cabeça e tudo, tanto que dava para ouvir o estalo da espinha dorsal dos peixes, pois nunca fechava seus belos lábios, untados de gordura –; pois bem, nesse café da manhã de aniversário, ele nos disse:

— Hoje faço 40 anos. Sempre tive medo dessa data. Embora eu ache tola a expressão "aniversário redondo", a verdade é que este será o último "aniversário redondo" da minha vida, e espero ainda poder comemorar o dobro dele. Talvez eu chegue aos 80. Gostaria muito de chegar lá. Meu próximo aniversário redondo será aos 50. Fazer cem anos já é pedir demais. Ninguém chega aos cem. Os centenários recebem a visita do jornal local, precisam revelar o segredo da idade e balbuciar sem dentes: "Todos os dias eu comia uma maçã." Dizem que Ticiano chegou aos cem. Sabiam disso? Eu já ficaria mais que satisfeito com 80.

Meu pai fez uma breve pausa, passou a ponta da língua no lábio superior, por cima do bigode amarelado:

— Tenho uma novidade para vocês, uma coisa sensacional: em dois meses, o novo hospital vai estar pronto. Finalmente. E sabem quem disse que vem para a inauguração? Sua Excelência, o governador de Schleswig-Holstein, doutor Gerhard Stoltenberg em pessoa, vai nos dar a honra.

QUANDO FINALMENTE VOLTARÁ A SER COMO NUNCA FOI

— Jura? — Minha mãe abriu um sorriso radiante. — Ele vem mesmo? Como você conseguiu isso? Vou preparar alguma coisa bem especial.

— Sim, e vocês três também não vão poder faltar. Dizem que é um sujeito simpático.

— A pureza do Norte — disse meu irmão. — É assim que ele é chamado, não é?

— É, sim, exatamente como a aguardente Bommerlunder! — confirmou meu pai, e continuou: — Vai ser um dia grandioso. Mas não para por aí. Decidi mudar algumas coisas na minha vida. Acho que um aniversário de 40 anos é a ocasião ideal para isso. Talvez até minha última chance.

Estávamos sentados ao redor da mesa do café da manhã, ouvindo-o ansiosos. Até nossa cadela se espantou com o tom eufórico do meu pai e ficou sentada quietinha ao meu lado. Era onde costumava ficar durante todas as refeições, pois eu sempre deixava cair alguma coisa, e ouvia, atenta. Ainda não era muito grande, mas o tamanho de suas patas peludas era uma profecia clara do quanto ainda iria crescer.

— Não há dúvida de que o mais importante para conseguir chegar a esses 80 anos, para obter uma chance real de alcançar essa idade abençoada — e é claro que ninguém aqui vai fazer alguma objeção veemente — é levar uma vida mais saudável. Pois bem, é por isso que decidi parar de fumar! Mas já vou logo avisando que no meu aniversário de 80 anos, aliás, na manhã do meu aniversário de 80 anos — quem sabe estaremos todos aqui reunidos, como agora — vou voltar a fumar. Portanto, não é que hoje eu vá parar definitivamente. Só vou dar uma pausa de 40 anos no cigarro. E também quero emagrecer. Quanto vocês acham que estou pesando?

Meu irmão mais velho chutou cem quilos; o do meio, 95; minha mãe, 98, e eu, 200. Meu pai engoliu a enguia defumada, limpou a boca e o bigode, deixando no dorso da mão um rastro brilhante de gordura de peixe, e disse rindo para mim:

— É, você tem toda razão. Absolutamente correto. Estou me sentindo exatamente assim, como se pesasse 200 quilos. Preciso confessar uma coisa a vocês: quando mijo em pé, já não consigo ver meu pinto.

Meus irmãos e eu demos um grito. Sempre fazíamos isso quando meu pai revelava algo do gênero. Ficávamos escandalizados e fingíamos repugnância e horror. Minha mãe revirou os olhos e disse:

— Pronto, estava demorando!

Meu pai era mestre em ver malícia em qualquer objeto. Não havia pepino nem abobrinha que ele não segurasse na frente da braguilha. Se estivéssemos pelados no caminho do chuveiro para o quarto e topássemos com ele, várias vezes levantava as sobrancelhas rapidamente e dava um sorrisinho ambíguo. Na feira, quando minha mãe dizia ao vendedor com nariz de papagaio: "Mas que beleza de ovos o senhor tem hoje!", durante dias, sempre que se lembrava da cena, meu pai ria tanto que as lágrimas corriam pelas suas bochechas rechonchudas de hamster.

— Estou pesando 106 quilos! — confessou, deprimido. — E isso de manhã! Pretendo perder 16 quilos. Assim, vou para 90. A última vez que tive esse peso foi aos 20 anos. Até a inauguração do hospital, talvez eu consiga perder a metade. Um quilo por semana são oito quilos até a visita do governador. Mas, assim como com o cigarro, vou apenas dar uma breve pausa na comida e, a partir dos meus 80 anos, vou voltar a engolir tudo o que aparecer na minha frente.

Inflou as bochechas, simulando ser ainda mais gordo do que era, enfiou três cigarros entre os dedos e fez como se estivesse com a boca cheia de comida. Mastigando ruidosamente, disse:

QUANDO FINALMENTE VOLTARÁ A SER COMO NUNCA FOI

— Assim me imagino no final da vida: como uma almôndega que fuma um cigarro atrás do outro!

Meus irmãos e eu achamos graça. Já a minha mãe lançou um olhar desconfiado.

— Do jeito que está não dá mais — continuou ele —, tenho de mijar sentado. Mal consigo sair da banheira. Fiquei até com os peitos caídos! — Levou as mãos ao tórax e apertou as saliências que despontavam sob a camisa. — E quando vejo minhas cuecas no varal, então, sinto até vergonha, pois parecem de alguém que se apresenta no circo.

Não entendi direito a comparação. Afinal, o circo me parecia um lugar divertido. Eu não teria absolutamente nenhuma objeção a um pai que se apresentasse no circo.

— E vocês sabem o que aconteceu recentemente, durante uma palestra? Lá estou eu diante de 200 pessoas, falando sobre um tema muito sério, e, de repente, salta um botão da minha camisa. Simplesmente estourou e saiu voando pelo ar até a terceira fileira da plateia. Todos viram e fingiram que nada tinha acontecido. Senti um ventinho frio na barriga, mas nem ousei olhar. Mal respirava, porque fiquei com medo de que minha pança mandasse todos os outros botões pela sala e eu ficasse ali, de barriga de fora. Foi horrível.

— Qual era o tema? — perguntou minha mãe.

— Suicídio na infância. Realmente, preciso emagrecer!

— Eu tentaria fazer só três refeições por dia! — disse meu irmão do meio.

— É. — Deu-lhe razão meu pai. — Concordo com você. Pensando bem, poderia ser um primeiro passo na direção certa para perder banha. A partir de hoje, só três refeições!

A quarta refeição a que meu irmão se referia era contra a chamada "fome noturna". Toda noite, entre três e quatro da manhã, meu pai acordava atormentado por câimbras de fome, como costumava dizer. Levantava-se e ia para a cozinha. Também cozinhava de madrugada. Fritava ovos com bacon ou fazia uma tigela inteira de mingau de baunilha. Ver meu pai diante da porta aberta da geladeira, iluminado pela sua pequena lâmpada, como se estivesse se ajoelhando diante de um santuário a ser adorado, era uma das imagens mais familiares para mim. Com frequência, sentava-se sob a luz da geladeira e se entupia de salsichas ou queijo.

– Não vai adiantar nada você deixar de comer apenas de madrugada – disse meu irmão mais velho. – Também não pode comer tanto durante o dia. O chocolate e o doce de coco já sumiram de novo – e apontou para trás, na direção do armário da cozinha, no topo do qual ficava uma vasilha com as nossas guloseimas. Meu pai é quem tinha escolhido esse lugar. Através dessa inatingibilidade simulada, esperava conter o consumo de doces. Em vão. Na ponta dos pés, com o barrigão apertado contra o armário e os botões da camisa arranhando a madeira, pescava os doces da vasilha com a mão.

– E, acima de tudo – hesitou meu irmão, pois tinha certeza de que estava tocando no assunto mais delicado de todos –, você precisa se mexer mais.

– É – respondeu meu pai com toda tranquilidade, para nossa surpresa –, nisso você também tem toda razão. Com o estetoscópio, tentei auscultar a mim mesmo. Não encontrei meu coração. Coitado! Foi enterrado vivo debaixo de toneladas de gordura. Está em algum lugar dentro de mim, nas trevas, uma vítima soterrada por uma avalanche, aguardando ser socorrida. Talvez eu até já esteja morto. Um cemitério de banha. Não riam agora, mas justamente por essa razão vou começar a correr.

QUANDO FINALMENTE VOLTARÁ A SER COMO NUNCA FOI

Minha mãe olhou para ele e perguntou:

— Você está se propondo a fazer um bocado de coisas: parar de fumar, fazer dieta e praticar esporte. Comece com uma coisa só!

— Não! – Meu pai alterou a voz, falando em tom enfaticamente viril: – Se é para fazer, que se faça direito. Um não fumante acima do peso vem tão pouco ao caso quanto um corredor que fuma um cigarro atrás do outro. Meu Deus…

De modo teatral, cobriu o rosto com as mãos. Certa vez, meu irmão do meio chamou os dedos dessas mãos, os dedos do meu pai, de dedos de salsicha. Meu pai ficou tão magoado que até o dia da sua morte não esqueceu a comparação, e volta e meia perguntava: "Meus dedos não são de salsicha, são?"

Ficou ali sentado, no seu lugar à mesa do café da manhã de aniversário, e repetiu, totalmente abalado:

— Ah, meu Deus… hoje faço 40 anos! Quarenta! Quando eu tinha a idade de vocês – disse carinhosamente, olhando para meus irmãos e para mim –, achava as pessoas de 40 anos umas velhas caquéticas.

Meu irmão do meio, inteligente como ele só, era useiro e vezeiro em disparar inesperadamente frases sem pensar. Difícil alguém ser mais rápido do que ele. Naquele momento, soltou:

— Sua avaliação está correta, pai! Ser jovem é outra coisa! Há cem anos, a maioria das pessoas morria na sua idade. Estatisticamente, naquela época você já seria visto como meio caduco.

Meu pai anuiu com a cabeça.

— Puxa, obrigado. Mas é verdade, esta é minha última chance de mudar.

Eu gostava da barriga do meu pai. Quando íamos de férias para o Mar Báltico, ele ficava deitado de costas, tomando sol, e fazia o que costumava fazer quando não estava comendo: lia. Eu adorava procurar belemnites e cacos de vidro arredondados na praia. Não queria saber de ir embora.

— Por favor, por favor – eu implorava –, deixa eu encher seu umbigo só mais uma vez.

Quando ele concordava, eu ia buscar água no mar, vinha com as mãos em forma de concha, pingando, e enchia seu umbigo fundo. Então, eu podia voltar para a beira d'água, até a água no seu umbigo evaporar. De longe, eu gritava:

— Ainda tem água aí?

Ele enfiava o indicador na barriga:

— Teeem. Pode ficar mais.

Com o anúncio da perda de peso, vi meu precioso tempo na praia correr perigo.

Enquanto eu pensava sobre a água no umbigo, uma fatia de salame escapou do meu pão, e nossa cadela a apanhou em um piscar de olhos. Meu pai fez o que sempre fazia quando eu me ausentava nos meus devaneios: estalou os dedos bem na frente dos meus olhos. Meu irmão mais velho até já havia me fotografado nesse estado. Achei a imagem estranha: eu parecia cego.

— Bom, e agora quero fumar meu último cigarro na companhia da minha família. – Acendeu-o e deu uma tragada profunda.

— E aí? O gosto é especial? – perguntei.

— Sem dúvida, meu caro! – respondeu meu pai. – Por uma incrível coincidência, como meu último cigarro escolhi o Roth-Händle mais delicioso que já foi plantado, colhido, enrolado e vendido neste planeta. Nunca fumei um tão bom como este. – Soltou a fumaça e tragou novamente. Em silêncio, assistíamos à cerimônia. – E agora, a minha última tragada.

Então, ouviu-se um estalo.

Em um primeiro momento, pensei que meu pai tivesse explodido. Teria voado pelos ares com seu último cigarro? Uma fração de segundo antes, uma sombra passara por cima do meu prato. Por causa do susto, meu pai cuspiu a guimba do Roth-Händle na toalha de mesa; minha mãe soltou um grito estranho, como se alguém estivesse apertando sua garganta; ao meu lado, a cadela deu um pulo e, lambendo os beiços, enfiou a cabeça embaixo da mesa. Meus irmãos e eu também nos assustamos e recuamos em nossas cadeiras.

Um pássaro havia voado contra a janela da sala. Isso já tinha acontecido várias vezes, mas nunca no café da manhã, tampouco com aquele estardalhaço em meio a um silêncio cheio de expectativa.

A brasa pulou do cigarro e ficou ardendo em cima da toalha de mesa. Meus irmãos e minha mãe deram um salto e correram para o vidro. Fitei a brasa. Meu pai olhou para mim. Uma das suas pálpebras pendia um pouco. Era o seu "olho de Gottfried Benn",* como ele chamava. Então, fez algo que me impressionou muito e que eu nunca o vira fazer. Lambeu o mindinho e, com ele, tocou a cinza em brasa do cigarro, que ficou presa no seu dedo. Segurou-a no alto: um ponto de luz amarelo-alaranjada se equilibrou na ponta do dedo, úmida de saliva. Mostrou-o para mim. Meu irmão do meio exclamou para nós:

– Um melro!

Virei a cabeça, desviando o olhar da brasa, e olhei para fora. Bem na frente da porta de correr de vidro, um pássaro preto e cintilante estava caído no chão, à luz do sol matinal. Seu bico amarelo-alaranjado reluzia; ele também ardia. Tinha exatamente a mesma coloração. Voltei meu olhar. Meu pai me observava, e, em seus olhos de tamanhos diferentes, havia algo que me era, ao mesmo tempo, enigmático e familiar. Abriu a boca, nela enfiou o dedo, fechou os lábios ao redor

---

*Gottfried Benn (1886-1956): poeta, ensaísta e prosador alemão. (N. T.)

do ponto ardente de luz e tornou a tirar o dedo, desta vez lambido. Eu não podia acreditar no que estava vendo. Por que fizera aquilo? Seria algum truque? Comer brasa?

A cadela latiu para o pássaro sem vida. Meu pai se levantou. A cadeira rangeu. Todos os móveis faziam isso. Camas, sofás, cadeiras, divãs. Quando meu pai se sentava ou se levantava, tudo rangia. Ele próprio também rangia. Quando se sentava, sempre havia esse momento vacilante, pois ele parecia ceder ao seu peso e deixava-se cair. Ao se levantar, emitia sons reprimidos, pois erguer-se também significava erguer um enorme peso. Tinha dificuldade para carregar si mesmo.

Meu irmão mais velho havia aberto a porta de correr, minha mãe segurou a cadela, e meu irmão do meio se debruçou sobre o pássaro. O melro estava com os olhos fechados, uma asa esticada para a frente.

– Acho que ele se arrebentou! – foi seu diagnóstico compassivo. Também saí. Era uma rara manhã de calor, e as lajotas do terraço já estavam quentes sob os pés.

– Ele morreu? – perguntei.

Meu irmão do meio, que queria ser médico como meu pai – o que unia ambos em uma intimidade médica que me irritava –, empurrou o pássaro com a ponta do pé.

– É melhor não tocar nele – pediu-lhe meu pai, que se inclinou e disse: – Provavelmente, quebrou o pescoço.

– É, está parecendo uma fratura da cervical – pavoneou-se meu irmão, com ar de entendido –, mas talvez também um choque na espinha!

– Não exatamente, caro colega, não exatamente – meu pai entrou no jogo.

– Vou buscar uma caixa – exclamou minha mãe, já em movimento –, não podemos simplesmente deixá-lo aí.

QUANDO FINALMENTE VOLTARÁ A SER COMO NUNCA FOI

Quando o melro foi colocado com todo cuidado na caixa de sapatos forrada com um pano de prato, tive certeza de que estava morto e de que já não encontraria o caminho de volta da morte aparente para a vida. Entendi que a morte era algo definitivo.

Assim, a comemoração de aniversário no café da manhã, cheia de propósitos e com um anúncio espetacular – a pureza do Norte estava para vir –, teve seu fim repentino devido ao choque do melro. Como eu ainda não tinha comido meu ovo, tornei a me sentar à mesa. Meu pai deixou-se cair na sua poltrona e pegou seu livro. Como de costume, segurou-o bem perto dos olhos, fazendo com que seu rosto desaparecesse quase por completo. Por horas retirava-se da nossa visão, e apenas metade da sua careca sobressaía como um corpo celeste espelhado sobre o horizonte da margem do livro. Minha mãe começou a tirar os pratos em volta do meu.

– Ei, ainda não terminei! – exclamei. – Por que estão todos indo embora? – Ela passou a mão pelos meus cachos fartos.

– Termine de comer com calma, meu amor. Só estou começando a recolher os pratos.

Meus irmãos foram para seus quartos. Tirei o ovo da cestinha forrada com tecido desbotado. Bater no lado ou quebrar o topo? Eu era claramente a favor da prática da execução do ovo. Levei a faca à casca. Não acertei direito; o golpe foi baixo demais. Se o ovo fosse uma pessoa, eu a teria acertado na altura das omoplatas. A gema brotou e escorreu no porta ovo. E novamente surgiu aquele amarelo-alaranjado. Bico de melro, brasa de cigarro, gema de ovo: nesse dia, três coisas totalmente diferentes tinham a mesma coloração. Perguntei-me se iria continuar assim, se aquele aniversário de 40 anos em homenagem ao meu pai ainda apresentaria outras concordâncias coloridas. Haveria alguma relação? Sozinho, comi meu ovo, meditando sobre os misteriosos sinais que se precipitavam de todos os lados sobre mim e murmurei fórmulas mágicas amarelo-alaranjadas.

TODOS OS PÁSSAROS JÁ CHEGARAM

MEU IRMÃO DO MEIO BATEU PALMAS BEM NA FRENTE dos meus olhos, que sonhavam acordados, e me despertou:
— Venha.
Segui-o. Ajoelhamo-nos na frente da caixa de papelão com o melro, que estava no chão do corredor frio da entrada. Nada se alterara. Ao redor dos olhos, o melro tinha dois anéis amarelo-alaranjados. Achei meio inconveniente chegar tão perto do pássaro. Como se eu estivesse fazendo pouco caso da sua timidez, talvez apenas momentaneamente interrompida por conta do acidente.
Com uma caneta colorida, meu irmão do meio virou o melro. Com as patinhas esticadas, já um pouco rígidas, ele caiu de costas, sem emitir nenhum som.
— Acho que deveríamos nos preparar para o enterro — disse ele.
— Não é melhor esperar mais um pouco? Talvez ele só esteja desmaiado.
— Desmaiado? — Meu irmão cutucou o pássaro com a caneta e o empurrou por cima do pano de prato para o canto da caixa de sapatos. — É um caso claro de êxodo!
— Mas já aconteceu várias vezes de eles parecerem, mas não estarem mortos. — Tentei proteger o pássaro desse julgamento irrevogável. — Por favor, vamos esperar mais um pouquinho.
Meu irmão esticou o polegar e o indicador e os colocou em torno da perninha nodosa do melro.
— O que você está fazendo?

– Tomando sua pulsação! – Fechou os olhos e ficou ali sentado. – Não, nada. Nenhum sinal de vida. Precisa ir para debaixo da terra, e logo; do contrário, vai começar a feder.

Por volta do meio-dia, fez-se o enterro no nosso cemitério de animais domésticos. Ali já estavam os mandarins e os peixes ornamentais do meu irmão mais velho, uma lagartixa que havia escapado dele e só fora encontrada semanas depois, mumificada atrás do armário, e vários pássaros que partilhavam o destino do melro e tinham se arrebentado contra o vidro da janela.

E, é claro, Erwin Lindemann, o periquito do meu irmão do meio. Seu nome era este mesmo: Erwin Lindemann. Meu irmão passara semanas inteiras tentando ensiná-lo a falar; até gravara uma fita cassete interminável com a frase: "Meu nome é Erwin Lindemann." O coitado do Erwin, de penas verde-azuladas, era obrigado a ouvir a gravação todo santo dia. Em dado momento, ele até que conseguiu falar. Soou esquisito. O periquito imitava a voz do meu irmão, parecia ele falando. Gorjeava com clareza, depois falava com um som gutural, mas nítido, como um ventríloquo, sem que se percebesse qualquer movimento do seu bico. Meu irmão mostrou-o a seus amigos, que contorciam seus corpos robustos de tanto rir. Sempre achei meio triste não conseguir dizer outra coisa a não ser o próprio nome e, ainda por cima, ser ridicularizado por isso.

Como deve acontecer em mais de 50 por cento de todos os casos de morte de periquitos em cativeiro, conosco não foi diferente: a faxineira era a culpada. Dona Foda! Fora ela que não fechara a portinhola da gaiola e deixara a janela aberta. Erwin batera asas e voara em um escuro dia de novembro. Após poucos metros de voo, deve ter percebido claramente que já estava muito, muito longe de casa e que a viagem de volta ao lar, em paisagens mais quentes, pela mesma linha reta, seria uma proeza sem esperança. Não foi muito longe, só até alcançar

a copa de uma tília. E ali, por assim dizer, uniu-se ao seu nome. Meu irmão apoiou a cabeça na nuca e gritou na direção da copa da árvore:
— Erwin Lindemann, desça já daí!
Na escuridão que caía, dava apenas para ver um vislumbre de verde, um sopro de azul. Meu irmão se voltou para mim:
— Fique quieto! — Mas eu não havia aberto a boca.
Bem baixinho, ouvimos o pássaro dizer:
— Meu nome é Erwin Lindemann. Meu nome é Erwin Lindemann. Meu nome é Erwin Lindemann...
Era como se meu irmão, que já não ria em absoluto, estivesse em pé ao meu lado e, ao mesmo tempo, seu fantasma lamentasse em cima da árvore. Na manhã seguinte, Erwin havia desaparecido. Mas uma semana depois, minha mãe encontrou seu cadáver de cores vibrantes despedaçado na grama. Quando entrou em casa, pensei que estivesse segurando um pequeno ramalhete de flores coloridas.

Nos funerais dos nossos bichos, as tarefas eram claramente distribuídas. Meu irmão do meio sempre fazia o discurso fúnebre, pois esta era a sua paixão. Eu podia carregar o morto envolto em um lenço, e meu irmão mais velho fazia as pequenas cruzes de madeira. Sempre me surpreendia a leveza dos animais que carregava. O melro também não pesava quase nada. Era como se eu estivesse com as mãos vazias, mendigando no ar. Para o melro, meu irmão pensou em algo bem especial. Apesar do calor incomum, vestia um pulôver preto de gola rulê, e disse, solene:
— Caros irmãos, nos últimos tempos, neste local, trouxemos alguns animais para sua última morada. Mas, para este pequeno melro, pensei em algo novo. Acho insuportável imaginar que você vai apodrecer em um buraco frio na terra úmida. — Olhou para o passarinho na minha mão. — Você só conheceu a vida de pássaro, e assim deve continuar sendo. Quem passou a vida comendo

vermes, não deve agora ser devorado por eles. Por isso, hoje não vamos enterrá-lo, e sim cremá-lo. E jogar suas cinzas, leves como penas, ao vento. Para que elas saiam voando, como você sempre gostou de fazer.

Meu irmão mais velho lançou-lhe um olhar de reconhecimento e tirou o isqueiro do bolso. Eles sempre brigavam para decidir de quem era a ideia mais estapafúrdia.

– Podemos fazer isso? – perguntei aos meus irmãos.

Eles deram uma risadinha, e meu irmão mais velho me explicou:

– Meio mundo crema seus mortos. É perfeitamente normal. Tradição das mais antigas. Higiênica. Em muitos países, enterrar os mortos é considerado totalmente anormal.

Saímos correndo, colhemos ramos e pequenos galhos. Arranquei grama seca das rachaduras do terraço. Nem dez minutos depois, já tínhamos empilhado minuciosamente os galhos na grama, formando uma pira côncava. Mas não gostei muito do que vi. Parecia um ninho. Um ninho acolhedor e bem acolchoado, no qual meu irmão mais velho enfiou três pastilhas de carvão. Com cuidado, deixei o melro rolar para dentro da pira. Ele acendeu o isqueiro e girou um minúsculo aro, até a chama ficar maior que o próprio isqueiro e rumorejar tremulando. Com essa miniatura de lança-chamas, ajoelhou-se diante do ninho. Eu ainda não estava convencido de que tínhamos esperado o suficiente. Horrorizado, eu imaginava como o melro despertado pelo fogo, porém já ardendo, sairia voando. Um pássaro em chamas, que piaria e voejaria pelo céu azul e se apagaria lá no alto, sobre a cidade.

Então, minha mãe passou pelo caminho do jardim com o cesto de roupas para pendurar no varal. Quando meus irmãos foram surpreendidos, colocando-se diante do melro e me puxando para a frente deles, intuí que a tradição das mais antigas não era tão normal quanto tinham afirmado.

QUANDO FINALMENTE VOLTARÁ A SER COMO NUNCA FOI

— O que vocês têm aí? Por que estão com essa cara esquisita? Aproximou-se, colocou o cesto no chão e afastou o muro de três irmãos.

— Vocês fizeram um ninho para o melro? Que bonitinho. Mas o que são essas coisas aí dentro? — perguntou, ajoelhando-se. Um instante depois, levantou-se e olhou para nós: — Vocês não estão pensando em cremá-lo, estão?

Então, aconteceu uma coisa que sempre admirei no meu irmão do meio. Ele não desmentiu, como eu teria feito; ao contrário, asseverou:

— Claro que vamos cremá-lo. Acha certo enterrar um pássaro? Quando eu morrer, também quero ser cremado. Só lhe digo uma coisa: Índia! Por acaso você quer ser enterrada, mãe? Vai sentir frio rapidinho... Diga o que devemos fazer com você depois que morrer: enterrar, cremar ou jogar no mar? Nunca é cedo demais para se pensar nessas coisas. Terra, fogo ou mar? Pois, como a gente pode ver com este melro, muitas vezes a hora chega mais rápido do que se espera.

Minha mãe não estava nem um pouco a fim de entrar em uma discussão sobre o modo do seu sepultamento. No entanto, a consternação imediata que eu já tinha visto em seu rosto havia se atenuado. Pensativa, respondeu:

— Bom, espero ainda ter um tempinho pela frente. Mas uma coisa posso dizer a vocês com absoluta certeza: hoje, vocês não vão cremar nenhum melro neste jardim. Logo no aniversário de 40 anos do pai de vocês! Só podem estar loucos. Enterrar, tudo bem. Cremar está fora de cogitação.

Pegou o cesto e começou a pendurar as peças de roupa, olhando vez por outra para nós. Com incrível ar de reprovação, meu irmão mais velho conseguiu pôr-se a caminho para pegar a pá. Tirei as pastilhas de carvão da pira em forma de ninho, e meu irmão escolheu entre as fileiras de túmulos um local adequado. Meu irmão mais velho foi quem cavou o buraco. Um único golpe de pá já era suficiente. Os discursos do meu irmão do meio no velório dos animais me comoviam, embora eu soubesse muito bem que ele só pregava besteiras. Falou em voz alta e acusatória:

— Caros irmãos, fico feliz que hoje vocês tenham se reunido aqui em tão grande número para oferecer ao nosso pequeno amigo alado sua última morada. Devido a um trágico acidente, foste arrancado da vida durante o voo. Certamente, em tua breve vida de melro, superaste muitos obstáculos, passaste por momentos de exaustão, sobreviveste a noites geladas de inverno e resististe a muitas tempestades. Mas aquele vidro era espesso demais para ti. Como eu gostaria de ter te observado catando com habilidade vermes no gramado! Sim, foste um pássaro muito especial!

Perguntei-me se aquele era realmente um melro que ele conhecia.

— Em todos estes anos – continuou –, foste um fiel companheiro, alegraste-nos com tuas belíssimas melodias e nos pregaste muitas peças.

Meu irmão mais velho sussurrou:

— Vamos, acabe logo com isso.

Meu irmão concluiu:

— Que tenhas uma boa viagem, pequeno melro. Agora tua alma entrará no Reino dos Céus. Todos nós aqui, reunidos em volta desta cova, gostaríamos de ter realizado teu último desejo e poder espalhar tuas cinzas ao vento, entregando-te ao ar. Mas a ignorância e a falta de amor o impediram!

Minha mãe sacudiu um jeans úmido.

— Desejamos de todo coração que, neste úmido buraco, tenhas uma boa recuperação e desfrutes de uma longa vida eterna. Amém!

Meus irmãos aplaudiram, eu me ajoelhei e deixei o melro rolar do lenço para a minicova. Com as mãos, cobri-o com a terra. Enquanto isso, fui involuntariamente tomado por uma grande tristeza e, embora eu fizesse tudo para reprimir as lágrimas, comecei a chorar. Mantive a cabeça abaixada, bem perto do túmulo, e bati a terra com cuidado, para ganhar tempo.

— Já está bom — ouvi meu irmão mais velho dizer bem atrás de mim —, pare com essa batucada. Está perturbando a paz dos mortos.

Disfarçadamente, enxuguei as lágrimas nos ombros e me levantei. Meu irmão mais velho fincou a cruz de madeira.

— O que vamos cantar? — perguntei.

— Que tal "Todos os pássaros já chegaram, todos os pássaros, todos..."? — sugeriu meu irmão do meio, totalmente sério.

Cantamos até onde sabíamos a letra. Depois fomos os três para casa, em agradável harmonia, como se estivéssemos saindo da missa.

A mesa de festa do meu pai tinha uma aparência miserável. Para seu aniversário redondo, eu estava esperando uma verdadeira montanha de presentes, e jurei a mim mesmo que, aos 40, traria muito mais do que aquela produção escassa. Cada uma de suas três irmãs mais velhas tinha lhe trazido um livro, duas delas o mesmo, a *Correspondência entre Frederico, o Grande, e Voltaire*; minha mãe lhe dera um cachecol de caxemira, que naquele dia de verão ficou ali largado, nobre e inútil, como um equívoco macio e quente; e meu irmão mais velho, um de seus famosos vales-presentes:

— Uma excursão para pescar. Só nós dois!

Geralmente, essas promessas caíam no esquecimento e nunca eram cumpridas. No meu sétimo aniversário, ganhei dele um vale-presente que me dava direito a ficar dez minutos deitado na sua cama por mais de dez vezes. Na verdade, esse era um desejo meu bem antigo. Enquanto eu estava feliz, deitado debaixo das cobertas e olhando para o teto do quarto, do qual pendia um mapa da Terra Média, ele ficava sentado à escrivaninha com um cronômetro que tiquetaqueava. No dia seguinte, quando eu quis ir de novo para a sua cama, ele disse:

— Vire o vale-presente!

No verso, lia-se, em letras ínfimas, a data de validade. O vale-presente tinha valido apenas por um dia!

Como sempre, meu presente para meu pai era um porta-copos de madeira, feito por mim mesmo. Só de apalpar o embrulho feito de qualquer maneira, ele já imaginava:

— Ah, o que deve ser de novo?

O único presente que o surpreendeu foi uma máquina de limpar sapatos, escolhida pelo meu irmão do meio. Todos nós ficamos admirados com a sua ideia. Uma escova dura e branca para a limpeza, outra vermelha e macia para o polimento e, entre ambas, um bocal que, quando apertado com a ponta do sapato, cuspia um pouco de graxa. Meu pai ficou feliz:

— Que ideia maravilhosa! O que o fez pensar nisso? Onde conseguiu?

— Ah, pai, sabe, acho muito importante que um presente seja uma verdadeira surpresa. Só original é tão equivocado quanto se for meramente prático. E uma máquina de limpar sapatos é o ideal. Além do mais, você tem tantos sapatos!

— Não custou os olhos da cara?

Meu irmão do meio olhou com ar competente e professoral através dos óculos:

— Mas, pai, hoje é seu aniversário de 40 anos!

Na verdade, sempre tinha sido tarefa minha limpar os sapatos do meu pai. Eu recebia 50 centavos por par. Assim, a escolha primorosa do meu irmão do meio não apenas expôs todos os outros presentes ao ridículo da falta de imaginação; não, ela também me roubou uma atividade que eu adorava e que era minha fonte de renda.

Há dias que são tão abarrotados de acontecimentos que a malha da rede de lembranças se estreita cada vez mais e acaba pescando coisas

QUANDO FINALMENTE VOLTARÁ A SER COMO NUNCA FOI

totalmente insignificantes, que, na verdade, estariam destinadas ao esquecimento. Como parasitas, esses acontecimentos frívolos se prendem às sensações e as sugam, resistindo ao tempo e pendendo como visco em casamentos e enterros. Por que cargas d'água ainda lembro que, no seu aniversário de 40 anos, meu pai estava sentado em sua poltrona, examinando um folheto com a propaganda de móveis para jardim, em cujo verso havia uma moça ajoelhada, usando luvas propositalmente muito grandes, pintando uma cerca de vermelho vivo? Nada na cena era interessante. Se bem que agora me ocorre uma coisa: na ocasião, eu me aproximei do verso do folheto para ver melhor a moça. Por sua vez, meu pai continuou a estudar o prospecto. Apoiei as mãos nos joelhos e inclinei a cabeça para a frente. Bem devagar, meu pai, sentado, levantou o folheto. O papel foi para cima, e os nossos rostos ficaram frente a frente. No mesmo lugar onde pouco antes a mulher pintava a cerca, apareceu o rosto familiar do meu pai. Rimos e, como um mágico, ele abaixou o folheto novamente.

MiNHA ESPECiALiDADE: O DESERTO

NAQUELE DOMINGO DE ANIVERSÁRIO, MEU PAI PEDIU seu prato preferido para o almoço: rim com arroz. Na véspera, ele havia deixado os rins de molho em uma tigela com leite, para que o ácido úrico fosse liberado durante a noite e os rins não ficassem com gosto amargo. Minha família tinha um paladar muito peculiar. Todos nós gostávamos de miúdos. Minha mãe adorava língua cozida com pêssegos quentes; tinha herdado da mãe esse gosto. Meu irmão mais velho sempre pedia coração de galinha malpassado, com batatas fritas que ele mesmo fritava. Era uma criação sua. Para meu irmão do meio: fígado com rodelas de maçã tantas vezes quanto fosse possível, apesar da advertência de que continha metais pesados. Na montanha de purê de batatas que o acompanhava, ele abria buracos com a colher e os preenchia com manteiga derretida. E eu adorava comer miolo de porco assado com suco de limão. *Brägen*, como se chama no Norte. Quando se verte o suco de limão no miolo rosado do porco, entremeado de fibras de proteína, ele se contrai e encolhe rapidamente como em um experimento galvânico. Até mesmo nossa cadela ganhava coração cozido de vez em quando. Eu também era louco por coração. Quando ninguém estava vendo, eu cortava um pedaço na panela e, mesmo quente, comia a comida da cadela com o garfo.

Durante o almoço, como todos os domingos, jogávamos um jogo. Chamava-se "A superfamília". Cada um de nós tinha sua área de especialidade, e meu pai fazia as perguntas.

QUANDO FINALMENTE VOLTARÁ A SER COMO NUNCA FOI

— Bom, vamos lá – disse, e começou pelo meu irmão mais velho, que era entendido em peixes. – Pergunta difícil: todas as enguias nadam em determinadas águas. Que águas são essas?

Já na metade da pergunta, meu irmão sorria:

— É o Mar dos Sargaços. Antigamente achava-se que suas larvas eram trazidas até nós, na Europa, pela corrente do Golfo. Mas, na verdade, elas nadam sozinhas por milhares de quilômetros pelo oceano.

— Por essa resposta você vai receber, sem dúvida, três pontos.

Recebíamos três pontos quando conseguíamos acrescentar algo interessante à resposta.

— Muito bem, a próxima é você. – A área de especialidade da minha mãe eram as plantas. Acho que ela não ficava muito feliz com isso. Sempre queria tirar a Itália como tema. Mas meu pai não deixava. Minha mãe e a Itália eram um assunto delicado para ele. – Aqui vai a sua pergunta: qual arbusto floresce no inverno?

— Ah, essa eu sei. Há vários. Mas certamente você está pensando no viburno-rosa. A gente sempre pensa: o que está acontecendo? Por que ele já está florescendo? Embora em novembro isso não seja incomum. As flores têm um odor muito peculiar.

Meu pai concordou.

— Dois pontos.

— Por que só dois? – perguntou minha mãe. – Afinal, consegui responder tudo.

— Conseguiu, mas não acrescentou nenhuma novidade à resposta.

— O que eu deveria acrescentar? Além do mais, eu ainda disse que as flores têm um cheirinho ruim.

— Dê a ela os três pontos. Agora é a minha vez.

Enquanto jogávamos, nossa cadela ficava deitada no chão da cozinha, sonhando. Tinha sobressaltos intermitentes e farejava alguma coisa.

— Tudo bem – disse meu pai. – Três pontos para você. E agora é a sua vez.

Meu irmão do meio afastou os cabelos do rosto e aguardou. Meu pai refletiu. Devia estar escolhendo as perguntas para meu irmão. Se fossem muito fáceis, ele ficaria aborrecido e profundamente magoado em sua inteligência excepcional e peculiar, da qual estava firmemente convencido. Se fossem difíceis demais, ele poderia começar a chorar, pois não suportava não saber alguma coisa. Naturalmente, sua área de especialidade era a medicina.

– Muito bem, aqui vai sua pergunta: o que é bursite?

Embora meu irmão fingisse que se tratava de uma pergunta ultradifícil, vi saltar através do azul dos seus olhos uma faísca de felicidade, que me revelou claramente que ele sabia a resposta.

– Caramba, essa é difícil mesmo. Bursite?

– Muito difícil? – perguntou meu pai. – Você pode pedir outra pergunta, mas só uma vez.

– Dê uma dica a ele – pediu-lhe minha mãe.

– Não, nada de dica! – insistiu meu irmão mais velho, atendo-se rigorosamente às regras.

Meu irmão do meio franziu a testa, como se, com sua inteligência universal, estivesse revolvendo as gavetas do cérebro, abarrotadas de conhecimento:

– Bursite? Humm. *Bursa?* Em latim deve significar bolso ou bolsa. Ah, espere um pouco. Bolsa. Isso mesmo!

Ficamos todos olhando para ele. O que estávamos presenciando devia ser a junção de fragmentos de conhecimento sob a máxima tensão intelectual. Então, veio o resultado:

– Bursite, claro, inflamação da bolsa sinovial. Pode ocorrer nos mais diversos locais. Em toda parte onde os tendões deslizarem sobre os ossos ou músculos. Quando inflamada, a bolsa sinovial fica muito inchada e quente. O único remédio é esfriá-la. Quando forma pus, é preciso extraí-la em cirurgia, o que não é nada bom.

QUANDO FINALMENTE VOLTARÁ A SER COMO NUNCA FOI

O gesto de profunda concordância que meu pai fez com a cabeça me aborreceu. De onde meu irmão sabia uma coisa daquelas? Nenhum garoto da sua idade sabia o que é bursite. Obviamente, meu pai lhe deu a máxima pontuação.

– Muito bem! – disse, feliz. – Três belos e grandes pontos para você. Eu não teria conseguido formular melhor. Acertou em cheio. Bom, agora é sua vez, meu caro.

A cadela sonolenta pareceu ter encontrado alguma coisa apetitosa, babou nos azulejos da cozinha e mastigou enquanto sonhava. Minha área de especialidade era o deserto. De fato, na época, eu tinha um interesse enorme pelo deserto.

– Como se chamam os animais muito venenosos que não podemos tocar de jeito nenhum no deserto? E não estou falando das cobras!

Todos olharam para mim. Esperaram. Todos sabiam a resposta. Pensei. Branco total. O único animal que me ocorria, sob o olhar da minha família, era: camelo. Mas não podia ser ele, seria um absurdo completo: camelo venenoso. Eu já tinha perguntado várias vezes ao meu pai a diferença entre camelo e dromedário. Quem é venenoso e vive no deserto? Minha mãe abriu e fechou a mão, imitando uma pinça.

– Ei, não vale ajudar! Isso tira pontos!

De repente, eu me lembrei. Vi o animal da pergunta na minha frente, mas seu nome não vinha na minha cabeça. Sem pensar mais, exclamei:

– Caranguejo!

De modo exageradamente dramático, meus irmãos desabaram decepcionados sobre o tampo da mesa, o que fez com que nossa cadela despertasse e bocejasse.

– Quase... – disse meu pai. – Quase! É um pouco parecido com o caranguejo, mas tem outro nome!

– Também existe como signo do zodíaco! – completou minha mãe.

Fiquei muito agitado, queria ganhar os pontos de todo jeito. Signo do zodíaco? Ora, meu signo é...? Sem pensar mais e infinitamente grato à minha mãe pela dica, exclamei pela segunda vez:

– Caranguejo!

Meus irmãos começaram a rir.

– Ei, vê se entende de uma vez por todas: não é o caranguejo. Por que você insiste tanto nesse bicho? Não há caranguejos no deserto. Caranguejos vivem no maaaaar!

Meu pai ainda não tinha perdido a esperança:

– Deixem ele pensar.

Na minha frente, minha mãe gesticulava com as mãos em forma de pinça, clap, clap, e me olhava como se, com a força concentrada dos seus olhos arregalados, quisesse me ajudar a superar meu bloqueio mental. Mas eu não sabia. E essa ignorância doía. Dentro de mim, havia um vazio dolorido, um vácuo latejante.

– Vamos, desista, por favor, por favor, por favor – implorou meu irmão mais velho. – Queremos jogar mais uma rodada, antes de o papai fazer 50 anos.

– Aranha? – arrisquei baixinho. – Talvez a caranguejeira?

O que fez um dos meus irmãos perguntar ao outro:

– Diga uma coisa: qual é mesmo o seu signo?

E o outro respondeu:

– Ora, você sabe, sou aranha.

Eu estava para dizer "lagosta", mas simplesmente não saiu mais nada. Várias vezes, meus irmãos emitiram o top de oito segundos para terminar de uma vez por todas com meu tempo de adivinhação.

– Está bem! – Meu pai me olhou com tristeza; eu lhe causava pena. – É o escorpião. Mas você vai receber um ponto, pois não achei tão ruim a tentativa do caranguejo. Eles realmente se parecem.

QUANDO FINALMENTE VOLTARÁ A SER COMO NUNCA FOI

Mas meus irmãos não conheciam clemência nesses assuntos.

– Como assim? – gritou meu irmão do meio, indignado. – Um ponto pelo caranguejo? Que história é essa? Caranguejo está completamente errado. Ele merece um zero pela resposta.

E me lançou esse zero bem no meio da cara. Meu irmão mais velho também achou injusta a minha pontuação:

– Pai, não tem cabimento. Se essa pontuação tiver algum sentido, então ele não pode receber ponto nenhum. Este é um jogo de conhecimento, não de adivinhação! E se ele receber um ponto, vai ter de perdê-lo por causa da ajuda que recebeu, já que a mamãe ficou o tempo todo imitando o escorpião. Ele não fazia ideia do que era. Isso já está começando a me irritar. Da última vez, quando você perguntou qual era o plural de cacto, ele respondeu cactuses e também recebeu um ponto.

– Ele não chegou a dizer caquis, também? Disse, sim – corrigiu-o meu irmão do meio. – Um cacto, dois caquis.

Pronto, eles tinham me apanhado. No meu ponto fraco. Meu couro cabeludo começou a coçar. Era o primeiro sinal da perda iminente do controle, um sintoma que indicava o beco sem saída da fúria.

– Vamos, parem com isso, por favor! Não no aniversário do seu pai. Vamos continuar o jogo – disse minha mãe, tentando apaziguar os ânimos.

Mas o pavio já estava aceso. Meu irmão mais velho se levantou, como se fosse fazer um discurso, e anunciou:

– Por volta do meio-dia, a caravana alcançou o oásis repleto de caquis!

Meu irmão do meio cantarolou:

– Lá fora, na varanda, tenho meus pequenos e verdes caquis!

E ambos juntos, com o nariz tampado:

– Caquis, caquis, caquis!

Nervoso, levantei da mesa de um salto, dei um golpe descontrolado contra o pescoço do meu irmão do meio, que caiu em prantos, como se tivesse sido atingido por uma machadinha, e me lançou no chão da cozinha. Dei vários chutes e honrei meu apelido de "Bomba Loura". Chutes e golpes. Sacudidas e gritos.

E o que fez meu pai? Nada! Não fez nada. Serviu-se de outra generosa porção de rim com arroz. A cadela estava deitada ao meu lado, ofegando. Meu irmão mais velho se levantou e deu um passo largo por cima de mim, como se eu fosse um animal espumando pela boca e com o qual se devesse ter cautela. Minha mãe tentou me levantar do chão, mas eu já tinha puxado a ponte levadiça da cólera: espernenei, gritei e fiquei inexpugnável – estava em segurança! Após algum tempo, minha mãe conseguiu me apaziguar e me acalmar com uma mistura bem dosada de colo e abraço.

Mas consegui me desprender, corri para meu quarto e sentei-me na larga placa de pedra sobre o aquecedor, logo abaixo da janela. Costumava ficar sentado ali. No verão, a pedra era deliciosamente fria e, no inverno, bem quentinha. Eu podia puxar um pouco a cortina, olhar pela janela e me esconder em uma pequena caverna. No mármore do parapeito, havia fossilizações ligeiramente em relevo, conchas de caramujos e outras mais alongadas. Eu gostava de tateá-las com a ponta dos dedos. Ficava imaginando extraí-las com um pequeno martelo e uma chave de fenda, vendê-las por um preço alto ou triturá-las em um almofariz. Acalentava a esperança de que esse pó fossilizado e mágico me tornasse invencível.

CAFÉ COM BOLO

JÁ ERA UMA TRADIÇÃO QUE, NO DIA DO ANIVERSÁRIO do meu pai, quatro pacientes do hospital psiquiátrico passassem lá em casa para tomar café com bolo. Eram sempre os mesmos, as únicas pessoas de quem meu pai aceitava os parabéns. Minha mãe sempre tentava convencê-lo a convidar alguém diferente ou, pelo menos, outros além daqueles que já vinham sempre.

— Também fico feliz quando eles vêm, Hermann, mas acho que seria simpático um verdadeiro jantar com convidados!

Meu pai não queria saber dessa história.

— Mas quem, afinal? Os Jacobs, os Henkels, os Eckmanns, são tantos!

A cada um desses nomes meu pai ia ficando desanimado. Cada um deles parecia estar ligado a uma ideia especialmente desagradável e a um grave mal-estar.

— Nãoooo!

— Já faz tempo que moramos aqui e nunca recebemos nenhum convidado. Você tem de admitir que é meio estranho. Nem mesmo a vice-diretora entrou na nossa sala.

— Graças a Deus — murmurou meu pai, folheando seu livro de modo propositadamente enfático, como se com as páginas pudesse apagar de seu pensamento os nomes. E continuou assim.

Para o café com bolo às três horas, foram convidados: Margret, Ludwig, Dietmar e Kimberly.

Fazia anos que Margret usava, tanto no verão quanto no inverno, o mesmo vestido sem mangas de florezinhas azuis e as mesmas sandálias grossas. Suas meias-calças de cor ocre atraíam meu olhar como mágica.

Ao longo das canelas e por cima das panturrilhas, o tecido bem apertado sugeria esconder irregularidades incomuns. O náilon parecia ter sido esticado sobre uma cortiça, e por muitos anos me perguntei como seria a aparência das pernas nuas de Margret. Será que precisava de meias-calças resistentes para conter veias inchadas e impedir que estourassem, ou teria ela uma doença que amarrotasse a pele? Não aparentava nenhuma idade, devia ter entre 20 e 60 anos, estava sempre de ótimo humor e falava muito alto. Gostava exageradamente de tudo. Seu entusiasmo não se inflamava por nada específico; estava sempre pronta a se precipitar sobre qualquer coisa que passasse pelos seus olhos minúsculos e vivos.

Tinha uma maneira peculiar de falar. Como se toda frase fosse uma só palavra: *Ohoboloparecedeliciosominhanossanãocredito*. *Quepratosbonitos*. *Atoalhademesaélinda*. *Quemaravilhadeachocolatadominhanossanãoacredito*. Era sua exclamação favorita: *Minhanossanãoacredito!* Raramente terminava uma frase sem ela: *Comovocêcresceuminhanossanãoacredito*, dizia sempre que me via.

Já o Ludwig era caladão. Um varapau silencioso, de faces encovadas e dedos que mais pareciam tentáculos. Não era muito mais velho do que eu, mas era mais alto do que minha mãe. Ficava o tempo todo lambendo os beiços, passando a língua nos cantos da boca e, quando algo o agitava, mostrava os dentes. Com isso, os tendões do seu pescoço se estiravam. Segundo meu irmão do meio, o sabichão, seria um reflexo atávico e muito antigo para afugentar moscas. Ludwig usava sempre macacão e, quando não estava arrastando seus dedos pálidos de Nosferatu sobre a mesa, enganchava os polegares sob os fechos das alças. Morria de medo da nossa cadela, mas seu maior desejo era acariciá-la. Bufava, dominava seu temor e pedia, disparando palavras avulsas em uma salva tripla: "Carinho, carinho, carinho!" Sempre lhe perguntávamos: "Tem certeza?" Ele fazia que sim

QUANDO FINALMENTE VOLTARÁ A SER COMO NUNCA FOI

e mostrava os dentes. "Certeza, certeza, certeza! Ludwig quer!" Mas tão logo a cadela do meu irmão mais velho entrava na sala abanando o rabo, o magricela do Ludwig apertava os punhos junto às têmporas, começava a gritar e saía correndo do cômodo como uma marionete histérica. Era assim todos os anos: súplica seguida de medo inevitável e fuga. Não sei bem por quê, mas eu gostava de ver Ludwig entrar em pânico. Ficava me perguntando por que justamente aquilo que mais se deseja no mundo causa um medo tão atroz.

Dietmar era um dos pacientes preferidos do meu pai, tinha mais ou menos a mesma idade do meu irmão do meio e – outra semelhança – era movido pela mesma sede insaciável de conhecimento. Abraçava as pessoas em qualquer ocasião. Não parava de fazer perguntas e, ao mesmo tempo, balançava-se para frente e para trás, mantendo a cabeça um pouco inclinada e pulando de um assunto para outro. Acima de tudo, queria saber quem tinha inventado alguma coisa e quando. Meu pai ficava fascinado com seus saltos de pensamento, que mudavam abruptamente de direção, e dedicava-se a ele com fervor.

– Quer um pedaço, Dietmar?
– Que bolo é esse, doutor? De onde ele vem?
– É o bolo "Picada de abelha".*
– Quem inventou esse bolo, doutor?
– Não sei. Foi a minha mulher que fez.
– Sua mulher? Quanto você pagou para ela?
– Nada.
– As abelhas comem mel, doutor?
– Não, as abelhas produzem mel.
– Elas picam o bolo?

---

*Em alemão, *Bienenstich*. Bolo com recheio de creme e cobertura de mel e amêndoas. (N. T.)

– Não, mas gostam dele.
– Elas picam as mulheres?
– Claro, pode acontecer.
– Elas gostam do bolo "Picada de abelha", doutor?
– Acho que sim. – Meu pai gostava desse tipo de conversa.
– Tenho uma coleção!
– De quê, Dietmar?
– De adesivos, ué!
– Eu gostaria de vê-los.
– Posso lhe vender alguns, doutor. Quem inventou os adesivos?
– Não sei, Dietmar, sinto muito!

O rapaz começou a se balançar com mais rapidez, levantou-se de repente e deu um abraço apertado no meu pai. Pressionou o rosto contra seu pescoço, pôs a mão em sua careca e não o soltou mais. Meu pai também o abraçou, e ambos se acalentaram um pouco.

Não se podia deixá-lo ir sozinho ao banheiro em hipótese alguma, pois adorava untar as paredes com fezes. Depois que isso aconteceu uma vez, nosso banheiro não pôde ser limpo e precisou ser completamente reformado.

Kimberly era a menina mais feia que eu conhecia. Sua cabeça era deformada. Como uma bolha de sabão ao vento, seu crânio tinha depressões e abaulamentos que pareciam se alterar. Sempre que eu a encontrava, tinha a impressão de que seu rosto havia se deformado ainda mais. Seus cabelos pareciam um gorro desgrenhado, mal-assentado e que tivesse escorregado para trás, e em sua testa ondulada havia um galo vermelho-fogo, com casca de ferida, um furúnculo coberto de escaras e pelos. Nas têmporas, sua pele parecia fina como pergaminho. Quando eu a via, não podia deixar de imaginar como seria se eu furasse sua cabeça com meu indicador através daquela membrana, como gostava de fazer com a película dourada dos vidros novos de Nutella. Seus olhos eram turvos e ligeiramente revirados.

A menina tremelicava toda, como se a qualquer momento fosse derreter. Meu irmão do meio tinha avisado ao meu pai que, naquele ano, não queria se sentar de novo ao lado dela.

— Por que não?

— Ela é muito estranha!

— Não acho — respondera meu pai. — Olhe para ela com atenção. Você vai ver que menina bonita é a Kimberly.

Meu irmão lançou-lhe um olhar incrédulo.

Todos nós conhecíamos essa dica do meu pai. Ele sempre nos dizia que havia uma beleza oculta no rosto dos pacientes. Costumava insistir:

— É preciso tão pouco para um rosto perder a harmonia...

E o demonstrava apertando o nariz para cima ou puxando para baixo as pálpebras com os indicadores, fazendo olhos de bloodhound. Bastava meu pai ficar ligeiramente vesgo e inclinar um pouco a cabeça para parecer louco. Ele se divertia, mas levava a brincadeira a sério. Era enfático ao falar sobre como costumava ficar admirado ao observar os pacientes dormindo à noite nas suas camas:

— Fico pensando que conheço uma menina há anos e, de repente, vejo-a dormir. Relaxada, respirando tranquilamente, com um semblante totalmente diferente. E essa pobre menina, que passa o dia fazendo caretas e batendo a mão na cabeça, parece linda ali deitada.

Às três em ponto, tocaram a campainha. A cadela foi trancada e a porta de casa, aberta. Ali estavam os quatro, em roupas de verão, escoltados por um enfermeiro.

— Volto às cinco, doutor. Felicidades pelo aniversário.

— Obrigado, até mais tarde.

Margret olhou para mim:

— *Comovocêcresceuminhanossanãoacredito!*

Dietmar deu um longo abraço em todos nós e até me levantou um pouco do chão. Seus abraços nunca eram breves nem tímidos. Depois de receber um abraço do Dietmar, a gente ainda o sentia por um bom tempo, de tão intenso seu aperto. Era mais do que um abraço, era pegar alguém nos braços, segurá-lo e tornar a soltá-lo. Na minha mãe, ele dava um abraço especialmente longo, além de tapinhas nas costas com suas mãos pequenas e retesadas, até mesmo na bunda, e minha mãe chamava sua atenção:

— Dietmar!

Sempre tive a impressão de que ele simplesmente gostava de fazer coisas que, na verdade, ninguém fazia, e de que sabia muito bem disso.

Cada um deles havia trazido um presente para meu pai. Margret, um ramalhete de flores do viveiro de plantas da sua unidade, onde trabalhava. Meu pai as cheirou, fingiu que o odor lhe dava coceira no nariz e espirrou. Os pacientes deram risada. Minha mãe agradeceu e foi buscar uma jarra.

Certa vez, um casal de pacientes tocara nossa campainha e lhe dera de presente um gigantesco buquê de rosas. Quando ela foi colocar as flores no parapeito da janela e olhou para fora, viu que todas as rosas do nosso jardim tinham sido cortadas.

Ludwig deu para meu pai uma vela amarelo-favo, feita por ele com cera de abelha. Dietmar trazia um cabide pintado por ele e Kimberly, uma linguiça de crochê feita por ela, na qual haviam sido costurados dois botões. Meu pai elogiou enfaticamente cada presente e os colocou junto aos nossos, na mesa de aniversário.

— Eles se esforçaram mesmo — disse-me meu irmão mais velho em voz baixa, naquele seu tom de torturador, testado e comprovado milhares de vezes. – Não dão o mesmo presente todos os anos! Veja só como o papai está feliz!

Meu irmão tinha razão. Meu pai mostrara muito mais interesse pelo cabide pintado do que pelo meu porta-copos.

– Nenhum desses cabeções ousaria aparecer aqui com um pedaço de madeira mal-acabado. Mano, ninguém usa esse tipo de coisa! Muito menos aos 40 anos!

Na verdade, eu tinha pensado em outro presente, que era maravilhoso. Algo que facilmente deixaria a máquina de limpar sapatos no chinelo!

– Que animal incrível é esse? – perguntou meu pai a Kimberly.

– Uma... uma... uma... – Seus olhos boiaram pela sala, como dois peixes mortos.

– Uma o quê? – perguntou meu pai, sem pressioná-la.

– Uma... uma... cooobra.

– Oh, mas isso me deixa muito feliz. Vai ser muito útil ter uma cobra como essa. Vai ficar em um lugar de honra.

Definitivamente, meu pai não dissera isso depois de abrir meu presente.

Assim que os pacientes se sentaram à mesa, minha mãe trouxe a bandeja com o perfumado "Picada de abelha". Sentei-me entre Ludwig, que observava bem cada pedaço em seu garfo antes de levá-lo à boca, como se se tratasse de um tipo raro de bolo ameaçado de extinção, e Dietmar, que estava perguntando ao meu pai quem tinha inventado o canudo. Margret elogiou minha mãe:

– *Comoseucabeloestábonitohojeminhanossanãoacredito!*

– É que ontem fui ao cabeleireiro.

– *Odoutortemumabelaesposaqueévocê!*

– Ah, obrigada pelo elogio, Margret.

Desde que minha mãe voltara do cabeleireiro, achei sua aparência estranha. Havia pintado os cabelos em um tom de preto que era muito mais escuro do que seu natural, entremeado de grisalho. Havia ficado com um ar de índia, e meu pai a chamou de Nscho-tschi, a irmã de Winnetou. Minha mãe ficou muito magoada, e o elogio de Margret deixou-a visivelmente feliz.

Ludwig parou de comer. Eu já tinha visto antes como algo mudava em sua expressão e ele era tomado pelo desejo que todos nós já conhecíamos. Falou com os dentes bem cerrados, por isso tivemos dificuldade para entendê-lo:

— Hoje Ludwig vai fazer carinho na cadela. Carinho, carinho, carinho!

— Melhor não, Ludwig — respondeu meu pai. — Vamos esquecer isso este ano. Hoje a cadela está muito cansada, está dormindo!

— Acordar. Carinho.

Coçou o olho com os dedos finos, esfregando com tanta brutalidade o globo ocular que minha mãe abaixou sua mão.

— Agora coma mais um pedacinho de bolo.

Ludwig fez uma careta, abaixou a cabeça, coberta apenas por alguns tufos de cabelo, e crispou-se. Começou a chorar. Dietmar deu um salto e foi abraçá-lo, e Margret riu:

— *Lávaielechoramingardenovominhanossanãoacredito.*

Kimberly continuou comendo seu bolo sem se abalar. Mastigou, esfregou os olhos e ficou olhando como uma vaca exausta. Seus olhos não se fixavam em lugar nenhum.

Meu pai tentou consolar Ludwig:

— Não é tão ruim assim. Você sabe que não dá certo e que vai ficar muito assustado.

Meu irmão mais velho era da opinião de que, se ele fazia tanta questão, deveriam simplesmente trazer a cadela, e então disse:

— Talvez este ano ele consiga. Seja como for, ele não vai desistir.

QUANDO FINALMENTE VOLTARÁ A SER COMO NUNCA FOI

Meu irmão do meio era da mesma opinião:
— Também acho que ele tem direito de tentar todo ano. Já virou tradição.

Olhou para mim e acenou brevemente com a cabeça, como se quisesse dizer: "O espetáculo não tarda a começar."

Ludwig chorava de modo comovente. Segurava as alças do macacão. Todos os músculos contraídos ao máximo. Balançava-se sozinho ou puxava-se para frente e para trás pelas alças?

— Por favor, por favor, por favor. Carinho. Ludwig corajoso! Ludwig corajoso! Ludwig corajoso!

— *Ludwigcorajosominhanossanãoacredito.*

— Doutor, quem inventou o macacão?

— Não faço ideia, Dietmar. Faço sim, espere aí. Essa eu sei! Li em algum lugar: foi Levi Strauss. Em 1873!

Dietmar deu um salto, tropeçou em Kimberly, que comia ruidosamente seu bolo, e abraçou o pescoço do meu pai. Ninguém estava conseguindo acalmar Ludwig. Queria ver a cadela. Nem mesmo uma porção extra de chantili conseguiu dissuadi-lo da sua obsessão por carinho.

— Então, está bem, vamos tentar! Vá buscar o bicho!

Meu irmão mais velho se levantou e desapareceu atrás da porta. Minha mãe buscou uma solução intermediária.

— Talvez já estivesse bom se você acenasse para ela, Ludwig. Seria ótimo. Acene para ela.

— Que bobagem, mãe! Em cachorro a gente faz carinho, não acena para ele! — criticou-a meu irmão do meio.

Meu outro irmão exclamou de fora:

— Estou chegando! — E apareceu no vão da porta.

Ludwig começou a bufar. Dietmar correu para a cadela que abanava o rabo, abraçou-a e deixou que ela lambesse seu rosto. Achei injusto, pois tinham me proibido isso. Eu, que amava nossa cadela mais do que tudo, também teria adorado ser lambido por ela. Ludwig se levantou e esticou o pescoço. Alguma coisa rangeu em sua nuca.

– Tudo bem, Ludwig?

Era impossível saber se sua boca torcida exprimia sorriso ou desespero.

– Quer se aproximar? – perguntou minha mãe, pegando seu braço.

Meu irmão do meio havia assumido seu olhar científico. Um olhar engraçado e superior de raio x, como se ele pudesse ver o âmago das coisas.

– *Seacadelachegarmaispertoelevaicomeçaragritar!* – gritou Margret, entusiasmada.

Depois de ser lambido pela cadela, Dietmar é que passou a lamber. Aquilo superava até mesmo meus anseios. Lambeu o nariz preto da cadela, e suas línguas se enlaçaram dando estalos. Em seguida, caiu de costas e agarrou a barriga do animal, cuja benevolência não conhecia limites. A cadela já estava habituada comigo e com meus irmãos. Nós a vestíamos com pijamas e prendíamos com elásticos suas orelhas compridas no alto da cabeça.

Durante toda essa agitação, Kimberly passou para seu prato os restos de bolo de Ludwig e Dietmar. Agora estava comendo com dois garfos. Quando enfiou um deles em meio pedaço do bolo de Margret, esta gritou:

– *Minhanossanãoacreditoessacretinaquerroubaromeubolo!*

– Vamos, acalmem-se agora! – exclamou meu pai. – Não vão querer cantar para mim?

Ludwig deu alguns passos em direção ao meu irmão e à cadela. Seus dedos ossudos se contraíram. Era como se ele estivesse fazendo cócegas no ar, dedilhando uma harpa invisível como um virtuose. Ao ver se aproximar essa figura magra, que gesticulava e fazia dez caretas por segundo, nossa cadela latiu. Uma única vez: aaauuu. Um

QUANDO FINALMENTE VOLTARÁ A SER COMO NUNCA FOI

belo latido que ecoou ao sair da enorme caixa de ressonância do tórax canino. Ludwig deu de cara com esse sonoro aaauuu, virou-se e saiu correndo da sala, gritando e martelando os punhos contra as têmporas. Abaixei o olhar, escondi o sorriso no canto da boca e balancei, consternado, a cabeça. Portanto, mais um ano de fracasso, apesar do aniversário redondo.

No entanto, alguns anos mais tarde, daria certo: com um truque. Meu pai fez uma foto de Ludwig, recortou-a com cuidado e colou-a sobre outra fotografia, bem ao lado da nossa cadela. Deu a foto de presente a Ludwig, que, a partir de então, passou a segurá-la ininterruptamente entre seus dedos finos e ossudos, até ela ficar mole como um pedaço de pano. Funcionou. Em sua visita seguinte, Ludwig foi sem nenhum problema até a cadela, colocou-se ao seu lado exatamente como na foto e acariciou a cabeça peluda e babona do seu medo primordial.

Depois do café com bolo, cantamos para meu pai. Minha mãe tentou ajudar a nós todos, pacientes e seus filhos, com sua voz clara de soprano, dando-nos o apoio melódico. Em vão. Uma vontade irrefreável de cantar destroçou a melodia. Apenas a voz do meu irmão do meio pairou sozinha, clara e pura, sobressaindo, destacando-se e mantendo-se suspensa sobre nós como uma nuvem dourada de som sob o teto da sala. Meu pai estava sentado em sua poltrona Berger, desfrutando visivelmente o coro mais gritado do que cantado, em homenagem ao seu aniversário.

Em seguida, fomos todos juntos para o jardim. O sol brilhava tanto que não dava para enxergar a peteca; sua trajetória era apagada com a fulguração no zênite. Eu jogava com Dietmar. Depois de cada ponto, nos abraçávamos. Quando era eu quem fazia o ponto, ele vinha me cumprimentar; quando era ele que acertava, vinha me consolar.

— Quem inventou a peteca?
— Não faço ideia, Dietmar, não faço ideia.
— Por que se chama peteca? Não deveria se chamar "penateca"?
— Vamos, jogue!
— Por que as penas não estão no nome? Afinal, ela é quase toda feita de penas.
— É, Dietmar, é, sim.

Kimberly tinha tirado a calça e se deitado no gramado, à sombra das altas tílias. Minha mãe foi várias vezes até ela e explicou:

— É sério, Kimberly, você não pode ficar comendo as margaridas. Não fazem bem. Entendeu?

Apreensivo, vi pequenos caracóis densos e pretos brotarem à direita e à esquerda por baixo da sua calcinha. Ela havia enrolado um pouco o pulôver para cima; dormitava e acariciava a barriga. Margret ajoelhou-se no nosso canteiro de rosas e começou a arrancar as ervas daninhas:

— *Vejamsóissoaquiminhanossanãoacredito. Éprecisoarrancartudoissoéoquevoufazer.*

Meu pai pegou Ludwig pela mão e passearam juntos pelo jardim. Meus irmãos estavam confortavelmente deitados, cochichando; com certeza, tramavam alguma coisa e, de copos bojudos, bebiam um de seus coquetéis especiais. Sem álcool, mas cada ingrediente era vertido com tanta habilidade que, como por mágica, não se misturavam, e o vermelho, o amarelo e o verde se sobrepunham: um suco empilhado.

Muitas vezes, eu não sabia se meus irmãos estavam levando alguma coisa a sério, se realmente acreditavam no que diziam ou simplesmente gostavam de me ver concentrado em suas palavras, sem duvidar de nada do que me contavam. Mas, muitas vezes, eu também entrava no jogo e fingia que não tinha entendido alguma coisa, pois ficava feliz quando gastavam tempo comigo.

QUANDO FINALMENTE VOLTARÁ A SER COMO NUNCA FOI

Depois do enterro do melro, pediram-me para ir ao quarto do meu irmão mais velho. Só o fato de eu ser convidado para entrar nesse quarto já era uma honra para mim. Sua porta era forrada de adesivos e recortes de anúncios. Na altura dos meus olhos, sobressaía a propaganda de carne com erro de ortografia: "Colchão mole – oito marcos o quilo".

Meu irmão mais velho gostava do quarto escuro. Geralmente, as cortinas ficavam fechadas o dia inteiro. O sol o ofuscava, o cinza e a chuva constantes o deprimiam. Como o tecido da cortina era pesado e verde, na maioria das vezes predominava no cômodo uma luz subaquática, espessa e esverdeada como alga. Essa impressão era ainda mais intensificada pelos três aquários borbulhantes de cem litros, com suas plantas aquáticas oscilantes. Entrei, e ele, como sempre, estava deitado. Seus cabelos escuros também eram uma cortina pesada que cobria os olhos castanhos. Um assunto duradouro, que se arrastava por vários anos entre ele e meus pais, era o arejamento do quarto.

– Como é que você aguenta ficar aqui? – perguntava-lhe minha mãe. – Você vai sufocar desse jeito. Isso aqui está com cheiro de coelheira!

Mas assim como os peixes precisavam da água, meu irmão precisava do ar sufocante e estagnado ao seu redor. Tudo isso fazia da visita ao seu quarto um mergulho no seu mundo diferente. Às vezes, o ambiente era tão verde-escuro, com as lâmpadas do aquário servindo como únicas fontes de luz, que eu mal conseguia enxergar onde ele estava, onde os vidros do aquário separavam a água verde do ar verde. Era como se os guppys, os peixes-néon e os ciclídeos nadassem por todo o ambiente e a cama do meu irmão ficasse bem no fundo de um tanque. Entre aquelas quatro paredes predominava um ritmo próprio, que borbulhava com indolência. Vários cascudinhos limpavam o vidro, sugando-o de um lado ao outro; os filamentos muito compridos das barbatanas alongadas dos acarás-bandeira flutuavam sobre as pedrinhas, e meu irmão cochilava na cama ou lia, pela décima vez, *O senhor dos anéis*.

Naquela tarde, os dois estavam me esperando e me puxaram para dentro do verde misterioso e bolorento. Já no quarto, pude até me sentar na cama.

– Quando o melro voou contra a janela – começou meu irmão do meio com ar conspiratório e os olhos faiscando através das lentes dos seus óculos de estrábico –, eu já sabia, antes de ter me virado, que era um melro. Reconheci a espécie de pássaro pela batida.

Eu não estava entendendo aonde ele queria chegar. Minha expressão de incompreensão o irritou.

– Não sabe o que isso significa?

Balancei negativamente a cabeça.

– Ele consegue adivinhar o pássaro pelo barulho do choque – informou meu irmão mais velho. – É genial. Podemos ficar ricos!

Eu continuava sem entender o que estavam planejando, mas é claro que também queria ficar rico.

– Como? – perguntei e, logo em seguida, repeti: – Então, como?

– Muito simples – explicou finalmente meu irmão mais velho. – Vamos aparecer na televisão. Diversos pássaros serão afugentados contra uma grande janela, e você – olhou para meu irmão do meio, que concordava com a cabeça, seguro de si – vai adivinhar qual bateu nela. Assim que o papai e a mamãe saírem, vamos começar o treino. Já vamos deixar tudo preparado.

O plano era que eu, como treinador, lançasse diversas meias recheadas com os mais diferentes materiais contra o vidro da janela pelo lado de fora. Meu irmão do meio ficaria sentado em uma cadeira do lado de dentro, com os olhos vendados, e, com base no barulho da batida, deveria adivinhar o que era. As tarefas foram divididas e nos pusemos ao trabalho. Como ladrões, nos esgueiramos pela casa, roubamos meias dos armários, além de macarrões e outros materiais da despensa para servirem de enchimento.

Após uma hora, estávamos na cama do meu irmão mais velho com cinco simuladores. O pássaro mais leve, uma carniça, era uma meia da minha mãe cheia de pelo da cadela, que arrancamos da escova com a qual a escovávamos. O mais pesado, uma cegonha, era uma meia nova de caminhada, que meu pai ainda não tinha usado, cheia até a borda com areia para pássaros. Como teste, lancei para o alto um busardo cheio de ervilhas dentro do quarto do meu irmão. O pássaro estourou, e as ervilhas se espalharam como chuva verde. Meus irmãos ficaram decepcionados, jogaram-se na cama, bufando, e gritaram de raiva debaixo das cobertas.

Fiquei feliz que tivessem desistido do plano. Pois, na maioria das vezes, eu é que acabava sendo responsabilizado por esse tipo de experimento. Embora raramente eu previsse o resultado, desta vez eu tivera um mau pressentimento. Era bem provável que eu quebrasse a janela com a meia da cegonha, meus irmãos desaparecessem no ar e me deixassem ali plantado como um perfeito idiota. E quando me perguntassem: "Ficou louco? Por que diabos você jogou uma meia cheia de areia contra o vidro?", simplesmente não haveria uma boa resposta.

QUARENTA BOLINHAS DE DESVELO

DOIS DIAS ANTES DO ANIVERSÁRIO DE 40 ANOS DO meu pai, minha mãe e eu tivemos uma briga horrível – embora *briga* não seja a palavra correta. Enquanto eu rodopiava no chão da cozinha em torno de mim mesmo como um pião humano movido a fúria, minha mãe olhava para mim, perplexa, como se eu tivesse sido infectado pelo vírus da raiva. Como muitas vezes acontecia, ela havia arruinado meus planos ao tentar me ajudar. Era uma especialidade da minha mãe. E o pior era que parecia não se dar conta disso. Totalmente convencida de que era a pessoa mais bondosa do mundo e de que não conhecia a maldade, ela enfiava os dedos carinhosos e maternos bem no meio da ferida. Ela mesma ficava perplexa ao ver o que tinha feito. A situação toda se complicava porque, no fundo, ela realmente era uma pessoa muito carinhosa. Mas, em algum canto dentro de minha mãe, havia uma força subversiva, que injetava nela as ideias mais esquisitas. Um exemplo dentre muitos: meu irmão mais velho lhe dera de aniversário um desenho de Picasso, um toureiro com um touro. O extraordinário no desenho era que Picasso o fizera sem tirar o lápis do papel. Em uma única linha, ambas as figuras se mostravam entrelaçadas não apenas na luta; não, também formavam uma unidade no desenho: o toureiro pouco antes da estocada fatal e o touro que avançava contra ele. Minha mãe ficou muito feliz com o desenho e o pendurou no mesmo dia na parede do quarto do meu irmão, que tinha ido pescar. Quando ele voltou para casa, viu o presente

QUANDO FINALMENTE VOLTARÁ A SER COMO NUNCA FOI

de aniversário pendurado em cima da própria cama e foi até minha mãe perguntar:

— Mãe, o que o desenho do toureiro está fazendo no meu quarto?

E minha mãe respondeu com carinho:

— Ficou bom pendurado ali, não acha? Achei que era o melhor lugar para ele.

— Sim, mas o desenho é seu — disse meu irmão. — Eu te dei de presente.

E minha mãe continuou bem-humorada e muito generosa:

— Não tem problema nenhum. Eu empresto para você!

O fato de meu irmão ter se fechado no seu quarto logo em seguida, batendo a porta, foi um mistério para ela. Toda preocupada, perguntou ao meu pai:

— O que é que ele tem? Pelo visto, não pescou nada!

O que desencadeou meu colapso foi algo semelhante. Como eu queria dar para meu pai um presente que não fosse outro porta--copos, pensei em uma coisa bem especial. Ele adorava marzipã. Meu plano era lhe dar 40 unidades pelos seus 40 anos. Mas não comprados, e sim feitos em casa. Por mim! Era uma ideia fantástica, eu tinha certeza disso. Assim, em termos de presente, eu não ficaria atrás dos meus irmãos. Um menino de oito anos que não mede esforços, torna-se confeiteiro e faz para o pai o doce favorito dele.

Minha mãe me arrumou a receita e fomos juntos comprar os ingredientes. A lista parecia exótica: amêndoas, açúcar de confeiteiro, óleo de amêndoas amargas e chocolate em pó. Gostei especialmente de um dos ingredientes, que tivemos de ir buscar na farmácia: água de rosas. Portanto, o marzipã era mais do que um doce, era um medicamento. Procedi com todo o cuidado e proibi a mim mesmo de receber qualquer ajuda da minha mãe. Provavelmente, nunca ninguém havia pesado antes 500 gramas de amêndoas com tanta exatidão quanto eu. Três a mais, duas a menos. Uma grande demais, outra muito pequena. Para não ultrapassar a medida, eu mordiscava os excessos pela metade. Então, minha mãe passou por mim e disse, cautelosa:

— Você precisa descascá-las!

Descascar as amêndoas? Seria uma piada?

— Elas já estão sem casca, mãe! Amêndoas são como as nozes!

— Eu sei, mas olhe só isto aqui: esta pele marrom também precisa ser tirada. Quer que eu ajude? Você precisa escaldá-las.

Fiquei preocupado, pois, se não fizesse tudo cem por cento sozinho, meus irmãos iriam dizer: "É presente seu e da mamãe?" Mas eu não fazia ideia do que ela estava querendo dizer e, hesitante, acabei aceitando sua ajuda. As amêndoas foram escaldadas e, de fato, depois ficou muito mais fácil extraí-las do seu invólucro. Era só apertar que elas deslizavam para fora. Voltei um passo atrás e joguei as amêndoas quentes na tigela. Triturei-as, misturei a elas o açúcar de confeiteiro já peneirado, acrescentei o óleo de amêndoas amargas e contei direitinho: trinta gotas de água de rosas. Amassei bem a massa. De fato, cheirava a marzipã. Nesse momento, tive certeza de que nunca mais iria querer fazer outra coisa que não fosse exatamente isso. Tinha encontrado a minha vocação. Seria o melhor confeiteiro de marzipãs de todos os tempos. Com a base dos polegares, enrolei bolinhas do tamanho de uma cereja. Assim estava na receita: do tamanho de uma cereja. Fiquei um tanto surpreso. Achei que devesse estar escrito "do tamanho de uma batata". Afinal, todo mundo sabia qual era o tamanho de um marzipã. Por acaso, alguém escreveria em uma receita de bolo de cereja "usar cerejas do tamanho de marzipãs"? Não, nunca!

Formei 40 bolinhas, uma para cada ano. Então, pela primeira vez, entendi quantos anos meu pai realmente estava fazendo. Quanto

QUANDO FINALMENTE VOLTARÁ A SER COMO NUNCA FOI

era mais velho do que eu. Na primeira bolinha, eu disse: "Um." Meu pai tem um ano. Que ideia mais esquisita! Meu pai como um bebê de um ano. Na oitava bolinha, ele tinha a mesma idade que eu. Achei oito muita coisa, mas no tabuleiro parecia pouco demais. E assim foi indo, até chegar a 40. A cada bolinha de marzipã que passava pela minha mão, eu sentia a efemeridade dos anos. Quanto e, ao mesmo tempo, quão pouco significava um ano de marzipã. Eu enrolava, sonhava e via um futuro polvilhado de chocolate à minha frente.

Com a colher, coloquei o chocolate em pó em uma vasilha, que deixei ao lado do tabuleiro. Eu precisava ir ao banheiro. Para evitar que o marzipã ressecasse, molhei um pano de prato, torci-o com toda força e estendi-o sobre a minha obra, para protegê-la e umedecê-la. Sentado no vaso sanitário, fiquei pensando qual embalagem surtiria mais efeito no meu grandioso presente. Embalar cada bolinha seria bobagem. Nas lojas, eram vendidas em saquinhos transparentes de papel celofane, mas isso me pareceu muito aquém das minhas possibilidades. No banheiro, o silêncio era completo. A faxineira tinha passado por ali de manhã, e sempre tive a impressão de que o banheiro impecavelmente limpo ficava muito mais silencioso do que quando não estava tão asseado. Até mesmo meu quarto, depois que ela o limpava com o aspirador e o arrumava, sempre ficava meio anestesiado, e somente quando eu lançava meus sapatos em um canto e desfazia as cobertas é que ele voltava ao seu estado natural. Quando eu ficava doente e não precisava ir à escola, sentava-me na tampa do vaso sanitário e assistia ao meu pai lavar-se e fazer a barba. Ele não vestia nada além de suas cuecas enormes. Suas costas tinham pelos escuros, e seus ombros, para um homem que nunca praticava esportes, eram surpreendentemente largos. Todas as manhãs, ele passava um chumaço de algodão embebido em loção pós--barba na careca, até ela ficar brilhante e avermelhada.

— Incrível o que sai de sujeira, apesar de eu ter tomado banho — dizia, mostrando-me o chumaço sujo.

Usava barbeador elétrico, que apertava com firmeza, até a pele ficar lisinha e ligeiramente irritada como a de um bebê. O som do barbeador me revelava quanto tempo ainda iria levar para ele terminar. O barulho de lixa ia ficando cada vez mais baixo. Por fim, apenas zumbia com clareza, e o barbeador deslizava sem atrito sobre a pele macia do meu pai. Para se barbear, ele abria as duas portinholas espelhadas do armário sobre a pia. Nas três partes desse tríptico de espelhos, via-se um pai rosado. Quando eu desfocava um pouco a visão – coisa que eu gostava de fazer com frequência –, via um homem de três cabeças e vários olhos, com a boca deslocada e as costas peludas. Esse monstro desfocado era capaz de fazer três coisas ao mesmo tempo: treinar seu discurso para a reunião da equipe, barbear-se e segurar vários cigarros no canto da boca, cujas cinzas simplesmente caíam na pia.

Pendurado a um gancho preso na parede, havia um pano que tinha uma única função: era o temido pano de limpar o traseiro. Com ele, meu pai limpava a bunda todas as manhãs, depois de se fechar no banheiro por meia hora, e meus irmãos e eu, e com certeza também minha mãe, tínhamos um respeito enorme por essa coisa. Meus irmãos ameaçavam lavar minha cara com ele ou, o que era totalmente absurdo, obrigar-me a chupá-lo.

– Se você chupar o pano que o papai usa para limpar a bunda, vai poder olhar pelo meu microscópio por um ano, todos os dias – dizia meu irmão do meio.

Foi no silêncio do banheiro que me ocorreu uma boa ideia para embalar as bolinhas de marzipã. Com papel-alumínio, eu queria montar uma bandeja com quarenta compartimentos. Talvez encontrasse no meu quarto uma bolinha de gude que pudesse servir para modelar as concavidades. Rapidamente voltei à cozinha.

QUANDO FINALMENTE VOLTARÁ A SER COMO NUNCA FOI

O tabuleiro estava vazio. O pano de prato úmido estava embolado sobre a mesa. Minha primeira suspeita recaiu sobre a cadela. Mas eu não tinha acabado de vê-la dormindo nas lajotas da entrada? Ou estaria ela apenas fingindo? Teria a boca cheia de marzipã e fazia-se de morta? Corri até ela e levantei seus beiços. Assustou-se, não sabia o que eu estava querendo nem por que estava puxando sua língua. Voltei correndo para a cozinha. Descobri uma vasilha tampada com um prato de sopa em cima do armário, que eu tinha certeza de que não estava ali antes. Ao redor da vasilha dava para notar vestígios de chocolate em pó.

Levantei a tampa da vasilha. Lá estavam elas! Uma pirâmide de bolinhas marrom-escuras, polvilhadas e empilhadas com perfeição. Prontinhas – cobertas de chocolate. Dei um grito. Minha mãe veio correndo, toda preocupada que tivesse acontecido alguma coisa comigo:

– O que foi?

De repente, eu já não sabia como montar uma frase inteira. Como começá-la e como terminá-la. Apontei para a vasilha e gritei:

– O quêêêêêê!?

E logo em seguida, mais uma vez:

– O quêêêêêê!?

Minha mãe não estava entendendo nada; olhou para mim, atônita.

– O que foi, meu amor?

Apanhei a vasilha e segurei-a na frente dela.

– O quêêêêêê!?

Ela balançou a cabeça. Podia até ter certeza de que me conhecia, mas aquele menino de cachos louros, com uma vasilha na mão e que não parava de gritar "o quêêêêêê!?" era um enigma para ela.

– Ficaram ótimos! – exclamou.

— Eeeeera paaaara eeeeuuuu faaaaazeeeer! — berrei uma oitava acima, e depois mais um comprido e doloroso "ô quêêêêêê!".

Peguei a vasilha e juntei as bolinhas, amassando-as. Minha mãe olhou-me indignada.

— Mas o que você está fazendo? Estavam ótimas! Francamente! Não é para tanto!

Com a massa nas mãos, corri para o banheiro, onde me tranquei e comecei a lavá-la. Como ela podia ter feito aquilo? Enrolar uma a uma no chocolate em pó, as 40 bolinhas do meu presente, era o que eu mais queria fazer. Seria o ápice do meu desvelo. Sim, isso mesmo! Afinal, eu estava muito orgulhoso por fazer algo com desvelo. Aquele, sim, seria um presente de verdade. Eu, que sempre fora visto como distraído e inquieto; eu, que não lia nenhum livro até o fim, que não conseguia manter uma conversa longa sem saracotear, que na escola ficava histérico depois de 30 minutos sentado em silêncio, que em qualquer ocasião sonhava acordado, eu queria dar de presente ao meu pai, pelo seu aniversário de 40 anos, 40 bolinhas de desvelo, cobertas com chocolate em pó. Uma promessa polvilhada para o futuro! E minha mãe aniquilara tudo aquilo com sua solicitude precipitada.

Mas o drama ficaria ainda pior. Debaixo de água quente, lavei a massa doce. Ainda cheirava a marzipã. Era exatamente o aroma que eu havia imaginado na minha própria manufatura. Bateram à porta. Minha mãe girou a maçaneta. Falou com duas vozes. Uma me consolava e dizia:

— Saia, por favor. Sinto muito. Eu não sabia que você fazia questão de polvilhá-las sozinho.

Já a outra voz estava irritada comigo e advertia:

— Agora saia daí. Também não é para fazer uma tempestade em copo d'água por causa disso. Você está se comportando como se tivesse acontecido algo pior.

QUANDO FINALMENTE VOLTARÁ A SER COMO NUNCA FOI

E, enquanto eu sentia as lágrimas brotarem, a massa do marzipã se dissolvia na água cada vez mais quente; foi diminuindo, diminuindo, escorreu por entre meus dedos e desapareceu gorgolejando pelo cano. Tentei detê-la, refazê-la. Mas já não passava de um mingau espesso e, por fim, de uma sopa cremosa de marzipã. Do cano saiu um arroto de amêndoas amargas, e o último pedaço da massa foi finalmente engolido.

Ainda lamentei por um instante a perda quadragenária, mas depois veio a raiva. Uma onda quente que subia dos pés e uma torrente de pensamentos vingativos. Vi punhos e sangue, levantei a cabeça e, de repente, estava diante da minha imagem refletida no espelho. Eu não tinha noção de que podia assumir uma aparência tão feroz. Meus olhos avermelhados fitavam-me, furiosos; o lábio inferior tremia. Fiquei fascinado com aquele menino desconhecido que havia sido libertado e me olhava de maneira diabólica. Não tirei os olhos de mim.

Minha mãe batia à porta e exclamava:

— Sinto muito. De verdade, só quis te fazer um favor!

Com voz alta, como que clareada pelo autocontrole, respondi:

— Tudo bem! Já estou indo!

O tom não combinava nem um pouco com a minha cara de raiva. Mas justamente nisso havia um prazer estranho.

— Tem certeza? — perguntou minha mãe.

— Tenho, sim, mãe. Está tudo bem.

Sua boca devia estar bem perto da porta, pois falou sem elevar a voz:

— Por favor, saia daí.

No canto da minha boca, havia se formado um pouco de espuma. Não a lambi, mas a deixei escorrer pelo queixo.

— De verdade, mãe. Já estou indo! — murmurei com voz clara de menino enquanto fitava nos olhos avermelhados aquele ser fora de controle que espumava de raiva.

Minha mãe se afastou. Abri a boca o máximo que consegui, cerrei os dentes e rosnei para mim. Só com muita, mas muita água fria consegui lavar do rosto a minha expressão de ódio. Mas o fato de eu ter me visto daquele jeito me deixou curioso e amedrontado ao mesmo tempo. Perguntei-me de onde tinha saído aquele segundo rosto e se talvez fosse o meu verdadeiro. Será que aquela era a primeira vez que eu me via de fato?

SAUDADE DOS GRITOS

COMO TODAS AS NOITES – MENOS NA SEGUNDA-FEIRA, que era dia do Rotary Club –, pouco antes de dormir, meu pai ia até meu quarto e abria a porta que dava para o terraço. Ainda estava claro do lado de fora.

Meus irmãos sempre me invejaram por causa dessa porta. Quando eu era mais velho, quase toda sexta-feira, depois que minha mãe dava um beijo na cabeça que ela achava já estar dormindo, eu me levantava e, graças a essa porta, desaparecia na noite, para pegar carona até a discoteca do vilarejo, que ficava a 20 quilômetros de distância. Quando eu voltava para casa ao amanhecer e até mesmo o terreno do hospital psiquiátrico estava em silêncio, esgueirava-me para dentro do nosso porão, que era quarto de hóspedes, e lavava a cabeça para não ficar fedendo a cigarro. Era uma maravilha: depois de ter dançado a noite inteira, lavar, bêbado, a cabeça no porão.

Meu pai abriu a porta do terraço, deu um passo para fora, lambeu o indicador e, como um marinheiro, manteve-o ao vento. Eu estava deitado na cama, sentindo o cheiro do ar fresco e, como sempre, fiz a mesma pergunta, gritando para ele do lado de fora:

– De onde ele vem?

– Do Norte! – exclamou meu pai.

A cada vento ele contava uma história diferente. Havia o vento sueco, o vento inglês, o vento russo e um raro vento do deserto. A força do vento tinha uma grande importância. Quanto mais forte, mais curto teria sido seu trajeto sobre o mar. Meu pai voltou para o meu quarto, sentou-se na beira da cama e calculamos o tempo de viagem da rajada de vento, que pouco antes tínhamos ouvido nas altas tílias na frente de casa. O furacão levara apenas dez minutos da costa até nós. Senti o cheiro do sal no ar. E o farfalhar das tílias soou como o farfalhar de um incêndio.

Uma história que meu pai sempre contava quando o vento vinha do Norte era a de um anão que prolongava sua desconsolada existência com um feiticeiro malvado. Durante o dia inteiro, fizesse chuva ou sol, o anão era obrigado a ficar nu e em pé em cima de um balde virado ao contrário, na frente do castelo, para contrair febre alta. À noite, podia deitar-se na cama do feiticeiro e, ardendo em febre, tinha de aquecer seus pés. Meu pai gostava disso: um anão que arriscava a própria vida, trabalhando como bolsa de água quente. Se o vento soprasse de uma direção intermediária, as histórias se misturavam. Quando meu pai já não sabia a continuação das histórias, pegava-me no colo e ia comigo até o terraço para ouvir o vento. Então, dizia:

– Ahã. Entendo, ahã.

Falava como se estivesse ao telefone com o ar. E eu sussurrava em seu ouvido:

– O que o vento disse?

Ele me levava de volta para a cama, contava a história até o final, fechava as cortinas, apagava a luz e beijava minha cabeça.

Não era raro que, no meio da noite, tocasse o telefone por motivos de trabalho. Então, meu pai corria apressado de um lado para o outro do corredor, com o jaleco esvoaçando, como um fantasma, saía de casa, e sua sombra passava voando pela minha janela. Para mim, isso era totalmente normal. Eu gostava de ouvir o telefone, pois, na manhã seguinte, ele contaria durante o café o que tinha acontecido. Geralmente era alguém que havia tido um ataque e fugira pulando o muro, ou então algum enfermeiro que tinha sido ferido. Inquietante era quando tocava a sirene do hospital psiquiátrico. Isso significava que havia incêndio.

QUANDO FINALMENTE VOLTARÁ A SER COMO NUNCA FOI

Colchões ou latas de lixo incendiados. Estranhamente, nos últimos tempos, nem isso me chocava muito. Meu pai daria um jeito. Eu tinha certeza disso. Ele era o diretor. Quem mais, senão ele, saberia como resolver?

Naquela noite, quando foi até meu quarto e sentou-se ao meu lado, meu pai disse:

— Foi um aniversário realmente muito bonito. Obrigado pelo maravilhoso porta-copos! — Olhei para ele à meia-luz do abajur em meu criado-mudo. — Acho que agora tenho quatro. No ano que vem, serão cinco, e cada um terá o seu. Então, vamos poder dar uma festa de verdade.

— Eu tinha outro presente para você, mas... — Eu não sabia se minha mãe o informara sobre o desastre com os marzipãs.

— É mesmo? O quê? Agora você me deixou curioso. Que presente você queria me dar?

— Ah, nada especial. Bolinhas de marzipã.

— Oh, mas eu iria adorar. Adoro marzipã!

— Eu mesmo que fiz. Quarenta unidades. Uma para cada ano.

— Não acredito. Mas é muito difícil fazê-las. Onde estão? Quero comer todas agora!

— Deixa pra lá — lamentei em voz baixa. Eu não estava a fim de contar a história, pois sabia que a cada palavra ficaria triste e com raiva de novo. Na verdade, não fazia muita diferença para mim viver ou contar alguma coisa. Deslizei para junto da perna de meu pai e enfiei o nariz entre a sua coxa e o lençol. Ouvi uma batida abafada. Era a cadela que havia aberto a porta com a cabeça. Senti seu cheiro. Pressionou o nariz gelado no meu pescoço, e eu a abracei.

— Agora me diga: o que aconteceu? — insistiu meu pai.

— Ah, simplesmente deu errado.

— Bom, então só posso dizer que, mesmo não tendo ganhado as bolinhas de marzipã por algum motivo, fico muito feliz pelo presente. Foi uma ideia incrível. Quarenta unidades, e feitas por você! Muito obrigado!

Assenti com a cabeça e fiz cafuné na cadela.

— Quer mais uma história? A do feiticeiro?

— Estou com sono. — Bocejei. Meu pai me deu um beijo.

— Então, boa noite, meu amor. Durma bem, Josse.

Foi até a porta do terraço, sacudiu-a várias vezes para fechá-la, pegou pela coleira a cadela que abanava o rabo e saiu do quarto. Como sempre, deixou a porta encostada. Eu sabia que iria iniciar sua ronda noturna pela casa, na qual verificava se todas as janelas, as duas portas de entrada e a do porão estavam bem trancadas.

Do lado de fora, ainda se via a claridade ao norte. Mesmo às dez horas da noite, o sol se refletia nas folhas grudentas, cobertas pelo mel das tílias. Ouviam-se os pacientes: gritos. Se eram gritos de dor ou de alegria, não dava para distinguir. Berros, gemidos, uivos, todo o espectro dos sons humanos. Gritos agudos, de morte, de júbilo. Gorgolejos e bramidos, lamentos que iam e vinham. As vozes se entrelaçavam. O prédio da instituição tinha varandas grandes que, por razões de segurança, eram fechadas com cerca de arame. Nós as chamávamos de gaiolas dos loucos. Da minha cama, eu conseguia vê-las. Logo atrás da pequena torre do crematório, elas pendiam como favos angulares junto aos muros dos edifícios. Eu conhecia cada voz, desde o princípio, antes mesmo de saber falar. Dizem que, quando eu era bebê, nunca gritava. Isso não me surpreende. Afinal, para que eu gritaria, se ao meu redor, noite após noite, milhares de outras pessoas faziam isso? Assim como os passarinhos começam a cantar a determinada hora da manhã, os gritos noturnos também pareciam seguir certa lógica.

QUANDO FINALMENTE VOLTARÁ A SER COMO NUNCA FOI

Eu estava deitado sob o edredom macio, vestido com meu pijama felpudo de margaridas, segurando meu macaco de pelúcia, malcosturado depois de tantas operações na barriga, e ouvindo a gritaria. A cantoria da instituição, acompanhada de batidas e sacudidelas. O que seria aquilo? O vento? Batidas abafadas contra as paredes? Com a cabeça? As grades das camas sendo balançadas? Trezentos e sessenta e cinco dias no ano, todas as noites, o concerto de gritos e a grande orquestra. Eram meninos ou meninas? Difícil distinguir. Uma voz supostamente feminina guinchou de repente em tom de baixo; outra claramente masculina foi se elevando subitamente e gritou em tom de soprano.

Meus cavaleiros do Apocalipse eram cinco. Galopavam ao vento sobre as vogais e cercavam nossa casa. O "ahhh..." para dores dilatadas, respiração longa e sonora rebelião; o "ehhh..." para revolta represada, entredentes, meio que obstinada; o "iiiii...", geralmente curto e arrojado, como macacos guinchando em opulentas copas de árvores; o "ohhh..." para as aflições e as erupções de alegria; e, finalmente, o "uuuh...", paciente em segundo plano, resignado, repleto de força obscura. Como eu conhecia bem tudo isso! Sabia exatamente quem responderia a quem e como. Os gritos ressoavam de cama a cama, de unidade a unidade e mesmo de edifício a edifício. Ataques precisos, dirigidos por algum poder obscuro. Apenas um. Várias vezes. Depois em dupla. Pequeno dueto. Pergunta e resposta. Em seguida, todos em coro. Depois uma horda. Sempre me impressionavam muito a duração dos chamados e o fato de eu nunca ouvir a voz de alguém falhar. Quando minha mãe voltava do ensaio do coral, ela sempre ficava rouca. Uma hora e meia de cantatas davam o golpe de misericórdia nas suas cordas vocais. A capacidade respiratória dos pacientes era enorme, e a sua técnica de grito, perfeita.

Nem sempre faz calor em Schleswig. As noites mornas e sem vento do verão podem ser contadas nos dedos da mão. No máximo, quatro ou cinco vezes por ano ficávamos sentados no terraço. Meu pai até dava nomes para essas noites, como os ciclones tropicais, de tão raras que eram: a Cálida Maria, a Acolhedora Anna, o Ameno Anton. Noites com nomes. Isso eu conhecia bem. Nessas raras noites, os cantos subiam a escala, intensificando-se até uma gritaria ensurdecedora. Uma histeria comemorativa, uma ânsia oculta, uma inquietação no sangue ou até a consciência do horror, da falta de perspectiva da própria situação irrompiam, inflamavam-se reciprocamente até altas horas da noite estiva, até a completa exaustão. Eu adorava essa gritaria, essa partitura de vozes noturnas. E me esforçava para permanecer acordado, para não cair no sono. Como se acumulavam e se erguiam! Como se avolumavam e diminuíam! Ecos nos desfiladeiros da instituição. Eu gostava de ouvi-los. Gostava de dormir embalado por eles. Conseguia até dormir melhor com eles. Apesar do calor precioso de tão raro, meus dois irmãos mais velhos e meus pais fechavam suas janelas. A cadela ficava inquieta, latia, escondia-se atrás da poltrona. Mas minha janela tinha de permanecer aberta. Eu ficava deitado, ouvindo os gritos. A porta do meu quarto também nunca podia ser totalmente fechada. A luz do corredor tinha de permanecer acesa. A faixa estreita de luz incidia exatamente aos pés da minha cama. Nessa faixa de luz, eu colocava meu pé. Algo meu tinha de ficar na claridade. O pé descalço deveria ficar acordado e me proteger. No corredor, na fenda da porta, um recorte da minha mãe passando roupa, a cama recém-feita, a janela encostada e a calmaria da noite preenchida pelo concerto infernal dos pacientes: era a perfeição. Quando eu dormia em outro lugar, na casa dos meus avós, em Munique, ficava com uma enorme saudade de casa. O silêncio me deprimia. Eu odiava ouvir meu sangue murmurar no travesseiro e ficar deitado no escuro como uma múmia preparada para a eternidade. Sentia saudades dos gritos, da gritaria tranquilizadora dos doentes.

A LESÃO ESPORTIVA

MEU PAI E EU FOMOS JUNTOS PARA A CIDADE. ELE comprou vários livros para se tornar especialista em seus propósitos. Livros sobre como parar de fumar, sobre as mais variadas dietas e sobre corrida. Meu pai sempre fora assim: tão logo um tema o interessasse, ele passava a dominá-lo através dos livros. De repente, lia tudo sobre caçadores. Durante meses, estudava livros de caça, sabia a diferença entre pointers, spaniels, terriers, sabujos, sabujos suíços e retrievers. E, quando encontrávamos um caçador em uma das nossas caminhadas, este, que inicialmente se mostrava de poucas palavras, até revigorava com as perguntas competentes do meu pai. Passados dez minutos, ambos conversavam sobre armadilhas para doninhas como se fossem velhos amigos de caça.

Preso à sua poltrona, meu pai era um nômade na cultura, e com seu espírito de "o que leio uma vez não esqueço mais", percorria área por área do conhecimento, tornando-se uma enciclopédia universal acima do peso. Nunca vi outra pessoa que devorasse livros com uma fome tão insaciável. Somente depois de sorver a última informação sobre um tema é que se voltava para outra coisa, satisfeito. Ligeiramente cansado, ficava sentado em sua poltrona, com os inúmeros livros abertos e folheados sobre o tapete ao seu redor, como que esvaziados pela leitura.

Assinava as mais diferentes revistas. E mesmo que o interesse por determinado assunto já o tivesse deixado havia muito tempo, essas revistas especializadas continuavam sendo entregues. Além do jornal local e da imprensa suprarregional completa, recebíamos, ao longo do ano, *As abelhas*, uma revista de apicultura, *Peixe e pesca*, um periódico para pescadores, e *O agricultor alemão*, cujos rústicos anúncios pessoais deixavam-no bastante entusiasmado. Colou um deles na nossa geladeira: "Lavrador procura mulher que ainda ordenhe com a mão e durma pouco." Meu pai adorava esse tipo de coisa. Seu presente preferido para nós, seus filhos, eram assinaturas de revistas. Meu irmão mais velho ganhou a do *Aquarismo hoje*; o do meio, a de uma revista sobre cães, cujo nome já não lembro direito. Acho que o título era: *Senta, deita, pega* – mas será que pode ser isso mesmo? De presente de casamento, a minha mãe ganhou dele a assinatura de *Ordem na horta*, uma revista de jardinagem, e eu, um periódico sobre desertos, intitulado *O deserto*.

Geralmente, enquanto meu pai estudava na sua poltrona imagens pavorosas da chamada "estripação" de javalis, eu ficava sentado no sofá, lendo *O deserto*. Graças a essa revista nem um pouco adequada para crianças, eu sabia coisas sobre o deserto de que apenas verdadeiros especialistas tinham conhecimento. Até nos escorpiões eu acabei ficando versado, e era capaz de distinguir inúmeras espécies. Entre as várias redações que escrevi para a escola fundamental nessa época, lia-se: "Por favor, escreva sobre o tema pedido, e não sobre o deserto." Eu não queria nem saber. Mesmo que o tema fosse crianças no trânsito, eu acabava desembarcando no deserto. Fazia da seguinte forma: "Meu caminho para a escola não é muito longo; já os filhos dos beduínos, muitas vezes, precisam de dias para chegar à escola." Pronto, lá estava eu no deserto.

Para emagrecer, meu pai optou pela dieta do filé. Enquanto nós continuávamos comendo nossos miúdos preferidos, para meu pai, todos os dias, era assado um grande filé, nada mais. Em vez da refeição noturna, ele comia pepinos, e realmente parou de fumar. Depois que compramos os livros, meu pai e eu fomos juntos à única loja de artigos esportivos da nossa cidade. Comprou shorts para corrida, um agasalho e um par de tênis. Sempre afirmara que calçava 43. O vendedor apertou a ponta do tênis e balançou a cabeça. Mesmo o 44 ficou muito apertado. Meu pai acabou comprando o 45, somente porque o vendedor garantiu que os tênis ficariam apertados demais. Saiu da loja com eles nos pés para amaciá-los, conforme havia lido nos seus livros.

— Sabe o que eu acho? – perguntou-me, quando estávamos sentados no "Kochlöffel",* nossa lanchonete preferida. – Acho que estes são os primeiros sapatos adequados que já comprei. Não sei por quê! Mas até hoje eu achava que os sapatos deviam apertar um pouco. Achar que apenas um sapato ligeiramente apertado é um sapato adequado. Na sua opinião, qual seria a razão para seu pai sempre usar sapatos de número menor?

Ainda me lembro bem do que lhe disse, porque meu pai gostou da resposta e muitas vezes a repetiu para mim:

— Se os sapatos fossem confortáveis, você logo esqueceria que estava com eles nos pés. Mas como você gosta muito deles, quer sempre se lembrar do que está calçando. Quando o sapato aperta, a gente não consegue esquecer.

— Resposta inteligente! – disse ele. – É o que também acho. Há uma relação entre conforto e esquecimento.

No domingo seguinte, meu pai começou o treino de corrida. Bem na frente do terreno do hospital psiquiátrico, separado da instituição apenas por uma rua, havia o bosque. No mesmo instante, meu pai saltitou no terraço, fez exercícios de alongamento, enquanto meus irmãos e eu o assistíamos em pé e surpresos atrás do grande vidro. Nenhum de nós podia acompanhá-lo. Eu tinha insistido.

— Não vou fazer papel de idiota na frente dos meus filhos fortes e bem-treinados.

---

*Literalmente, "colher de pau". (N. T.)

Acenou para nós.

— Bom, vamos ver se ele sobrevive — disse meu irmão mais velho.

Vi meu pai se afastar. De costas, ele parecia esbelto. Tinha pernas finas, uma bunda pequena, era alto. Para falar a verdade, só na frente é que era gordo; gordura de barriga, por assim dizer. Corri atrás dele e o acompanhei até a rua. Meu pai sempre levava uma eternidade para atravessar a rua, pois só saía do lugar quando os carros ainda estavam bem longe, quase imperceptíveis. Era ruim para calcular velocidades. Muitas vezes, eu ficava com ele parado no meio-fio, e, embora estivesse tudo tranquilo, ele olhava várias vezes para a direita e para a esquerda, pegava minha mão e dizia:

— É, acho que agora dá.

E, então, atravessava rapidamente, segurando-me com firmeza.

Naquela manhã de domingo, em seus trajes esportivos, ele também ficou parado no meio-fio da rua principal, por onde raras vezes passava algum carro, finalmente atravessou correndo e desapareceu no bosque. Voltei para casa, sentei-me no tapete marrom e fiquei lendo *O deserto*. Algo sobre relâmpagos derretidos. De fato, estava escrito que, quando um relâmpago atinge determinada composição mineral na areia, penetrando vários metros de profundidade, ele derrete a areia e depois pode ser cuidadosamente desenterrado. Um cristal de raio de até cinco metros de comprimento, denteado e extremamente frágil. Eis, portanto, as profissões que exerciam um fascínio mágico sobre mim: desenterrar relâmpagos no deserto ou, pelo que eu também tinha lido, fotografar miragens.

Eu queria ser o primeiro a ir ao encontro do meu pai quando ele voltasse. Depois de meia hora, minha mãe perguntou por ele pela primeira vez.

— Acho que não se deveria começar correndo tanto tempo.

Depois de 45 minutos, veio meu irmão do meio:

— Onde será que ele está?

QUANDO FINALMENTE VOLTARÁ A SER COMO NUNCA FOI

Depois de uma hora, decidimos ir procurá-lo. Pegamos a cadela, e meu irmão mais velho segurou uma meia do meu pai na frente do focinho dela, ordenando:

— Procura, procura!

Minha mãe arrancou a meia da mão dele e, estranhamente irritada, disse:

— Pare com isso!

Atravessamos a avenida e entramos no bosque. Após caminharmos um pouco pelas trilhas sinuosas, chegamos ao caminho principal, que era reto e levava ao castelo. Meu pai estava sentado a uns bons 300 metros de distância, em um banco do lado direito. Abatido e cabisbaixo. Meus irmãos e eu corremos, a cadela atrás. As mãos do meu pai estavam sujas, bem como um joelho. A cadela lambeu o sangue da sua canela. Meu pai ergueu o olhar.

— Que droga! — disse em voz baixa.

— O que aconteceu? — perguntei.

— Torci o pé e caí.

Minha mãe se aproximou, olhou-o, pensativa, e passou a mão em sua cabeça. Ajudamo-lo a se levantar.

— Comecei tão bem! Fiquei tão surpreso por conseguir correr! Faz anos que só ando, nunca corro. Só queria descer este caminho aqui, mais nada. E como estava indo tão bem, pensei em dar um pequeno arranque no final. Corri mais rápido nos últimos dez metros. Deve-se fazer isso com calma. É claro que dá para continuar não muito rápido, mas uma leve acelerada no final aumenta o efeito do treino. Os especialistas em corrida são unânimes a esse respeito. Então, cheguei ao ponto em que o caminho tem aquela depressão; vocês sabem, por causa da água da chuva. E eu quis pulá-la. E, por um instante, realmente fiquei no ar. Mas depois aterrissei bem na canaleta e torci o pé. Ouvi até um barulho. Com certeza, rompi o ligamento. Não conseguia mais me levantar. E vocês sabem quem me ajudou? Uma velhinha. Estava com uma bengala. Precisei segurar nela! Foi ela que me levantou.

No caminho para casa, precisamos parar muitas vezes. Meu pai me pediu para tirar seus tênis e suas meias. Seu tornozelo estava com um aspecto horrível, inchado e roxo. Sempre buscando uma formulação especial, que o fazia soar meio esnobe, meu irmão do meio disse:

– Seu tornozelo está meio berinjeloso.

– Por favor, não contem para ninguém – pediu-nos. – Fica sendo o nosso pequeno segredo, está bem?

Nas semanas seguintes, continuou lendo seus livros sobre corrida. Com a perna levantada, explicou-nos seus planos de treino para quando voltasse a correr depois de passada a lesão esportiva. Sim, ele tinha orgulho em chamar a ruptura do seu ligamento de "lesão esportiva". Comprou livros sobre a história da maratona e me contou as histórias de corridas de Paavo Nurmi e Emil Zatopek, a Locomotiva de Praga. Com a sua dieta à base de filé, teve mais sucesso. Por alguns anos, manteve o peso em torno de 95 quilos e, até um evento memorável, não fumou mais nenhum cigarro. Mas os tão confortáveis tênis de corrida, que em sua breve vida não correram mais do que 300 metros, ele nunca mais calçou.

O TOCADOR DE SINOS

ENTRE OS MUITOS PACIENTES QUE TINHAM LIBERDADE para se locomover no terreno da instituição, havia apenas um de quem eu realmente sentia medo. Era chamado de "o tocador de sinos" e considerado totalmente inofensivo. Com certeza, tinha quase 30 anos e já deveria ter sido transferido para o hospital psiquiátrico adulto muito antes. Porém, como chegara ao Hesterberg pouco depois de nascer, passara toda a vida entre os muros do hospital psiquiátrico e percorria diariamente os caminhos do terreno segundo um padrão preciso, acharam melhor não o transferir para Stadtfeld. Tudo nesse homem era escuro. Seus cabelos, desgrenhados e pretos, nunca tinham visto um pente. Seus olhos grandes fundidos no crânio, sob uma testa ampla como a saliência de uma rocha, pareciam dois buracos sombrios, duas entradas de caverna, em que, embora eu tentasse ver alguma coisa, nunca tinha certeza se alguém olhava a partir delas. Na verdade, quando necessário, os pacientes eram barbeados, mas, por razões que eu desconhecia, o tocador de sinos tinha direito a uma farta barba. E mais um detalhe: suas unhas também eram pretas de sujeira.

A menos quando fazia muito calor, ele usava uma parca militar suja, uma calça também militar e botas grosseiras. A única coisa branca nele eram seus ombros nevados de caspa. Ele rangia os dentes, e isso era o que mais me preocupava. Era possível ouvir nitidamente esse barulho triturador já a alguns metros de distância dele. Como se uma ferramenta raspasse na sua cabeça, trabalhando intensamente para arrancar algo duro como pedra de dentro dele ou triturá-lo no seu interior.

Certa vez, quando eu ainda não o conhecia, ele ganhara um sininho de presente, que ficava tilintando no ouvido. Mas isso já não lhe era suficiente. Segundo contara meu pai, o tocador de sinos havia trabalhado no chamado pelotão. O pelotão era um grupo de cerca de 20 pacientes que cortava a grama do terreno da instituição e recolhia as folhas com ancinho. Havia economizado seu salário, e com ele comprara dois sinos de verdade, sinos de mesa. Mas logo estes também ficaram pequenos demais para ele, que, em algum momento, tornou-se proprietário de dois sinos dourados e pesados, com alça maciça. A partir de então, sempre se sabia onde ele estava. Recusava-se a trabalhar e passava o dia passeando pelo terreno do hospital. Com uma técnica bastante refinada, tocava os sinos ao redor dos ouvidos.

Os primeiros vizinhos já tinham se queixado, uma vez que o som contínuo quase não concedia horas de silêncio às casas localizadas junto aos muros da instituição.

Quando o tocador de sinos passava por um dos muitos caminhos sinuosos, os outros pacientes se afastavam de um salto, e enfermeiros, médicos e visitantes também iam automaticamente para a margem. Até mesmo o carrinho de comida era desviado para dar-lhe passagem quando ele caminhava no meio da via. Era possível ouvi-lo por um bom tempo, antes de vê-lo chegar de longe, uma figura sombria que balançava sinos dourados. Em vigorosas elipses, movia os sinos com seus braços musculosos de tanto levantá-los e agitá-los ininterruptamente ao seu redor. Um sujeito que dava passos gigantescos em um invólucro feito de movimento e som. Uma vez por mês, podia deixar a instituição acompanhado de três enfermeiros e visitar a catedral de Schleswig, para poder subir no campanário. Lá em cima, em meio ao repique barulhento, ficava feliz.

* * *

QUANDO FINALMENTE VOLTARÁ A SER COMO NUNCA FOI

Certa vez, quando eu voltava ao meio-dia da escola para casa, de repente, ouvi um toque de sino logo atrás de mim. Quando meu pai me acompanhava, eu pegava sua mão e deixava o tocador de sinos passar por nós. Quando estava sozinho, eu evitava um encontro com ele e corria assim que ouvia o repique, muitas vezes sem nem mesmo tê-lo visto, na direção contrária.

Mas, nesse dia, ele apareceu de maneira totalmente inesperada e veio até mim. Saí do caminho, tirei a mochila das costas e, na esperança de que ele não tivesse me visto, encostei-me a uma das árvores de casca áspera da alameda. O repique aproximava-se cada vez mais. Pensei em simplesmente sair correndo, mas meu irmão do meio me dissera, certa vez, que nunca devemos mostrar aos pacientes que sentimos medo deles. Um temor manifestamente reconhecível poderia irritá-los ao extremo, pois com isso estaríamos lhes mostrando que há algo de errado com eles. Permaneci agachado atrás da árvore e, quando o tocador de sinos chegou à altura do ponto em que eu me encontrava, contornei lentamente o tronco da árvore para sair de seu campo de visão.

Ele passou por mim, eu me inclinei um pouco para a frente e o vi se afastar. Então, de repente, ele parou. De maneira tão surpreendente, como se alguém tivesse tirado da tomada aquela aparelhagem de sinos ressoantes, que trabalhavam desenfreadamente. Silêncio. Com um sino levantado e o outro ao lado da cabeça, ficou ali em pé, como se tivesse criado raízes. Uma enorme estátua em uniforme do exército. Uma escultura de tocador de sinos. Em um piscar de olhos, encolhi a cabeça e apertei-me contra a árvore. Nunca antes na vida eu sentira um medo daqueles. Vi a descida da alameda. Bem no final dela, caminhavam três médicos. Seus jalecos voejavam como pequenos veleiros ao vento. Nesse momento, tive a certeza de que ele havia se virado, de que viria até mim, de que me ouvia e sentia meu cheiro. Agachei-me e peguei a mochila. As alças deslizaram pelos meus dedos e, ao levantá-la, vários lápis caíram na grama. Então, ouvi um barulho. Rangido de dentes. Bem perto. Como que lançado por uma catapulta, saí correndo, sem me virar, de um só impulso, acelerando na direção dos jalecos esvoaçantes. Porém, enquanto corria, meu medo já se misturava à vergonha de talvez ter reagido de maneira exagerada e deparar com a incompreensão amigável dos médicos. Eles se aproximaram, já me vendo correr em sua direção, e então passei por eles, contornei a esquina próxima, atrás de um dos bangalôs que haviam sido construídos por toda parte no terreno por falta de vagas para alojar os pacientes.

Sentei-me e tentei recuperar o fôlego. Quanto tempo fazia que eu havia respirado pela última vez? Busquei o ar, mas nada aconteceu. Arquejei. Seria possível simplesmente esquecer como se respira? Como era mesmo? Abrir a boca e inspirar o ar. Suguei e continuei a sugar. E, mais uma vez, apesar da minha necessidade, apareceram imagens na minha cabeça que nada tinham a ver com a situação. Ou tinham? Esse tipo de coisa me irritava. Como eu podia pensar em uma besteira daquelas, embora estivesse correndo o risco de sufocar? Vi meu irmão do meio, que havia criado um equipamento para fazer crescer o merengue com cobertura de chocolate. Embaixo de uma travessa de plástico transparente, virada ao contrário e hermeticamente fechada, estava o merengue. Com uma mangueira de aquário, meu irmão aspirou o ar. E, de fato, o doce foi crescendo, crescendo. A cobertura de chocolate se rompeu, e o merengue continuou crescendo. Meu irmão ficou vermelho de tanto aspirar, e o merengue inchou até bater no topo da travessa.

Seria esse o meu destino? Estaria eu debaixo de um gigantesco sino de vácuo? Estaria algum deus sugando meu cérebro? Será que a tampa do meu crânio explodiria e o conteúdo jorraria como massa espumante de açúcar? Tentei respirar. O vento soprou logo à minha frente e entrou em um mísero pedacinho do campo. Os caules das plantas inclinaram-se ligeiramente, assim como os pelos do meu braço. Mas, através das pálpebras fechadas, o brilho era amarelo-alaranjado. Que agradável! Lá estava ele de novo. O amarelo-alaranjado.

Então, senti um estalo na garganta, o "plop" de uma rolha de champanhe, e o ar fresco entrou sibilando nos meus pulmões. Todo o meu corpo doía e formigava, como se eu tivesse rolado nu em um campo de urtigas. Exausto, fiquei sentado junto do muro do pavilhão, inspirando e expirando profundamente. Parecia um milagre estar cheio de ar ao redor. Durante todo o caminho para casa – em uma parte afastada do terreno, ouvi baixinho o repicar dos sinos –, inspirei e expirei fundo, puxando e soltando o ar. Que maravilha era aquilo! Embora estranhamente eu também tenha gostado do momento em que me faltara o ar. Das imagens que me assediaram. Não tinha conseguido pensar em algo específico; ao contrário, tudo aquilo que eu imaginara havia entrado totalmente por conta própria, de maneira suntuosa e clara na minha cabeça vazia. Para meus irmãos não contei nada a respeito do tocador de sinos; também guardei para mim o fato de que, de repente, tinha ficado sem ar.

Uma semana depois, fui jogar minigolfe. O hospital psiquiátrico tinha uma instalação própria, um tanto capenga, com 18 pistas. Precisava pegar o taco e as bolas – havia de três durezas diferentes – na unidade N-inferior. Toquei a campainha e, quando ouvi o "pois não?" no interfone, respondi: "Eu queria jogar minigolfe." A porta se abriu com um zunido e entrei no corredor de linóleo, sempre cheirando a limpeza. Passei por várias portas de vidro, todas com marcas de tinta espalhada desordenadamente com os dedos, até que cheguei a uma sala de espera repleta de plantas. Em um canto desse cômodo que mais parecia uma selva, havia uma mesa em cuja gaveta estava a chave do armário onde se encontrava o equipamento de minigolfe. Veio um enfermeiro, que me entregou tudo, e precisei assinar um recibo. Depois que ele me dirigiu o seguinte pedido: "Aqui, mais uma assinatura, por favor", enlouqueci.

Em nenhum outro lugar, eu era obrigado ou autorizado a fazer isso. Antes de ir para lá, sempre treinava em casa a minha assinatura. Minha grande preocupação era que ela não saísse parecida o suficiente à da última vez, que o enfermeiro comparasse as minhas últimas assinaturas com a atual e concluísse que eu não poderia ser a mesma pessoa. Ele iria me desmascarar – disso eu não tinha dúvida.

A assinatura do meu pai era uma abreviação rabiscada inúmeras vezes ao dia. Nela, eu não conseguia reconhecer nem uma letra sequer. Para mim, estava mais do que claro: uma assinatura precisa de ímpeto. Mas meu nome era longo demais para ser totalmente dominado. Já na metade do meu primeiro nome, eu perdia a visão geral, e, no sobrenome, o controle me escapava por completo. Sempre ficava parecendo que alguém tinha começado com ousadia e habilidade, e depois, repentinamente, havia esquecido como se escreve. Minha assinatura terminava em uma linha sem vida. Tal como em uma medição da frequência cardíaca, em que a amplitude da onda oscila de modo cada vez mais fraco e anuncia o fim próximo, minha assinatura também se extinguia, e as últimas duas sílabas jaziam rasas e mortas no papel.

Surpreendentemente, porém, também desta vez recebi as bolas e os tacos. "Bom divertimento!", desejou-me o enfermeiro, e pude ir embora. O campo de minigolfe ficava sob árvores lindas, mas que me obrigavam a tirar os galhos e as folhas caídos nas pistas, antes que eu pudesse jogar. Naquele dia de vento, havia ainda mais coisa espalhada do que o normal, e levei uma eternidade para limpar tudo. O vento soprava na copa das árvores, não se via ninguém ao redor. Coloquei a bola de dureza média na pista número um. Uma reta simples, com um buraco na extremidade arredondada. Brinquei de ser meu próprio repórter esportivo:

– E já foi dada a largada. Quem ficará na frente hoje? Ele pega a bola. Tem muitos planos para hoje. Irá bater o recorde nesta pista? Concentração total e silêncio, por favor!

QUANDO FINALMENTE VOLTARÁ A SER COMO NUNCA FOI

Lancei a bola, que passou bem perto do buraco.

– Ah, não! Como foi acontecer uma coisa dessas? Também pudera! A pista está toda arrebentada. Mas parecia tão boa! Que lance maravilhoso!

Na segunda tentativa, acertei no buraco.

– É isso aaaaíííí! Que bela tacada! Hoje a disputa vai ser quente.

De uma pista para outra, minha reportagem ia ficando cada vez mais entusiasmada. Em voz alta, anunciei:

– Esse garoto é mesmo um gênio!

Fui anotando meus resultados em um bloco de notas. Quando ia muito mal, inventava alguma adversidade e me permitia tentar de novo.

– Ah, não, com este vento ninguém consegue jogar. Mais uma vez!

Ou, então:

– A gangorra está torta! O campeão pode lançar a bola diretamente na frente do buraco!

Uma hora me irritei e arremessei a bola com toda força contra uma borda, e a bola pulou da pista, obrigando-me a procurar um bom tempo por ela no gramado. Estava totalmente mergulhado em pensamentos, quando ouvi como que um rangido ao longe. Mantive o olhar baixo. Breve pausa. Mas lá estava o rangido de novo. Sem levantar a cabeça, tentei olhar o mais longe possível ao meu redor. Ele estava em pé, ao lado do looping. Ergui-me. Ele pôs a mão no bolso da sua parca militar, tirou uma caneta e a estendeu na minha direção. Era o apagador da minha caneta-tinteiro, do qual eu estava sentindo falta desde o dia da minha fuga. Quis sair correndo para salvar a minha pele, mas fui até ele. Senti-me impelido a ir até ele. Contra a minha vontade. Ele simplesmente ficou me olhando ir passo a passo na sua direção, com o taco de minigolfe firme na mão. Estendi a mão para pegar o apagador. Por um momento, ele ainda o segurou com firmeza, embora eu o puxasse. Nesse momento, senti toda a sua força. Jamais, em tempo algum, teria sido possível arrancar o apagador daquele punho contra sua vontade. Seus maxilares produziram um ruído de atrito. Estaria querendo dizer alguma coisa? Estaria rangendo sílabas? Frases inteiras? Seria esta a sua língua, que eu não dominava? Abriu a mão, e eu bati em retirada.

Inclinou-se para a frente. O que está fazendo?, perguntei-me. Tomando impulso para pular de repente em cima de mim? Então, descobri que seus sinos estavam na grama, à sua frente. Ele começou com o maior. Balançou-o de um lado para outro ao longo do corpo, até por cima da cabeça. Depois veio o menor, com o som mais claro, engatando-se organicamente na sequência de movimentos. Tocou-os com mais intensidade e, aos poucos, o longo impulso dado aos sinos se transferia para seus ombros, suas costas e sua cabeça. Ele se unia cada vez mais a essas curvas oscilantes. Seu tórax robusto começava a se aparafusar; sua barriga, a circular. Hipnotizado, eu assistia a esse homem que se lançava como um motor gigantesco, movendo-se e fazendo barulho. Ia tão longe. Tudo estava em movimento. Repicando os sinos de maneira ensurdecedora, galopava pelo campo.

Já no dia seguinte, tornei a encontrá-lo. Eu tinha acabado de passar pelo portão 1 e de enrubescer, quando o guarda me perguntou: "E aí, garoto, foi transar de novo?" Respondi com um murmúrio: "Hoje, não." Nesse momento, ouvi as badaladas bem próximas. Meu primeiro impulso foi o de sempre, correr o mais rápido possível dali. Mas fiquei parado, vi o tocador de sinos se aproximar e, para minha própria surpresa, já não senti medo dele. Era incrível o volume e a intensidade com que repicavam aqueles sinos! Davam cócegas nos ouvidos e faziam com que os tímpanos tremessem. Aproximou-se mais. Seus olhos, duas esferas úmidas, escuras e brilhantes, afundadas na cabeça. Nenhum sinal de brancura. Ficou parado à minha frente, pôs os sinos no asfalto e deu mais um passo. Senti seu cheiro, o odor da parca militar e as emanações da sua cabeleira desgrenhada, da sua barba. Que mistura peculiar seria aquela? Suor, secreções, substâncias excretadas por glândulas? Eu não sabia ao certo se ele fedia como um animal ou tinha um odor intenso. Seus dentes rangeram, mas, de algum modo, isso soou como um convite amigável.

Assim, como se fosse a coisa mais normal do mundo, ele me pegou pelo pulso e me jogou nos seus ombros. Balançou-me no alto como um dos seus sinos. Que panorama! Como eu tinha ficado muito pesado, fazia anos que tivera de desistir dos ombros do meu pai como meio de transporte. Mas, para a força do tocador de sinos, meu peso era uma piada. Ele saiu correndo – tocando os sinos em êxtase e com tanta rapidez que me agarrei com as duas mãos em sua cabeleira negra. Ao mesmo tempo, precisei me encolher e apertá-lo com as coxas para não ser derrubado nem lançado ao chão pelos sinos dourados que repicavam.

Na longa reta, esperamos o carrinho de comida, que levava os comedouros malcheirosos de metal para as unidades. Deixamos o carrinho ir um pouco à frente, e depois o tocador de sinos galopou, correu o mais rápido que pôde, até o ultrapassarmos.

Como suas laterais eram feitas de aço inoxidável, quando passamos por ele me vi refletido, sentado nos ombros do tocador, como um cavaleiro de cachos louros sobre um gigante de cabelos pretos desgrenhados.

O motorista do carrinho e seu ajudante acenaram para nós. O tocador de sinos grunhiu feliz. Juntos deixamos a rua, cortamos caminho pelo mato, e dei mais uma volta trotando com ele pelo parque do hospital psiquiátrico.

A partir de então, quase todos os dias eu podia cavalgá-lo. Ele se tornou meu trono humano. Meus dedos tinham seu cheiro – mesmo na cama, depois de lavar as mãos antes de dormir. Depois dessas cavalgadas, a pele das minhas mãos também ficava curiosamente macia, lisa e suave, como se tivesse recebido os cuidados de uma valiosa essência.

Ele adorava tudo o que era doce. Era louco por chocolate. Quando eu lhe trazia uma barra, ele ficava todo agitado, e suas narinas repletas de pelos inflavam como a dos animais. Com as unhas pontudas e roídas, rasgava o papel da embalagem. Com cuidado, separava todos os pedacinhos e os colocava à sua frente, onde quer que estivéssemos. Sobre um pequeno muro, um banco ou o degrau de uma escada. Sempre os alinhava antes de começar a comer esse trem de chocolate.

– Vamos? – perguntei.

Nenhuma reação. Absorto, mastigava pedacinho por pedacinho. Dedicação absoluta.

Era considerado totalmente inofensivo e até amável. Meu pai o descrevia como um dos pacientes mais bondosos de toda a instituição:

– É exatamente o oposto do que sua aparência leva a supor.

Quando falávamos sobre ele à mesa do almoço, meus irmãos faziam alusões estranhas que eu não compreendia. Como se meu pai tivesse contado alguma coisa a eles, um dos seus segredos, para o qual eu ainda era muito jovem.

– Qual vocês acham que é o diâmetro desse prato? – perguntava meu irmão do meio. – Uns 25 centímetros?

Com as mãos, media o tamanho no ar. Meu irmão mais velho acrescentava:

– Recentemente, pesquei uma enguia. Tinha apenas 25 centímetros de comprimento. Em compensação, era bem grossa.

– Pronto, agora chega – dizia minha mãe.

– Eu acho 25 centímetros muita coisa! – Meu irmão do meio enfatizou o 25, sílaba por sílaba. – É um pedaço e tanto!

Meu pai olhou, rindo, para seu purê de batatas, e minha mãe exclamou, consternada:

QUANDO FINALMENTE VOLTARÁ A SER COMO NUNCA FOI

– Estava demorando!

Meus irmãos mantiveram as mãos no ar, fingindo espanto ao medir o tamanho.

– Olha só quem está aí? Seu amigo tocador de sinos, o bem-dotado.

Meu irmão apontou com a cabeça na direção da janela. Virei-me e vi o tocador de sinos, que, como sempre, tinha se sentado em nosso muro baixo para esperar por mim.

Nessa época, descobri na catedral da cidade uma estátua de São Cristóvão, que com certeza media três metros de altura. A imagem tinha uma barba desgrenhada, feita de caracóis de madeira escura, e de ambos os lados distavam as abas esvoaçantes de um manto, engenhosamente esculpidas como asas. Nas mãos, o barqueiro tinha um longo cajado, que superava em muito sua altura. Nos ombros, estava sentado o Menino Jesus. Sem conhecer a história do barqueiro, que gemia sob o peso do passageiro, fiquei fascinado com a criança que cavalgava bem acima de mim. Naquele momento, eu podia muito bem imaginar que belo panorama ela devia ter dali de cima.

A PUREZA DO NORTE

JÁ SE HAVIAM PASSADO OITO SEMANAS DESDE O aniversário do meu pai, e ele realmente já tinha emagrecido um pouco.

Fazia mais de meia hora que estávamos esperando pelo doutor Gerhard Stoltenberg, o governador em exercício de Schleswig-Holstein, embora faltasse pouco para as eleições. Por intermédio do seu secretário, ele comunicou à secretária do meu pai que se atrasaria um pouco. Porém, quanto duraria esse "pouco", ninguém sabia. A vice-diretora havia sugerido ao meu pai que todos entrassem nos prédios e retornassem quando o governador chegasse. Meu pai rejeitou rigorosamente sua sugestão:

— Que impressão não vai dar? Ele chega, não tem ninguém e, de repente, todos se espremem pela porta. Não, vamos ficar aqui e aguardá-lo.

Cerca de 30 pessoas estavam em pé sob o alpendre, apertando-se umas às outras porque havia começado a chover um pouco. No centro da primeira fileira, estavam meu pai, no seu terno muito largo, driblado pela sua dieta repentina; minha mãe, de cabelo arrumado e saltos altos, que a encompridavam tanto para cima quanto para baixo; meus dois irmãos e eu. Logo ao meu lado, estava a áspera vice-diretora. Só poucos meses antes, eu entendera subitamente que ela não era um homem. Atrás de nós, médicos, enfermeiras e cuidadores. Um pouco mais afastado, fora da proteção do alpendre, um grupo de pacientes, que cantaria na recepção ao governador.

— Se Stoltenberg não chegar logo e a chuva apertar, vamos ter de levar os pacientes para dentro — disse meu pai à vice-diretora.

QUANDO FINALMENTE VOLTARÁ A SER COMO NUNCA FOI

Ficamos ali em pé, em meio ao odor frio de reboco, cimento e argamassa do novo hospital de vários andares que o governador iria inaugurar. Nos últimos quatro anos, esse novo prédio tinha desempenhado um papel gigantesco para o meu pai. Desde a ideia do projeto e do financiamento até o início da obra: não havia almoço nem passeio em que ele não falasse dos progressos e atrasos.

– Será que a sua secretária não poderia ligar de novo para ele? – sugeriu minha mãe. – Talvez esse "pouco" signifique uma hora...

Mas, de repente, meu pai pareceu ter outras preocupações.

– Vejam aquilo!

– O quê? – espantei-me.

– Não pode ser verdade. Não podemos deixar que ele caminhe na lama!

Meu pai apontou para o chão diante dos nossos pés. Como a rampa ainda não estava pronta, o governador não poderia desembarcar logo na porta; teria de caminhar por um trecho. Nada muito longo, uns oito, nove metros. Da rua até o alpendre.

De fato, a chuva fina, mas constante, tinha encharcado a terra da rampa.

– E se os pacientes o carregassem no colo? – sussurrou meu irmão do meio.

Minha mãe deu uma risada. Mas meu irmão subestimou a ansiedade em que essa visita deixava meu pai e como ele estava tenso.

– Não diga besteira. Precisamos fazer alguma coisa. – Gritou para trás: – Precisamos de tábuas. Rápido, por favor. Está tudo molhado aqui. Aliás, por que essa rampa não ficou pronta?

Um enfermeiro entrou no hospital e falou com o porteiro, que deu de ombros e pegou o telefone.

Meu pai tinha me contado uma coisa sobre esse porteiro que me deixara muito encafifado. Só depois que lhe prometi várias vezes que não contaria nem uma palavra a ninguém, nem mesmo aos meus irmãos, ele me confiou o seguinte:

— Imagine você que ele arrancou com os dentes os mamilos da mulher! Mas isso fica sendo um segredo nosso, promete?

Volta e meia, essa imagem aparecia na minha cabeça. Eu experimentava a força da mordida dos meus incisivos e me admirava com meu pai. "Por que ele me conta uma coisa dessas? Afinal, sou uma criança!", pensava eu. Para mim, não havia nenhuma dúvida de que um pai não poderia contar ao filho que um sujeito qualquer arrancara os mamilos da mulher com os dentes.

Então, apareceu um dos pequenos tratores que sempre circulavam pelo terreno do hospital psiquiátrico, retirando os bancos dos jardins no outono, espalhando sal no inverno ou transportando a rede do gol para a festa de verão. Justamente no local onde esperávamos a limusine do governador, havia mais de 40 minutos, o frágil trator parou com o reboque. Com toda a tranquilidade, o motorista desceu da sua almofada de espuma, toda despedaçada.

— Qual o problema, doutor?

Meu pai estava aflito.

— Precisamos de umas tábuas aqui, senhor Björnsen. Mas o senhor não pode ficar parado aí.

— Estou com algumas tábuas no trator. Vou descarregá-las.

— Por favor, senhor Björnsen, puxe o trator um pouco mais para lá.

— Onde quer que eu ponha as tábuas?

— Aqui, junto da entrada.

— Então, por que tenho de levar o trator mais para lá?

Meu pai olhou para a rua principal, por onde o governador chegaria. Era estranho, mas todos debaixo daquele alpendre podiam sentir que ele estava para chegar. Não dava para vê-lo nem ouvi-lo. Mas alguma coisa se aproximava cada vez mais. E o senhor Björnsen levantou a tampa do reboque, tirou lentamente placas de revestimento amarelo vivo do compartimento de carga e deixou-as cair, uma após a outra, no chão de terra molhada.

— Parece bom — disse eu ao meu pai, que concordou com a cabeça. A chuva ficou mais forte e tamborilou na passagem amarela. No seu início, estava o senhor Björnsen, que olhou para nós interrogativo e gritou:

— Pronto, está feito. — Acenou, dando a entender que já poderíamos atravessar.

— Ele acha que o caminho é para nós — disse baixinho a vice-diretora.

— Como assim, para nós? — Meu pai não estava entendendo e só queria que o senhor Björnsen desaparecesse dali o mais rápido possível com seu trator.

— Ele acha que não saímos daqui e o chamamos para nos salvar — explicou meu irmão mais velho.

— Obrigado — gritou meu pai. — Muito obrigado mesmo. Por favor, poderia agora tirar o trator daqui?

Bem no instante em que o senhor Björnsen subiu no trator e deu a partida no motor, um dos cuidadores gritou lá de trás:

— Acho que ele está chegando.

Em sincronia, todos viramos a cabeça, nós que éramos o comitê de recepção e o aguardávamos. De fato, nesse instante, um carro pesado dobrou lentamente a esquina e entrou no terreno do hospital psiquiátrico. Num primeiro momento, pensei que esse carro não tivesse vidros, de tão escuros que eram, tom sobre tom com a cor preta da lataria.

— Lá está ele! Lá está ele! — Meu pai se ergueu, aprontando-se.

Todos nós nos posicionamos sob o alpendre. Também tentei endireitar a postura, apresentar um ar mais digno. O automóvel se aproximou. Mas não conseguia ouvir o motor. O carro não andava, rolava. Sem nenhum barulho, a limusine oficial do governador deslizou pela chuva já intensa, mas também suave, que caía como que intimidada, e parou.

Todos nós olhamos hipnotizados para a porta do carro. Um dos cuidadores subiu ao púlpito e dirigiu o coro dos pacientes encharcados. A vice-diretora se inclinou sobre mim até meu pai:

— Eles não têm nem guarda-chuvas. A impressão não é das melhores.

Indeciso, meu pai olhou para eles. A cada nota, o gorro de lã encharcado de um dos pacientes que cantava escorregava por cima dos seus olhos.

— Tarde demais, tarde demais. Agora já não dá tempo. Ou dá? Não, pouco importa.

Dois homens saíram do carro, colocaram-se de costas para ele e, muito concentrados, aos solavancos como aves de rapina, esquadrinharam a área. Seus olhares passaram pelo novo estacionamento com as suas marcações ainda brancas como neve e pelos canteiros arrumados com as plantas do viveiro da psiquiatria, e chegaram aos prédios sombrios, um pouco mais adiante. Hipnotizado, segui seus olhos que vagavam pelo local e vi um dos homens inspecionar as fachadas, andar por andar, e suas pupilas pularem de uma janela a outra. Examinaram até mesmo nós, embaixo do alpendre. Um deles fez sinal positivo para o outro, e então se abriu a porta do carro, atrás da qual, conforme ficou claro a todos que ali esperavam, estava sentado o governador. Um dos homens abriu um guarda-chuva e segurou-o como proteção por cima da porta. Mas o governador não teve pressa. Permaneceu sentado, como um espectro, no lusco-fusco da limusine. Meu irmão mais velho espantou-se:

— Olhe só, não é possível, ele está ao telefone. Tem um telefone no carro.

— Quando é que ele vai descer? – perguntei ao meu pai.

QUANDO FINALMENTE VOLTARÁ A SER COMO NUNCA FOI

— Pai, acho que ele está esperando por você — disse meu irmão do meio. — Quer que você entre no carro.

Meu pai deu um passo decidido para a frente e outro hesitante para trás.

Então, um sapato reluzente, ligado a uma perna longa, saiu de dentro do carro e aterrissou pesadamente sobre as tábuas. Logo em seguida, o outro pé. Mesma perna de calça, mesma meia, mesmo sapato. No entanto, totalmente diferentes. Aqueles dois pés nada tinham em comum. Era como se não se conhecessem. Um, que era preguiçoso e desajeitado, repousava sozinho na tábua, enquanto o outro, flexível, se balançava no ar. Naquele momento, chegou até a girar o tornozelo, como se a ponta do sapato quisesse dar uma olhada panorâmica ou espantar a chuva. E, finalmente, chegou o momento esperado: quando o doutor Gerhard Stoltenberg desceu da sua limusine, precisou se encolher de tão alto que era. Curvou-se ao passar pela porta do carro e se ergueu. Crescendo e crescendo. E a cada centímetro que o governador em exercício de Schleswig-Holstein ganhava, abrindo-se e desdobrando-se, mudava e acontecia algo que eu nunca vivera antes.

Poucos momentos antes da chegada desse homem, do meu lugar seco pude ver tudo com tranquilidade e deixar meu olhar vagar pelos arredores. O estacionamento, as árvores, os postes ou os prédios pouco importavam — ao lado desse homem, tudo encolhia. Havia apenas ele. Admirados, tínhamos olhos apenas para ele.

Stoltenberg ergueu a cabeça e olhou para nós. Seu cabelo tinha um corte perfeito, um elmo de prata, minuciosamente repartido ao meio. Ele era mesmo "A pureza do Norte". Segundo meu pai havia explicado, originalmente este era o slogan da propaganda de uma aguardente conhecida além das fronteiras de Schleswig-Holstein, pertencente à marca Bommerlunder. Mostrou-me os anúncios nas revistas *Der Spiegel* e *Stern*. Mar, guindastes, espuma das ondas, céu azul e frescor. A garrafa gelada à beira da praia. A garrafa gelada no deque. "A pureza do Norte." Assim ele era chamado. Com todo o reconhecimento, mesmo por parte dos adversários políticos.

Eu já tinha visto o governador algumas vezes nos noticiários da televisão. Mas ele nada tinha a ver com aquele homem personificado, que crescera até o céu ao sair da limusine. Eu estava certo de que ele olhava diretamente nos meus olhos, só para mim. Porém, mais tarde, à noite, também meus irmãos e até minha mãe afirmaram que, no caminho do carro até nós, ele tinha olhado só para eles. Enquanto pisava nas tábuas, sob a proteção do guarda-chuva, seus olhos voltaram-se aos pacientes que cantavam sob a chuva torrencial. Seu peso comprimiu para as bordas das tábuas uma lama marrom-clara. A distância devia ser de, pelo menos, oito metros. Mas por que então ele só precisou dar quatro, cinco passos para chegar até nós? Na verdade, eu era baixo e meu pai, alto. Mas, naquele momento, tudo havia mudado. Stoltenberg era alto, meu pai, baixo, e eu, minúsculo.

— Fico extremamente feliz por recebê-lo, senhor governador.

Ele apenas anuiu com a cabeça e olhou para nós.

— Permita-me apresentar: minha esposa e meus filhos. E esta é a vice-diretora, a doutora Harms!

Meu irmão do meio, que não era de titubear e tinha o que se chama de resposta pronta para tudo, fez uma reverência quando o governador o cumprimentou. Eu nunca o vira fazer uma reverência. Nem sabia que ele era capaz de fazê-la. Quando Stoltenberg me deu a mão, a minha sumiu dentro da dele e, por um instante, era como se estivesse em uma luva muito bem aquecida. De repente, senti-me muito feliz, sem saber exatamente por quê.

— Se estiver de acordo — disse meu pai —, agora poderei lhe mostrar nosso novo hospital, e depois, um modesto almoço o aguarda lá em cima.

QUANDO FINALMENTE VOLTARÁ A SER COMO NUNCA FOI

Um homem que eu ainda não havia notado aproximou-se dele:
— Senhor governador, dispomos de 40 minutos.

Vi a decepção no rosto da minha mãe, que havia preparado aquela refeição e pensado em algo muito especial: uma recepção bávara. Tinha providenciado e preparado delícias da sua terra natal. Sopa de almôndegas de fígado, feita por ela própria; linguiça branca, importada diretamente da Baviera; pretzel e vários assados de carne de porco, que exalavam um perfume maravilhoso.

Antes de o governador entrar no prédio novo, virou-se para o coro encharcado dos pacientes, que cantava bravamente "What shall we do with the drunken sailor". Ouvi o que ele disse. Todos ouviram:
— Doutor, isto é um pecado.

Meu pai respondeu com um sorriso submisso:
— Sim, o senhor tem toda razão. Fomos pegos de surpresa pela chuva.
— Por favor — gritou alguém —, juntem-se um pouco mais.

Era um repórter do nosso jornal, que eu já vira várias vezes e conhecido na cidade. Vestia um sobretudo de pele de camelo, sobre cuja gola opulenta ondulavam seus cabelos crespos. Aos sábados, ele flanava pelo Centro. Tinha um cãozinho resmungão, da raça pug, cujos olhos saltados refletiam a desconsolada área de pedestres. Tirou algumas fotos. Em seguida, com uma boa hora de atraso, passamos pelo guarda dos mamilos e entramos no novo hospital psiquiátrico para crianças e adolescentes.

— Este edifício será o fim definitivo de uma psiquiatria de clausura. A partir de agora, a terapia e o bem-estar do paciente serão o centro das atenções — disse meu pai.

Os médicos e enfermeiros apressaram-se rumo às unidades e apresentaram no local breves introduções sobre a sua área de atividade. Primeiro visitamos os espaços de terapia musical e da chamada Gestalt-terapia. Aonde quer que entrássemos, os pacientes estavam sentados às mesas, pintando, modelando ou tocando música.

— Veja só! — sussurrou meu irmão do meio para o mais velho. — Os loucos de verdade estão todos trancados. Hoje só estão mostrando os bonzinhos.

Tinha toda razão. Um silêncio incomum reinava nas unidades. Mesmo no carro-chefe do edifício, a piscina para cinesioterapia e terapia corporal, circulava um punhado de internos inofensivos. Os pacientes pareciam intimidados, como se tivessem levado uma impiedosa bronca pouco antes de aparecermos. O governador também se espantou:

— É sempre tão tranquilo assim por aqui?

— Bem, às vezes, é claro que temos algum barulho, mas nos esforçamos — esclareceu meu pai.

No entanto, não deu para escapar de um pequeno incidente. No andar de cima, havia uma instalação para adolescentes que sofriam de distúrbios psiquiátricos após anos de consumo de drogas. Chegamos bem na metade de uma conversa em grupo. O psicólogo cumprimentou o governador a contragosto, e os quatro jovens também nos olharam de mau humor. Durante as explicações do meu pai, um deles se levantou e disse ao psicólogo:

— Não estou com saco para essa lenga-lenga. Vou mijar.

Achei que o governador fosse gostar dessa observação e ficar grato por esse acontecimento imprevisto, a fim de colocar sua serenidade à prova. Sorrindo, disse ao meu pai:

— Se é urgente, tem de ir mesmo...

Depois do nosso tour, chegamos ao salão onde as mesas estavam cobertas com toalhas de xadrez branco e azul, e o secretário se aproximou novamente do doutor Stoltenberg:

— Temos apenas mais dez minutos, senhor governador!

Então, minha mãe interveio:

— Sabe, governador, venho da Baviera. Imaginei que o senhor deve comer peixe três vezes ao dia e que ficaria contente se fosse servido algo diferente de enguia e anchovas de Kiel. Bem, é claro que não fui eu que fiz tudo. Não sei preparar pretzel, mas juro que a sopa de almôndegas de fígado está uma delícia. Tenho até uma cerveja de trigo para o senhor!

Meus irmãos e eu tínhamos recebido um abridor de garrafas cada um e começamos a servir. Corri de mesa em mesa, equilibrando pratos e bebidas. Eu havia amarrado meu abridor ao cinto com um barbante. Não me cansava de tirá-lo com habilidade do bolso, abrir as garrafas e guardá-lo novamente. Os dois homens que haviam saltado do carro estavam sentados a uma mesa de dois lugares e fumavam, com as maletas bem presas entre os pés. O governador já havia tomado a sopa de almôndegas de fígado, à qual fez muitos elogios, e servira-se com abundância do assado de carne de porco com bolinhos de batata. Mas não comeu nada. Cortou a carne em pequenos pedaços, partiu os bolinhos e distribuiu os pedacinhos pelo prato. Limpou a boca e pousou o guardanapo estendido em cima da comida picotada. Na verdade, esse era o meu truque quando eu não gostava de alguma coisa. Justo quando eu ia comunicar minha descoberta ao meu irmão, o secretário anunciou com ênfase:

– Temos de ir agora, governador!

– Aonde vão ainda hoje? – perguntou meu pai.

Stoltenberg olhou com ar interrogativo para o secretário.

– Deveríamos estar há 15 minutos em uma associação de pescadores, governador.

Minha mãe gostou da resposta. Com toda espontaneidade, colocou a mão no braço do doutor Gerhard Stoltenberg:

– O que foi que eu disse? É hora de comer peixe!

Antes de deixarmos o salão, o governador foi à mesa dos pacientes e despediu-se de cada um com um aperto de mão. Médicos e cuidadores acenaram com a cabeça, cheios de admiração. Apenas o psicólogo da terapia de grupo balançou a cabeça, com repulsa.

Atravessamos a recepção e chegamos ao alpendre. A limusine já estava esperando. O governador pôs a mão no meu ombro e elogiou meus irmãos e a mim:

– Vocês fizeram um belo trabalho lá em cima. Até mais ver! – Como se já se conhecessem havia muito tempo, despediu-se da minha mãe e agradeceu ao meu pai: – Realmente, a obra ficou ótima. Não deve ter sido fácil, mas agora aí está ela. Se surgir algum problema, é só avisar. Tudo de bom, doutor! Veja só, parou de chover!

Pisou na passagem amarela, ladeado pelos homens das maletas, e dirigiu-se à porta aberta do carro – e foi quando aconteceu. Stoltenberg já tinha abaixado a cabeça e começado a se encolher novamente, quando alguém gritou:

– Mãos ao alto ou eu atiro!

Nunca antes eu tinha visto como uma situação pode se transformar de repente em outra completamente diferente, em uma fração de segundo. Os dois homens das maletas jogaram-se sobre o governador e o lançaram no chão. Mas ele era alto. Não caiu assim com tanta facilidade. Investiram contra ele. Na queda, abriram suas maletas e sacaram pistolas pretas. Stoltenberg estatelou-se na lama. Sobre ele, os dois homens com as armas em punho. Fiquei paralisado. Mas não havia sido o grito "Mãos ao alto ou eu atiro!" que havia me assustado. Eu já conhecia aquela voz. Todos que se haviam reunido embaixo do alpendre a conheciam muito bem. O que me surpreendeu ao extremo foi o efeito que ela havia causado.

Os guarda-costas apontaram para a direção de onde viera a ameaça.

– Por favor! Por favor! – gritou meu pai. – Está tudo bem! Por favor! Por favor, não atirem!

Os homens deslizaram sobre o governador, ficando mais próximos e protegendo-o com seus corpos.

– Por favor, é verdade, não há perigo. É um dos nossos pacientes.

QUANDO FINALMENTE VOLTARÁ A SER COMO NUNCA FOI

Atrás de um vaso repleto de flores, colocado ali pouco antes da solenidade do dia, surgiu uma cabeleira ruiva. Embaixo dela, uma cabeça pequena, menor que a palma da mão, com olhos próximos um do outro e dentes separados. Os homens apontaram a arma para o menino. Meu pai levantou as mãos, com as palmas viradas para baixo. Com voz suplicante, disse com toda clareza e tranquilidade:

– Por favor, acreditem em mim. Está tudo em ordem. Este é o Rudi, um dos nossos pacientes. É totalmente inofensivo. Sempre faz isso.

Meu pai tinha toda razão. Não havia ninguém de fora que Rudi já não tivesse espreitado no terreno do hospital psiquiátrico.

O jovem atrás do vaso parecia radiante. Sua frase "Mãos ao alto ou eu atiro!" nunca tinha causado um efeito tão extraordinário como aquele. Deu um passo à frente, ergueu seu Colt prateado e apontou para os homens na lama.

– Não queremos mais brincar – gritou meu pai. – Jogue fora a sua pistola!

Rudi fez uma careta estranha e deu mais um passo.

Um dos homens da maleta berrou:

– Se ele se aproximar, vou atirar! Vou atirar! Ele tem de jogar a arma fora.

Rudi sorriu, radiante, e deu mais um passo. Meu pai entrou na linha de tiro.

– Rudi, ouça, eles já estão no chão. Já perderam. Você ganhou. Agora jogue sua arma fora.

Rudi refletiu. Depois, jogou sua arma para o alto, e o barulho que ela fez ao cair na rua soou tão claramente a plástico que os homens na lama começaram a achar que meu pai tinha dito a verdade.

Por um breve instante, reinou um silêncio solene, uma interrupção coletiva muito especial. Então, os homens saíram de cima do governador. Meu pai pisou na passagem amarela. Minha mãe o seguiu.

Dois enfermeiros correram até Rudi. Viraram seus braços para trás de maneira totalmente exagerada, na minha opinião. A vice-diretora passou várias vezes os dedos pelos cabelos curtos, de maneira impulsiva.

— Uau, que demais! — disse meu irmão do meio, em voz baixa.

O repórter dândi bateu algumas fotos em rápida sequência. E Stoltenberg continuava sem se mexer; permaneceu de barriga na lama, como se tivesse levado um tiro. Meus pais se ajoelharam ao seu lado:

— Governador, está tudo em ordem — disse meu pai.

— Pode se levantar agora — acrescentou minha mãe.

O doutor Gerhard Stoltenberg levantou a cabeça lentamente. Com um ruído que parecia de um sorvedouro, tirou-a da lama.

— Venha, vou ajudá-lo a se levantar. — Meu pai estendeu-lhe a mão.

Os homens enlameados tinham erguido as maletas e guardado as pistolas. Stoltenberg não quis nenhuma ajuda. Sem se mostrar perturbado, talvez um pouco frágil, disse:

— Obrigado, consigo sozinho.

E então se levantou. Novamente, esse homem cresceu e cresceu. O doutor Gerhard Stoltenberg, governador de Schleswig-Holstein, estava em pé, gotejando barro, parecendo um porco. Um porco enorme, ereto sobre duas patas, que, junto com seus dois melhores amigos, tinha se permitido um generoso banho de lama.

Meu pai implorou ao fotógrafo que não tirasse mais fotos. Este anuiu, triunfante, levantou o sobretudo de pele de camelo, caminhou emproado na lama, como uma cegonha orgulhosa, entrou no seu Citröen 2CV e saiu em disparada.

— Senhor governador, moro bem aqui na esquina. Venha. Vou cuidar de tudo.

E assim saímos em estranha procissão.

QUANDO FINALMENTE VOLTARÁ A SER COMO NUNCA FOI

Quando nossa cadela viu o governador, teve um ataque histérico; latiu, rosnou e ganiu. Com o rabo entre as patas, encolheu-se e começou a dar voltas sobre si mesma de tanto medo. Depois, mostrou os dentes, eriçou os pelos da nuca e ficou parecendo uma hiena perigosa que acabara de ter uma alucinação. Meus irmãos puxaram-na pela chamada coleira estranguladora até o quarto dos meus pais.

No porão, tínhamos um quarto de hóspedes com chuveiro. Ali, os homens das maletas tomaram banho. Minha mãe gritou através da porta:

— Vou deixar aqui fora, para vocês, calças de moletom e camisetas dos meus filhos. Espero que sirvam. Infelizmente, não temos roupões.

Stoltenberg se fechara no banheiro do andar de cima. Meu pai e minha mãe pensaram no que poderiam lhe dar para vestir. Como meu pai era um pouco mais baixo, suas calças não caberiam. Segundo meu pai, uma calça de moletom não vinha ao caso.

— Vamos, pensem em alguma coisa! — pediu-nos. — Daqui a pouco ele vai sair do banheiro!

A ideia da minha mãe de cobri-lo com um lençol foi rejeitada tal como a do meu irmão de mantê-lo por uma hora na cama. Então, ouvimos o chuveiro sendo desligado e a cortina do boxe se abrindo. Corri até o escritório do meu pai, onde ele também atendia pacientes particulares de vez em quando, peguei seu jaleco, que estava pendurado atrás da porta, e voltei correndo.

— Que tal isto aqui?

Segurei o jaleco no alto. Meu pai refletiu e disse:

— É, acho que deve servir.

Meu irmão do meio bateu nos meus ombros:

— Genial, maninho, grande sacada!

E meu irmão mais velho me pegou pelos cachos espessos e me chacoalhou, fingindo força:

— Sinto muito não ter acreditado em você todos esses anos!

— Governador, infelizmente, não temos roupão. Entretanto, aqui está algo para o senhor vestir.

Com o polegar e o indicador, meu pai segurou no alto o jaleco diante da porta, que, hesitante, abriu uma brecha. A mão do governador apanhou o jaleco – "Obrigado!" – e sumiu logo em seguida. Meu pai olhou triunfante e alegre para nós.

Do porão vieram, de cabelos molhados, os guarda-costas, vestindo calças de moletom e camisetas.

— Ainda não nos apresentamos. Nós dois nos chamamos Michael.

Minha mãe estendeu-lhes a mão:

— Olá, Michael. Olá, Michael.

Pareciam muito mais jovens sem os ternos, não muito mais velhos do que meu irmão.

Um deles perguntou à minha mãe:

— Vimos lá embaixo uma mesa de pingue-pongue. Podemos jogar um pouco?

— Mas claro! Que tal jogarem todos juntos!?

Meus irmãos e eu nos olhamos. Nós três pensamos a mesma coisa. Nenhum de nós queria deixar de ver Stoltenberg saindo do banheiro de jaleco.

— Talvez mais tarde – respondeu meu irmão do meio.

Quando o doutor Gerhard Stoltenberg saiu do banheiro vestindo o jaleco do meu pai, tinha uma aparência incrivelmente boa, competente e absolutamente perfeita. Não obstante, e talvez até por causa dos seus pés descalços, parecia um perfeito deus vestido de branco. Ao vê-lo caminhar no corredor, na minha direção, entendi que aquele homem era um líder nato. Em qualquer hospital deste mundo, esse homem seria eleito diretor, incontestavelmente, em um único dia. Era de uma imponência atemporal.

Quando finalmente voltará a ser como nunca foi

Ao vê-lo, foi notório o enorme esforço do meu pai para não se desintegrar no ar de tanta admiração. Bem diferente da minha mãe, que se superou:

— Nossa, essa foi de lascar, hein, governador! Pode vir aqui. Meu Deus, coitado do senhor! Ser jogado daquele jeito na lama pelos seus guarda-costas! Mas o nosso Rudi é um rapaz muito bonzinho. Todos nós o conhecemos. Bom, vou pegar seu terno e sua camisa no banheiro. E os ternos do Michael e do Michael... — Minha mãe riu espontaneamente, sem se deixar impressionar. — Em meia hora, vai estar tudo pronto. A lavanderia do hospital é especialista em roupas muito sujas, posso lhe garantir. Vai ser mais rápido do que se o senhor fosse a Kiel e voltasse. Posso lhe oferecer alguma coisa? Talvez um copinho de aguardente? Meu Deus, que susto eu levei!

Na sala, Stoltenberg sentou-se na grande poltrona Berger do meu pai e ficou balançando seu pé ligeiro e curioso. Meus irmãos foram ao porão jogar pingue-pongue com os dois Michaels. Fiquei sentado no sofá e não tirei os olhos dele.

— Espero que sua ausência forçada na associação de pescadores não lhe traga grandes problemas — disse meu pai, um pouco empertigado. Mas o governador não respondeu. Olhou para meu pai.

— Posso lhe perguntar uma coisa, doutor?

— Mas claro — respondeu meu pai. — Fique à vontade.

— Quando cheguei, havia um repórter entre vocês, não?

— Sim, é verdade — disse meu pai. — Estava tirando fotos. Trabalha no jornal daqui da cidade. Eu o conheço.

Stoltenberg refletiu. Parecia não muito seguro se deveria prosseguir no rumo tomado pela conversa. Minha mãe chegou com uma bandeja e três copos gelados.

— E depois, quando aconteceu o incidente com o paciente, ele ainda estava lá?

Minha mãe serviu as bebidas. Meu pai confirmou com a cabeça.

– Estava, e fotografou – informou meu pai.

– Por acaso me fotografou quando eu... quando eu estava ali, no chão?

– Creio que sim – respondeu meu pai, preocupado. – Pedi a ele que parasse. Então, ele foi embora.

– Sei – disse Stoltenberg, baixinho. – Entendo. Humm. – Esvaziou seu copinho de aguardente e expirou. Seus olhos azul-claros, que pareciam ainda mais frios com o cinza prateado dos seus cabelos, reluziram e, de repente, ficaram encobertos com uma vaporosa camada de gelo, tal como a que saía do compartimento do congelador, de onde vinham os copos de aguardente. – Isso não é bom.

– Não creio que nosso jornal vá publicar uma foto dessas, governador.

– Ah, doutor, não tenho tanta certeza. Eu vi o vigarista.

Teria ele dito mesmo "vigarista" ou "jornalista"? Será que eu ouvira mal?

– No momento, encontro-me em uma fase decisiva da realização das minhas... eu diria ambições políticas. Não apenas em nível regional, não, também em nível federal.

– Claro, eu sei, governador.

Tal como eu, meu pai estava sentado muito ereto na ponta da cadeira, a certa distância na frente dele.

– Por uma imagem como essa – Stoltenberg bateu a ponta dos dedos no copinho vazio e lambeu-os –, por uma imagem como essa se pagaria muito dinheiro. E há jornais que são lidos por muito mais pessoas do que as que moram nesta sua simpática cidadezinha. Jornais com manchetes em letras garrafais e imagens grandes. Entende o que estou dizendo?

E olhando para mim:

– Meu rapaz, seu papi e eu precisamos ter uma conversa. Você poderia fazer o favor de cuidar dos meus sapatos?

QUANDO FINALMENTE VOLTARÁ A SER COMO NUNCA FOI

— Sim, sim, claro!

Enquanto corria pelo corredor, pensei: "Papi. Que palavra mais ridícula!" Eu nunca tinha chamado meu pai de "papi". Como a máquina de limpar sapatos havia pifado após poucas semanas de uso — amarga derrota para meu irmão do meio —, em 20 minutos escovei e engraxei os sapatos do governador como se estivesse ligado em alta voltagem. Tirei até os cadarços para limpar melhor as linguetas.

No caminho de volta, encontrei meus irmãos e os dois Michaels, que vinham suados do porão. Meu irmão do meio me contou que eu tinha perdido algo inédito. Michael e Michael tinham mostrado a eles seus coletes à prova de balas e até mesmo o conteúdo das maletas. Meu irmão do meio postou-se de pernas abertas à minha frente:

— Maninho, segurei a pistola na mão! Uma pistola de verdade!

Levei a Stoltenberg seus sapatos reluzentes como castanhas, que tinham até ficado quentes por causa da rápida escovação.

— Obrigado, meu rapaz. E agora, seja bonzinho e corra até o carro para chamar meu secretário.

Lá fui eu de novo. O secretário estava sentado na limusine, falando ao telefone. Não quis incomodar e aguardei, mas aí ouvi quando ele disse:

— Já estou de saco cheio! Todo fim de semana umas crianças dormem lá em casa.

Bati no teto do carro e gritei:

— É para o senhor entrar.

Quando voltei para a sala, nossa cadela estava deitada aos pés de Stoltenberg, ofegando. Minha mãe também estava sentada mais perto dele do que do meu pai.

— Muito bem — dizia Stoltenberg —, estes são todos os nomes. O senhor cuida da equipe. Então, vamos fazer assim.

— Governador, o que vamos fazer agora? — perguntou o secretário. — Na associação de pescadores, 120 homens, com suas esposas, estão esperando há uma hora e meia pelo senhor. Com barco decorado e bufê a bordo. Em seguida, ou seja, na verdade, está começando agora a mesa-redonda em Husum. Se seu terno chegar logo, talvez consigamos pegar o final em Husum.

Stoltenberg acariciava nossa cadela. Ele e minha mãe se olharam. Os dois Michaels chegaram vestindo as calças de moletom dos meus irmãos e se sentaram no sofá. Olhei ao redor. Em uma fração de segundo, germinou e cresceu, ou melhor, vicejou uma preocupação em mim. Talvez, de fato, Stoltenberg fosse o novo diretor do hospital psiquiátrico. Talvez nunca mais fosse tirar o jaleco do meu pai! Ficava muito melhor nele. E onde estavam meus irmãos? Talvez Michael e Michael os tivessem eliminado no porão com a nomeada pistola! Seriam eles meus novos irmãos a partir daquele momento? Por que nossa cadela estava aceitando o cafuné do governador? Por que minha mãe parecia tão jovem? E meu pai tão velho? Que diabos estava acontecendo ali? Será que estavam para me contar alguma coisa, tentando me poupar?

Soou a campainha. Meu pai se levantou. No caminho pelo nosso longo corredor, peguei sua mão:

— Vamos descer mais tarde até a cidade para comer batatas fritas? — perguntei com cautela.

— Vamos, sim, meu querido — respondeu —, vamos, sim.

Três ternos com camisas foram entregues, tudo muito bem arrumado em cabides de arame. E mais uma sacola plástica, cujo conteúdo infelizmente escondia uma triste surpresa: a gravata do governador, em tons de amarelo e cinza, parecia ter sido mastigada pela nossa cadela.

— Isto era de seda *tussah!* — exclamou o governador.

— Ah, não, mais essa! Que chato! — Minha mãe passou a mão no farrapo rasgado e todo furado.

QUANDO FINALMENTE VOLTARÁ A SER COMO NUNCA FOI

— E agora?

— Talvez eu possa lhe dar uma das minhas gravatas de presente — ofereceu-lhe meu pai e, com uma serenidade que tinha buscado por longo tempo e finalmente havia encontrado, acrescentou: — Quer dizer, se o senhor gostar de alguma. Não tenho nenhuma de seda *tussah*, mas devo ter alguma para o senhor ir a Husum.

Nesse meio-tempo, meus irmãos tinham feito amizade com o secretário. Estavam sentados no banco da frente da limusine, acariciando o painel. Michael e Michael já estavam de novo carregando suas maletas e inspecionaram os arredores. O doutor Gerhard Stoltenberg finalmente tirou o jaleco do meu pai. Tinha escolhido uma gravata azul quadriculada, bastante ousada, e insistiu dizendo que mandaria o motorista devolvê-la no dia seguinte. Meu pai gostou disso.

— Não, realmente, não precisa governador. Minha gravata sozinha no seu carro por todo o caminho de Kiel até aqui. Agora ela é sua. E talvez... — permitiu-se uma breve hesitação — talvez também uma boa lembrança da inauguração do nosso hospital.

Então, Stoltenberg olhou para meu pai e estendeu-lhe a mão:

— Posso chamá-lo de "você"? O senhor me ajudou muito hoje. Em vários sentidos.

Meu pai hesitou. Então, estendeu-lhe a mão.

— Meu nome é Gerhard.

— Eu sei! — alegrou-se meu pai. — O meu é Hermann.

— Bom, Hermann, então, tudo de bom e mil vezes obrigado.

Entrou no carro e, assim que se sentou, recebeu o telefone. Acenou, segurou a gravata colorida no alto e, enquanto telefonava, formou com os lábios cheios um "obrigado" silencioso, mas extremamente claro, e fechou a porta. Ficamos em pé diante do automóvel, em cujos vidros pretos se refletiam nossas cabeças distorcidas, mas nada aconteceu. Após um tempo, meu pai disse:

— Bom, agora vou entrar, Gerhard.

Seguindo-o, entramos em casa. Corri para a janela – mas era tarde demais; a limusine já tinha ido embora.

Logo após a inauguração do hospital, na fachada externa, feita com a chamada cal de conchas, começaram a aparecer estrias avermelhadas. De fato, por causa de uma negligência grosseira, partículas trituradas de ferro, que tinham ido parar na mistura de concreto, estavam enferrujando e fazendo com que o prédio parecesse sangrar de milhares de minúsculas feridas, ou então era como se uma espécie de ave que cagasse em vermelho tivesse se apoderado do hospital, salpicando-o com seu excremento agressivo. Meu pai ficou fora de si. Consternado, entrou cabisbaixo no seu hospital.

Mesmo no interior do prédio, uma circunstância que inicialmente se mostrava como uma insignificância inofensiva transformou-se em um problema grave. Por razões inexplicáveis, a instalação que se encontrava no porão para aquecer a comida feita na grande cozinha soltava seus vapores diretamente em um dos três elevadores. Nele, o mau cheiro viajava de andar em andar e se espalhava por todo o prédio. Até mesmo no depósito mais distante, que ficava no quarto andar, era possível sentir o cheiro de bife rolê com repolho roxo. Fendas e rachaduras foram calafetadas várias vezes, revestimentos foram reforçados, paredes foram isoladas – tudo em vão. O cheiro de comida conhecia caminhos secretos, sabia como atravessar muros e andava de elevador dia e noite.

O doutor Gerhard Stoltenberg e meu pai nunca mais se viram depois da sua confraternização. Enfim, haviam se tratado por "você" apenas uma vez. Mas o governador já fora de exercício compareceu ao seu enterro. Como um homem que sofria por causa da altura, inclinou-se diante da minha mãe, encolheu-se e pronunciou as condolências com voz fina. Como aquilo era possível? Eu achava

QUANDO FINALMENTE VOLTARÁ A SER COMO NUNCA FOI

que sua aura era um dom divino que emanava da medula dos seus ossos, e não apenas do finíssimo ouro em folha do seu cargo. Toda a sua autoridade e o seu carisma haviam se perdido. Sem limusine, depois do enterro foi embora em um pequeno carro verde. Ao deixar o estacionamento do cemitério, avançou demais e, como a rua não estava livre, acabou bloqueando a ciclovia. Uma jovem de cerca de 15 anos, impetuosa, tocou sua buzina e, com o indicador levado à têmpora, fez um gesto como se estivesse perguntando ao ex-governador: "Ficou louco?" Solícito, ele deu marcha a ré com seu carro para anões.

MARIA NA CAMISA DE FORÇA

O NATAL ERA PARA MIM O PONTO ALTO DO ANO. MAS NÃO por causa da aparência harmoniosa do pinheiro, escolhido pela família bem agasalhada, que percorrera com passos pesados o viveiro de plantas, coberto de neve. Nem por causa da orgia do *fondue* de carne – cuidado, crianças, com o óleo quente! Tampouco por causa dos presentes, que naturalmente me deixavam feliz. Não, o ponto alto do Natal era algo diferente: eu podia acompanhar meu pai em sua vista às unidades do hospital psiquiátrico.

Tínhamos 20 minutos para distribuir os presentes em cada unidade, depois já íamos para a seguinte. Éramos esperados ansiosamente em todos os lugares. Sem nós – o diretor do hospital regional de psiquiatria infantojuvenil e seu filho – nada podia começar. Quando chegávamos, todos os pacientes da unidade já estavam reunidos na sala. Tinham se arrumado ou sido arrumados para a ocasião. Cabelos rigorosamente repartidos ao meio e lentes dos óculos bem limpas. Ficavam agitados e se balançavam, jogando-se de um lado para o outro. Cantavam duas canções natalinas com a equipe de enfermagem e os médicos da unidade; depois, abria-se a grande porta de dois batentes que dava para o salão de Natal. Ao brilho das velas elétricas encontravam-se os presentes embrulhados sobre as mesas.

E, então, tinha início a parte de que eu mais gostava e que, por muitos anos, foi para mim, particularmente, o ponto alto do Natal: após uma breve hesitação, em que os pacientes pareciam paralisados pelo que tinham à sua frente, precipitavam-se em debandada sobre os presentes.

QUANDO FINALMENTE VOLTARÁ A SER COMO NUNCA FOI

Arrancavam as fitas e os cordões coloridos, os lacinhos dourados voavam pelos ares, rasgavam o papel de embrulho com os dentes, destruíam as caixas de papelão e, triunfantes, erguiam os presentes no alto. Nem bem se passavam cinco minutos, já estava quase tudo quebrado. De alegria, de felicidade incontrolável, de total ansiedade pelos presentes. Quebrados!

Braços de bonecas eram arrancados; bichinhos de pelúcia, desventrados. O novo blusão com capuz, rasgado. E com o mesmo entusiasmo irrefreável, com o qual pouco antes haviam batido o carro de bombeiros pintado de vermelho contra a quina da mesa, logo depois choravam com sofrimento desconcertante sobre os destroços. Em apenas cinco minutos, passava-se da contemplação do salão de Natal para o campo de ruínas esfumaçado – eu adorava isso. Por todos os lados, comemorava-se e lamentava-se, trocavam-se tapas ou valsava-se junto com os presentes.

Os enfermeiros faziam o melhor que podiam, impedindo no último segundo que alguém abraçasse a maravilhosa árvore de Natal ou trocasse um bombom de marzipã por uma bicicleta.

Mais tarde, quando trocávamos os presentes em família, eu sempre ficava com o ânimo especialmente solene por causa das orgias marciais que havia presenciado pouco antes. Muitas vezes, os presentes pedem justamente para serem destruídos. Quando eu pegava algo frágil, por exemplo, um estojo grande com canetinhas coloridas de pontas perfeitas, sempre sentia uma comichão percorrer meus dedos, um nervosismo potencializado pela qualidade do presente. Ficava feliz com as canetinhas, mas, ao mesmo tempo, imaginava quebrá-las uma a uma. Trinta e seis vezes, do rosa-claro ao preto, simplesmente crack!, bem no meio. Não destruir alguma coisa já seria um acontecimento. Poupar os presentes: essa era a minha contribuição solene à festa.

Depois que a excitação diminuía um pouco, os pacientes eram levados para o primeiro cômodo, onde havia uma mesa posta com alimentos. Meu pai e eu tínhamos de comer um pedaço de bolo em cada unidade. Ele bebia café e eu, Coca-Cola. Na verdade, todo Natal eu vomitava e ficava aceso a noite toda por causa da Coca-Cola, com o coração disparado, juntando pecinhas de Lego como um maníaco até amanhecer. Os pacientes se empanturravam de papais noéis de chocolate embalados em papel-alumínio, mordiam laranjas sem descascá-las e comiam torta com as mãos.

A entrega dos presentes ocorria de maneiras muito diferentes. Havia unidades em que pessoas sem braços nem pernas, às vezes até sem cérebro, fitavam inconscientes. Somente quando fiquei mais velho é que pude ir lá também. Essas unidades eram silenciosas, tudo permanecia intacto, e os presentes eram colocados nos travesseiros, ao lado da cabeça deformada dos pacientes. Ou a unidade em que só residiam quatro moças. Durante toda a cerimônia de entrega dos presentes, elas não tiravam os olhos de mim, fulminando-me de maneira ameaçadora. Cantavam canções de Natal maravilhosas. Cantavam com o corpo inteiro, balançando-se de um lado para o outro ao som melódico da flauta que um objetor de consciência tocava com empenho.

— Gracioso menino de cabelos cacheados...

Estariam falando de mim? Seus olhos cintilavam como as bolas da árvore de Natal, que viravam para a esquerda e depois novamente para a direita, na ventilação superaquecida da unidade. Através da fenda lateral das suas camisolas hospitalares eu podia ver as abóbadas e enseadas dos seus corpos nus, bem como crostas isoladas de algumas cicatrizes ou arranhões profundos na pele clara. Todos os anos, elas ganhavam bonecas. Giravam-nas devagar nas mãos e sussurravam coisas incompreensíveis aos seus ouvidos.

Depois de passarmos três horas distribuindo presentes – eu já havia comido nove pedaços de bolo e bebido nove copos de Coca –, íamos

QUANDO FINALMENTE VOLTARÁ A SER COMO NUNCA FOI

à missa do hospital psiquiátrico, celebrada no ginásio de esportes. Ali também as pessoas já se balançavam tanto de um lado para o outro que até as cadeiras exultavam. Quando o pastor subia ao púlpito de madeira compensada, irrompia um júbilo coletivo. Em nome do pai – júbilo –, do filho – júbilo – e do Espírito Santo – ovações! Alguns pacientes sempre se precipitavam até o púlpito e se jogavam nos braços do pastor.

– Todos vocês são muito bem-vindos para Deus! – gritava o pastor no seu microfone com som ajustado alto demais.

Mais aplausos retumbantes. Era uma comunidade realmente entusiasmada. Na hora das canções natalinas, as pessoas se davam os braços e se balançavam ou subiam nas cadeiras, dançando e gritando nos assentos. O ginásio de esportes ficava completamente lotado. Até mesmo os espaldares se encontravam repletos de pacientes dependurados. Nunca vou esquecer aquele odor de bolas medicinais, ramos de pinheiro e cuspe.

Durante a missa, o tocador de sinos ficava sentado em silêncio, sobressaindo por entre a multidão e aguardando um sinal do pastor. Assim que este lhe fazia um aceno com a cabeça, ele se levantava. O estádio se calava, e ele começava a tocar. Bem por cima da cabeça, balançava seus sinos, lustrados para a festa. Os que estavam sentados logo abaixo dele tampavam os ouvidos e se encolhiam. Este era o sinal: a encenação da Natividade podia começar.

Representada pelos pacientes, cada ano cabia a uma unidade diferente. Muitas vezes, essa encenação terminava em catástrofe. Ora Maria era acometida por um ataque, tamanha era a sua excitação, e se precipitava sobre a manjedoura, ou o asno empurrava o boi no cenário; ora o Melquior dos três Reis Magos tirava o pinto para fora e, com a mão pintada de preto, começava a se masturbar sob os aplausos da multidão, ou então os pastores se estapeavam com seus cajados. Mas encenavam muito bem. No centro ficava a manjedoura, uma cama de grades, decorada com ramos de pinheiro, na qual se encontrava deitado um Jesus com grave deficiência.

É claro que o modo de encenar variava totalmente de acordo com a unidade. Como a missa do hospital psiquiátrico era realizada juntamente com os pacientes adultos, também havia encenações da Natividade representadas por criminosos sexuais, trancafiados para sempre, e até com assassinos. Nesses casos, atrás de cada pastor havia um enfermeiro gigantesco, disposto a dar o bote. Cheguei a ver um José algemado e a Virgem Maria em camisa de força.

Uma única vez também houve em nossa família uma briga natalina, um rompante de revolta caseira que durou apenas poucos segundos. O verdadeiro acontecimento foi precedido por um discurso exagerado do meu irmão do meio, desencadeado pelo jogo Trivial Pursuit, que ele tinha acabado de desembrulhar, aproveitando para criticar o modo como meus pais escolhiam os presentes. Meu irmão tinha se habituado a um estilo discursivo que transbordava arrogância e chegava a irritar em sua eloquência narcisista:

— Por que vocês nunca me dão nada que eu peço? Diversas vezes indiquei enfaticamente que neste ano queria ganhar dinheiro no Natal. E vocês sempre me dão um presente que subliminarmente tem alguma intenção pedagógica. Até onde consigo me lembrar, sempre recebo presentes voltados a me formar ou me instruir de algum modo. Começou com aqueles jogos de construção, que serviam para treinar as minhas habilidades táteis, e depois sempre livros, livros e mais livros!

No entanto, meu irmão do meio lia tudo o que caía nos seus dedos estranhamente delicados.

— Sinto pavor só de lembrar como desejei uma máquina de fazer sorvete e, em vez dela, ganhei uma caneta-tinteiro. Sonhei com uma infinidade de sorvetes de morango e chocolate feitos por mim, mas lá estava a merda da caneta!

QUANDO FINALMENTE VOLTARÁ A SER COMO NUNCA FOI

Depois dessa fala, minha mãe abriu o presente que meu pai lhe dera e não acreditou no que viu.

— Uma faca elétrica. Para carne e pão — disse meu pai.

Minha mãe sopesou o presente. Na mesma noite, usou a faca trepidante para cortar o bucho não lavado que seria comido pela nossa cadela. Quando meu pai viu a cena, tirou-lhe a faca da mão, correu para a sala, furioso, virou a mesa dos presentes, atrás da qual estava a tomada e, desajeitado, serrou na caixa a edição completa de Adalbert Stifter que a minha mãe lhe dera. A lâmina ficou presa na caixa de papelão. Meu pai deixou a faca ali fincada e saiu da sala, com passos pesados. Assisti a tudo sentado na grande poltrona Berger e fiquei entusiasmado. Entusiasmado porque, naquele momento, meu pai tinha feito exatamente o que eu apenas sonhava em fazer.

Mais tarde, ambos fizeram as pazes e todos jogamos Trivial Pursuit juntos. Meu pai lançava o dado e sabia responder a tudo, não importava se o assunto era geografia, cultura, entretenimento, história ou ciência, e nós não conseguimos entrar no jogo nenhuma vez. Diligente, ele acumulava as fichinhas coloridas até seu suporte ficar completo, passeava pelo centro do tabuleiro, também respondia às últimas perguntas, enchia a mão de sequilhos e se despedia na sua poltrona Berger.

O TOCADOR DE SINOS

E ENTÃO, DE UM DIA PARA O OUTRO, O TOCADOR DE sinos desapareceu. No caminho para a escola, procurei por ele, prestei atenção nos gritos, no vento. Não se ouvia sino nenhum. A falta dos repiques me deixou preocupado. Durante dias tentei captar alguma badalada entre os sons de fundo sempre intensos. Nada.

Perguntei ao meu pai sobre o tocador de sinos. Ele reagiu de modo estranho, ligeiramente irritado, e disse apenas:

— Vai ter de permanecer um tempo na sua unidade.
— O que aconteceu com ele?
— Nada de especial.
— Posso visitá-lo?

Negou com a cabeça e continuou lendo.

Alguns dias depois, um dos homens do carrinho de comida me contou que o tocador de sinos tinha derrubado um enfermeiro, ferindo-o gravemente com um dos seus sinos. Indaguei mais, porém ele não sabia nada ao certo e encerrara a conversa com o seguinte prognóstico, dito de modo lapidar:

— Tão cedo não tornaremos a vê-lo.

Sondei meu pai algumas vezes para obter mais informações, mas ele evocava seu segredo profissional. Meus irmãos faziam alusões estranhas de que o tocador de sinos tinha fugido e sido recapturado. Chegaram até a afirmar que tinha morrido.

Não havia ninguém a quem eu pudesse perguntar. Ao me responderem, todos pareciam guardar algum segredo de mim, como se quisessem me poupar. Ouvi uma conversa do meu pai ao telefone,

QUANDO FINALMENTE VOLTARÁ A SER COMO NUNCA FOI

em que falava de um aumento nas medidas de segurança, e por vários dias ele não veio almoçar, pois estava no Palácio do Governo, em Kiel. Eu me punha sempre a imaginar cenários de aventura. Mentalmente, via o tocador badalando seus sinos e batendo sem piedade na cabeça ensanguentada do enfermeiro; via como tinha ficado perturbado quando tiraram os sinos das suas garras e, à noite, saíra pela janela, arrastando-se e fugindo a passos pesados. Cheguei até a imaginar que iria me visitar e bateria à porta do meu terraço. Nesses dias, meus pensamentos giravam em torno dele.

No parque próximo do hospital psiquiátrico havia um lago que se chamava Lago Espelhado. Um tanque de águas escuras. No verão, às vezes, eu ia pescar nele esgana-gatas, peixinhos com pontas pré-históricas no dorso. Como não tinha anzol, eu amarrava uma minhoca na linha e a colocava na água. Os esgana-gatas logo abocanhavam a minhoca. Era preciso ter certa experiência e muita habilidade para catapultá-los da água na hora certa, e depois mais um pouco de sorte para achá-los no chão. De dez peixes, apenas um ia para o pote de vidro.

    No verão após o desaparecimento do tocador de sinos, eu estava deitado de bruços, com a cabeça pouco acima da água, fitando a minhoca da qual um esgana-gata se aproximava com cautela. O sol brilhava, e alguns raios refletiam-se esverdeados na água do charco. Fazia silêncio. O esgana-gata abocanhou a isca. Movi a mão com cautela e me preparei. Mas então vi algo no fundo. Bem mais adiante, onde o lago ficava mais profundo, havia alguma coisa brilhante entre as plantas aquáticas. Apertei os olhos, e os reflexos na superfície da água me ofuscaram. Lá no fundo do lago reluzia algo metálico.

    Não pode ser. Mas é um... é, sim, é um sino!, pensei.

    Uma nuvem tampou o sol, e o lampejo desapareceu.

    Nunca mais vi o tocador de sinos.

GATOS EM PLANO SAGITAL

OUTRO AMIGO MEU NO HOSPITAL PSIQUIÁTRICO ERA o Ferdinand. Meu pai o chamava de "o príncipe não me toques" ou ainda apenas de "príncipe Ferdinand", pois era extremamente sensível. Bastava alguém falar em um tom de voz um pouco mais alto para ele franzir a testa, aflito. Tinha uma porção de hábitos esquisitos. Por exemplo, ficava sempre amarrando os cadarços dos sapatos antes de calçá-los, o que levava uma eternidade. Volta e meia, passava a mão na base das meias e, com seus dedos pontudos, arrancava até o menor fiapo. Gostava de usar colete, sempre bem esticado, e por baixo uma camisa branca. Suas roupas eram sempre minuciosamente limpas. Tomava banho todas as manhãs e todas as noites com um sabonete especial, e cheirava tão bem que, quando descia a escada na minha frente, eu ia atrás farejando seu perfume. Era ambidestro e pintava com dois lápis ao mesmo tempo. Dizia que seus olhos podiam ler, cada um, separadamente. O esquerdo lia a página esquerda do livro, e o direito, a direita. Ou, então, lia com um olho e, com o outro, olhava pela janela. Quando chovia, balançava a cabeça, pesaroso. Odiava caminhar no asfalto molhado. Sem que eu jamais lhe tivesse perguntado a razão, ele sempre me explicava que havia sido internado em Hesterberg por engano. Eu acreditava nele.

Brincávamos de espaçonave no porão. Na verdade, já estávamos bem grandinhos para esse tipo de brincadeira, mas para nós pouco importava. Brincávamos que brincávamos. Sobre um colchão manchado construíamos um planeta que chamávamos de Vulcano. Ferdinand tinha horror a ele, e só depois que eu pegava na lavanderia uma toalha de mesa limpa e a estendia sobre o colchão é que concordava

QUANDO FINALMENTE VOLTARÁ A SER COMO NUNCA FOI

em pisar no planeta e viver comigo em Vulcano. Quando nos cansávamos, eu subia furtivamente e roubava na despensa duas latas de pêssegos em calda. Com um abridor, fazíamos dois furos na tampa e bebíamos a calda espessa com leve gosto de metal. Os pêssegos mesmo, nós desprezávamos. Ficávamos deitados no colchão, bebendo alternadamente da lata, e Ferdinand me iniciava em seu mundo de pensamentos. Falava de teorias da conspiração, de sinais que recebia e, sobretudo, de que só estava fingindo ser um paciente, pois tinha uma missão secreta. Quando falava, olhava para trás em intervalos de segundos, como se tivesse ouvido alguma coisa ou alguém estivesse nos ouvindo escondido. Com frequência, repetia a minha última frase antes de dizer algo por conta própria e, no lusco-fusco do porão, tornava-se meu eco sussurrante. Essa sensação de estar sendo observado, a prontidão para fugir a qualquer momento, seus pensamentos drásticos e a repetição segredada das frases produziam um suspense que me carregavam pela tarde, deixavam-me com a respiração curta e pronto para saltar.

Contou-me o segredo das passagens subterrâneas do Hesterberg e que os cadáveres desapareciam do necrotério. Falou da sua capacidade de ler pensamentos e explicou que nunca ninguém – nenhum enfermeiro, nenhum médico, nem mesmo meu pai – conseguiria adivinhar suas intenções. Ele estaria sempre um passo à frente de todos. Acreditei em cada uma das suas palavras e até afirmei que comigo também se dava o mesmo. Ferdinand disse em voz baixa:

– Não sou quem todos pensam que sou. Sou outro!

– Eu também! – cochichei, comovido. – Também sou outro!

Ferdinand sabia desenhar muito bem e quase sempre me dava seus desenhos de presente. Imagens de gatos em plano sagital. Não desenhava outra coisa, só isso. Com certeza, havia 20 gatos em plano sagital, pendurados na parede do meu quarto. Eram feitos nos mínimos detalhes com caneta hidrográfica. Os diversos órgãos eram cavidades ligadas por túneis. Muitas vezes, esses túneis eram tão sinuosos que eu precisava usar o dedo para, por exemplo, ir do pulmão ao coração. No cérebro do gato, geralmente havia um carro de corrida vermelho e baixo, sem as rodas. O escapamento cuspia uma chama monstruosa, que flamejava, leve, na base do órgão. Nos pulmões, ficava o tempo. Nuvens brancas e angulosas como flocos de algodão pairavam meticulosamente no céu. O branco das nuvens era o branco do papel, contornado de azul com minúcia. Diante da boca do gato aguardava uma multidão. Cada homenzinho do tamanho de um palito de fósforo era pintado de uma cor. A cor da pele era a mesma dos sapatos ou dos cabelos. Havia gradações apenas por causa da pressão variada da caneta sobre o papel.

Esse exército de pessoas coloridas marchava pela faringe do gato e descia pelo seu esôfago. Se este fizesse um looping, as pessoas continuavam a andar de cabeça para baixo até entrarem no estômago do gato, onde perdiam os braços, as pernas e a cabeça. Essa grande confusão de extremidades coloridas e amputadas era conduzida de forma peristáltica ao intestino. Durante a digestão, as figuras voltavam a se recompor – exceto uma – e, por fim, eram totalmente restauradas, mas desta vez cada uma tinha várias cores e era eliminada pelo ânus. Na maioria das vezes, apareciam enfileiradas na frente do focinho do gato e dele saíam para todas as direções. Em todo desenho seu havia uma pessoa que permanecia inteira, não digerida, no intestino. Sempre me perguntei quem seria. Ele? Eu?

Cada vez que me visitava, trazia-me um desses desenhos. Infelizmente, já não tenho nenhuma imagem dos gatos em plano sagital, mas, certa vez, ele me deu um presente de aniversário diferente: na mesa decorada para a festa, havia um pacote grande, embrulhado em papel de presente, e ao lado um pequeno bilhete: "De Ferdinand para meu amigo. Um gato visto de fora."

QUANDO FINALMENTE VOLTARÁ A SER COMO NUNCA FOI

Ele havia feito um gato de pelúcia, costurado com os pedaços mais diferentes de outros bichos de pelúcia. Tinha várias caudas, duas cabeças, e da lateral do pescoço saía a cabeça de um cordeiro.

Inclinou-se para mim e disse com voz abafada, quase sem som:

– Muito louco, não é?

SOU DOIS TANQUES DE ÓLEO

VOLTA E MEIA, NO CAMINHO DA ESCOLA PARA CASA, eu visitava meu pai no novo hospital. Ele tinha uma antessala com uma secretária, um escritório para os assuntos de administração, uma sala de espera para seus pacientes particulares, e meu lugar preferido: o consultório. Muitas vezes não estava ali, mas em algum lugar no enorme terreno ou em reunião. Nesse caso, eu não podia me demorar muito; nem chegava a vê-lo, pois ele não queria que eu cruzasse com seus pacientes.

— É que recebo gente que talvez você conheça — explicou-me. — Da sua escola. Ou filhos de professores.

É claro que fiquei interessado:

— Como é que é? Você trata dos filhos dos meus professores?

— Não, só disse como exemplo. Mas seria totalmente possível.

— Quem, por exemplo?

— Ninguém. Foi só um exemplo. Mesmo assim, você não pode entrar na sala de espera.

Para mim era melhor quando ele ficava sentado no seu escritório, ocupado com suas pastas. Sua secretária era uma mulher muito atenta e bem-humorada; usava brincos enormes, que chegavam a bater nos ombros, e, quando escrevia à máquina, saltitava, inquieta. Na minha presença, ficava muito agitada e, assim que eu entrava na antessala, abria um sorriso tão largo que eu ficava com medo de que os cantos da sua boca rasgassem; em seguida, batia à porta do meu pai:

— Doutor, seu filho está aqui!

QUANDO FINALMENTE VOLTARÁ A SER COMO NUNCA FOI

Eu entrava, meu pai olhava rapidamente para mim e dizia:

— Sente-se, já estou acabando! — E continuava trabalhando, como se eu não estivesse presente. Eu gostava disso.

Por fim, fechava a pasta:

— Ah, mas que bela visita! Como foi na escola?

Não queria ouvir outra resposta que não fosse "Bem!". Nunca deu a mínima para a minha vida escolar e inclusive parecia orgulhoso de ele próprio ter sido um desastre na escola.

— Posso entrar no consultório? — pedi.

— Mas claro. Vou com você.

Curiosamente, no escritório, ele trabalhava de jaleco, mas na frente dos pacientes só usava camisa e pulôver.

Passamos pela secretária. Eu gostava das coisas que meu pai tinha no consultório. Um pedaço de lava com uma pedra escura incrustada. A imitação de instrumentos cirúrgicos, azulados pela oxidação e usados no Egito antigo, incluindo martelo, cinzel e algo parecido com um batedor de claras, só que para o cérebro. Um bloco de resina de fundição, no qual haviam sido inseridos, com delicada precisão, todas as partes de um relógio: pequenas rodas denteadas, molas e ponteiros. Fotos da família, tal como eu já vira nos consultórios de outros médicos, meu pai não tinha.

Quando eu estava com sorte, podia tirar a camiseta para ele me auscultar. Porém, eu gostava mais ainda quando podia me deitar só de cueca na maca e ele me examinava. Quando deslizava a mão macia pelo tórax e pelo abdômen, batia com o indicador da outra mão no nó dos dedos e tirava de mim ora sons claros, ora abafados.

— Aqui, está ouvindo? É o fígado. Aqui começam os pulmões. Parece bom, tudo em ordem. Bem, agora vamos ver os reflexos.

Tinha um pequeno martelo revestido de borracha. Desaparafusando uma de suas extremidades, podia-se obter uma agulha; na outra, um minúsculo pincel.

— Feche os olhos! Quando sentir alguma coisa, diga: agora!
Fiquei deitado, esperando. Queria fazer direito. Bateu levemente algo em meu calcanhar.
— Agora! — exclamei.
— Muito bom! Vamos continuar.
Sem ter ouvido que meu pai tinha mudado de posição, senti um toque quase imperceptível no lobo da orelha:
— Agora!
— Exato!
Como ele conseguia fazer aquilo? Sem nenhum ruído, do calcanhar para a orelha? E o seu braço nem era tão comprido! Muitas vezes, tentava adivinhar o local seguinte. Tomava como um sinal da nossa intimidade conseguir prevê-lo. Mas meu pai era absolutamente imprevisível. Passava o pincel sobre as minhas pálpebras fechadas ou o usava para fazer cócegas nas minhas narinas. Quando eu dava risada, ele dizia:
— Por favor, senhor paciente, controle-se!
Ou, então, ele batia o martelinho não apenas na minha patela, mas também ao redor da cabeça. Permanecer sério era a condição necessária para esse exame. Quando passava rapidamente a agulha pela minha parede abdominal, minha barriga se encolhia e se contraía, o que me valia um elogio:
— Tudo muito, muito bom. Pode se sentar. Aperte as mãos.
Mostrou-me como era para fazer, começando devagar. Era como se estivesse rosqueando duas lâmpadas invisíveis no ar. Depois, foi fazendo com mais rapidez.
— O que acontece quando alguém não consegue? — perguntei.
Ele me mostrou. Girou as mãos de modo desajeitado, assincrônico, e dobrou convulsivamente os polegares para dentro.
— Agora feche os olhos e leve os indicadores à ponta do nariz, um de cada vez. Mas partindo de bem longe.

QUANDO FINALMENTE VOLTARÁ A SER COMO NUNCA FOI

Meu pai me examinava com verdadeira dedicação, e eu desfrutava dessa seriedade com que ele se dedicava a mim.

De vez em quando, acontecia de o telefone tocar na sala ao lado e, logo em seguida, a secretária enfiar a cabeça com brincos pendulares no consultório para sussurrar de modo conspiratório:

— O senhor está, doutor?

— Não, não estou! — respondia ele, sem tirar os olhos da minha barriga. — A senhora está vendo que estou atendendo um paciente extremamente importante.

Contudo, se mesmo assim a secretária insistisse, dizendo: "Mas é urgente. É o senhor Spichler, da administração", ele se virava para mim: "Volto logo", e ia para seu escritório.

Esses eram momentos em que eu me sentia completamente fora do tempo. O plástico granulado da maca que grudava nas minhas costas, e a impressão na pele das partes apertadas e batidas pelo pai. Eu ficava ali deitado, olhando para o teto do consultório, que era revestido de placas amareladas com diversos furos. Nesse padrão de perfurações, meus olhos ordenavam formas sem a minha intervenção: uma cruz feita de pontos saltava sobre um quadrado ou um retângulo e se deslocava, transformando-se em um T. Quando meu pai voltava para o consultório, dizia apenas "desculpe", e continuava o exame de onde o havia interrompido.

Certa vez, quando demorou mais tempo para voltar, levantei-me e sentei à sua mesa. Na lateral, sobre uma pilha de papéis, havia um teste de inteligência para crianças de nove a 11 anos, segundo se podia ler. Peguei uma folha e dei uma olhada nos exercícios. A maioria tratava de sequências que deveriam ser preenchidas de maneira lógica. No primeiro desenho, havia um pequeno círculo espremido no canto superior esquerdo de um quadrado. No segundo, o mesmo círculo estava no canto superior direito; no terceiro desenho, no canto inferior esquerdo. A última imagem era um quadrado vazio. Bom, pensei, deve ser uma piada, isso é fácil demais. Mentalmente, desenhei um círculo no canto inferior direito. Eu me senti muito inteligente. Mas, já na atividade seguinte, em que havia dois círculos posicionados dentro do quadrado, fiquei perdido. Exceto pelo primeiro exercício, não consegui resolver nenhum outro mais. A partir do quinto não entendia mais nada. Já não havia apenas círculos de diferentes tamanhos nos desenhos; ao próprio quadrado faltavam diversas linhas. Ora ele aparecia aberto em cima, com um círculo grande e outro pequeno, ora estava aberto na lateral, com um círculo minúsculo. A quarta imagem incompleta, uma prova de inteligência que se fazia visível pela arte da combinação, escapava totalmente às minhas capacidades. Fiquei sentado à mesa do meu pai, querendo tanto ter preenchido tudo corretamente, como se fosse um rebento de Einstein só de cueca, para deixá-lo feliz.

No vasto arsenal de insultos dos meus irmãos, havia uma peça de artilharia pesada, muito eficiente, e que por vários anos realizou verdadeiros milagres: chamavam-me de hidrocéfalo ou H2O. Até hoje, tenho a sensação de não ter me livrado por completo desse apelido, de que nele poderia haver um fundo de verdade. Também me diziam – mas só quando tinham certeza de que meus pais não ficariam sabendo – que eu não era irmão deles, mas um paciente do hospital psiquiátrico. Uma criaturazinha miserável, deixada diante do portão da instituição e que tinha amolecido o coração do meu pai.

– Na verdade, seu lar fica duas casas mais adiante – afirmavam.
– Unidade G-superior, onde os hidrocéfalos jogam ludo.

Claro que eu sabia que estavam querendo me provocar, mas havia um cantinho em mim onde foi parar essa semente que acabou lançando raízes. Às vezes, eu me sentia, de fato, um estranho, e esta parecia ser uma explicação evidente para a minha sensação. Chegaram até a conceber um sinal para o hidrocéfalo: polegar e indicador fechados em círculo, como fazem os mergulhadores antes de caírem na água da borda do barco, e também compuseram uma pequena melodia: uma fanfarra maldosa de três notas. Bastava que a cantarolassem ou assobiassem baixinho para eu perder as estribeiras.

No caminho para as nossas férias no Mar Báltico, passamos por um tanque de óleo pintado de amarelo, um trambolho de concreto, sobre o qual havia um slogan publicitário: "Sou dois tanques de óleo." Eu estava sentado no banco de trás do carro, espremido entre meus irmãos. Meu pai, um dos piores motoristas que já conheci, dirigia pela estradinha tranquila com a terceira marcha engatada, fumando seu Roth-Händle. Estávamos nos aproximando do lugar do "Sou dois tanques de óleo". Só a alusão de olhar na direção do tanque ou o sinal do hidrocéfalo, feito bem abaixo dos joelhos, já era suficiente para me irritar.

Meus pais ficavam surpresos com esses ataques vindos do nada. Esta era a formulação que usavam para descrever a eclosão da minha ira: do nada.

Revelei ao meu pai que, às vezes, quando a raiva me dominava, eu tinha a sensação de que a imagem que eu visualizava tremia e pulava para o lado, como se alguém batesse na minha cabeça. Ele me olhou, preocupado, e me levou para fazer um eletroencefalograma em Hesterberg, com um colega dele. Pouco antes de eu sair de casa, meu irmão do meio me alertou:

— Se durante o eletro você pensar, mesmo que uma única vez, no seu pinto, eles vão te levar para o D-superior, junto dos pervertidos!

Foi uma verdadeira tortura, pois, enquanto os aparelhos apitavam e o médico colava dois diodos nas minhas têmporas, é claro que não consegui pensar em outra coisa que não fosse meu pinto. Quando mais eu tentava me distrair, mais pensava nele. Acho que nunca, em toda a minha vida, pensei nele de maneira tão exclusiva, concentrada e por tanto tempo como naquela hora. Surpreendentemente, estava tudo em ordem com meu cérebro, e pude voltar para casa.

Aos poucos, fui ficando mais forte que meu irmão do meio, que tinha de comer nata, pois era uma vara seca, e chegava até a receber

20 centavos quando ficava o dia inteiro sem chorar. Até hoje me espanta o fato de que justamente meu pai, livre-docente em psiquiatria infantil e juvenil e pedagogo experiente, pagava para seu próprio filho não chorar!

Depois de todo almoço, quando comíamos os miúdos do dia, eu dava um salto e gritava:

— Ataque aos quartos!

Corria, então, para o quarto do meu irmão e me jogava na cama. Meu irmão chegava, via-me na sua cama, ia até o meu quarto e arrancava os lençóis da minha. Eu corria atrás dele, via o que ele tinha feito, voltava e tirava o forro do seu edredom. E, assim, íamos de um lado para o outro. O importante era nunca tentar impedir o que o outro estivesse fazendo. O negócio era assistir calado e pensar em algo pior para fazer. Tirar as roupas do armário, atirar no chão os livros da prateleira, mudar a posição dos móveis ou derrubá-los. Após meia hora, os quartos viravam uma bagunça. Ríamos enquanto isso, nos empurrávamos, no começo ainda de maneira amigável, mas no final sempre às lágrimas. Meus irmãos eram mestres absolutos na arte de me irritar, lançando-me na centrífuga da fúria até me tirarem do sério. As maldades foram ficando cada vez mais sutis, até eu já não saber se eram ou não destinadas a mim. Então, os ataques realmente vinham do nada. Meu irmão passava por mim e dizia:

— E aí?

Era o suficiente para eu me jogar no chão e espernear. Eu farejava ofensas em toda parte.

Fui acometido por tipos muito diferentes e cambiantes de ataques de cólera. Um deles era imediato, tinha um agente desencadeador concreto e vinha logo após a ofensa. Porém, com o tempo, a frequência desses ataques diminuiu. A raiva tinha me consumido profundamente, já não era visível para todos, mas ainda continuava sob a superfície. Já não era como um dedo quebrado ou como um

QUANDO FINALMENTE VOLTARÁ A SER COMO NUNCA FOI

joelho ralado – tinha ganhado algo crônico. Para resistir a essa longa raiva que fermentava às escondidas, a tudo eu dedicava um esforço enorme, tornando-me cada vez mais amável, na escola, com meus irmãos e meus pais. Só que a raiva dentro de mim ficava à espreita da ocasião mais insignificante, sempre pronta para se lançar e se descarregar. Eu sentia essa tensão interna o tempo todo. Quando finalmente explodia, todos me olhavam com compaixão. Aos poucos, fui aprendendo a suportar as maldades dos meus irmãos, a não sucumbir às suas ironias, mas perdia a cabeça quando meu cadarço arrebentava. E, então, criei o nível seguinte: fúria repentina – sem motivo, inesperada, só para mim, preparada no coração e na mente. Todos estavam confortavelmente sentados diante da televisão, comendo sanduíche, e eu caía de repente do sofá, gritando fora de mim como um possesso, como se tivessem me mostrado instrumentos de tortura. Quando isso acontecia, até meus irmãos ficavam preocupados, poupavam seus gestos triunfais e olhavam para o meu pai, buscando ajuda.

Uma das poucas coisas que me acalmavam e aliviavam era que cantassem para mim "A raposa e o ganso" em cima da máquina de lavar aos solavancos. Minha mãe levantava do chão o filho mais novo, que lutava com os demônios da fúria, carregava-o pela casa e sentava-o em cima da máquina de lavar. Ligava-a – em casos de emergência, até mesmo sem roupas dentro –, e, aos poucos, eu voltava ao normal. Em uma dessas lavagens tranquilizantes, comecei a cantar a música da raposa e do ganso. Era uma canção sem melodia nem texto fixo que eu tinha inventado. Um cantarolar interminável, salmodiado, sinuoso, no qual quase nada acontecia. Muitas vezes, no começo da linha, eu ainda não sabia como iria terminar a frase.

Enquanto as cuecas da família inteira chacoalhavam embaixo de mim, eu cantava: "A raposa e o ganso caminhavam pela floresta... quando tiveram uma... ideia... e a raposa disse: ... hoje vamos visitar o... veado... com certeza ele não está em casa... disse o ganso... é verdade, pode ser... disse a raposa... poderíamos ir para o lago... o ganso e a raposa pegaram suas toalhas... cara raposa... viu a minha toalha vermelha por aí?... dê uma olhada atrás... do arbusto, disse a raposa...", e assim por diante. Enquanto a nossa roupa suja ficava de molho e o tambor permanecia em silêncio, eu também desacelerava meu cantarolar. Quando a centrifugação sacudia minha bunda e me massageava da cabeça aos pés, era como se a máquina tremulante jogasse a minha língua para cima e para baixo, como se já não fosse eu a formar as palavras, e sim a nossa máquina de lavar, que contava as histórias através de mim.

Também no carro, dependendo da pavimentação da rua, eu começava a cantar a musiquinha da raposa e do ganso. Em ruas de paralelepípedos, o cantarolar era totalmente diferente da pista lisa da rodovia ou da estrada vicinal, cheia de curvas.

Meus irmãos sofriam. Várias vezes, antes de uma viagem mais longa, tive de assinar um contrato garantindo que não cantaria a musiquinha da raposa e do ganso. Mas meus pais preferiam um filho desafinado, que cantarolava sem se deixar perturbar por nada, à eterna gritaria. Assim, ficávamos os cinco sentados no carro, meu pai medroso, como sempre dirigindo na metade da velocidade permitida e fumando um cigarro atrás do outro, enquanto o chuvisco caía no para-brisa e todas as janelas permaneciam fechadas. O cinto de segurança da minha mãe estava apertado, e ela o puxava a cada minuto, como se estivesse amarrada a um cipó ameaçador que a cingisse cada vez mais para amarrá-la. Eu ficava sentado no banco de trás entre os meus irmãos. Quanto possível, mantinham-se afastados de mim, a cabeça inclinada para o lado, consternados, apoiada no vidro. E eu cantava – um bardo louro e imperturbável – a musiquinha da raposa e do ganso até chegarmos ao nosso destino.

TRÊS VEZES OURO

MINHA LEITURA PREFERIDA ERAM OS LIVROS DA série "Alfred Hitchcock – Três Pontos de Interrogação". Tratava-se de livros policiais em que o leitor tentava descobrir os segredos do criminoso – e, de vez em quando, recebia uma pista de uma pequena silhueta de Hitchcock. Na última página, encontrava-se a solução. Eu era um leitor muito lento e, inúmeras vezes, precisava de semanas inteiras para um único volume. Devorar livros estava absolutamente fora de cogitação. Meu irmão do meio usava essa lentidão sem dó nem piedade. Roubava meu livro, lia a última página e me chantageava:

— Se você não arrumar agora meu quarto, conto quem é o assassino.

Quando eu me recusava, ele gritava, como na entrega do Oscar:
— E o assassino é...!

Eu entrava correndo no seu quarto e o arrumava. Para mim, esta era uma ameaça a ser levada a sério. Só de pensar em ter passado quatro semanas lendo 50 páginas para nada já me fazia obedecer. A única chance de escapar da sujeição era chegar ao final do livro o mais rápido possível, tornando-me, assim, inatacável. Com frequência, devido ao pouco tempo que meu estado de submissão me deixava, lia o livro inteiro dos Três Pontos de Interrogação em apenas três dias. Era um momento libertador.

— Vá limpar os raios da minha bicicleta! – dizia meu irmão.
— Não, não vou limpar – respondia.

E ele, como sempre:
— E o assassino é...!

E eu, ligeiramente entediado, dizia:
— Mr. Green, do Iate Clube!
Desse modo, essas experiências de leitura realmente interferiram na minha vida. Em um desses livros dos Três Pontos de Interrogação, havia uma chamada para um concurso. Primeiro prêmio: um toca-fitas. Fiquei entusiasmado. A pergunta que valia o prêmio era: Você conhece três provérbios em que aparece a palavra "ouro"? Pensei longamente: "Nem tudo o que reluz é ouro" era o único que eu sabia. Fui atrás do meu pai.
— Espere — disse ele —, que tal: "Um homem de palha vale mais que uma mulher de ouro" e... — refletiu: — Ah, claro: "Falar é prata, calar é ouro".
Cuidadosamente, preenchi o formulário em letras de forma. À noite, na cama, fiquei pensando nos provérbios. Não entendia direito nenhum deles. "Nem tudo o que reluz é ouro" me parecia óbvio demais. Dizer que um homem de palha vale mais que uma mulher de outro também era muita injustiça, e eu não via nenhum problema em falar, porque sempre gostei de conversar. Para mim, essa história de desmoralizar a mulher e valorizar quem não abre a boca era um verdadeiro horror, mas é claro que eu estava torcendo para ganhar o toca-fitas.
Algumas semanas mais tarde, quando já tinha perdido as esperanças fazia tempo, encontrei em cima da cama uma carta com a silhueta de Hitchcock no verso. Abri-a com cuidado e passei os olhos pelas linhas. Li as frases pela metade: "Você é um excelente detetive, que..." ou: "... um ótimo faro, que...". Infelizmente, não ganhei o toca-fitas nem o segundo prêmio, que era uma caixa com dez volumes da série Três Pontos de Interrogação. Não, não, meu prêmio era absolutamente desolador: uma casinha de passarinho! Uma de um total de 50! Um pouco melhor que o homem de palha.

QUANDO FINALMENTE VOLTARÁ A SER COMO NUNCA FOI

– Que legal! – disse minha mãe. – Vou te dar um livro sobre pássaros e depois os observamos.

Meus irmãos não se deram tanto ao trabalho.

– Desculpe – comentou um deles –, não entendi direito: você disse toca-fitas ou casinha de passarinho?

– Bom – observou o outro –, quando a gente ganha alguma coisa, é legal quando ela é de grande utilidade.

Os dois riram, e eu me senti decepcionado como nunca.

Porém, uma semana depois, quando chegou o pacote, fiquei surpreso com o tamanho. Tirei da caixa uma impressionante casinha de passarinho com telhado de palha, suportes maciços e três pequenos poleiros. O alpiste podia ser colocado nela através de uma espécie de lareira. Nós a posicionamos em um vaso de alvenaria sem uso, que se podia observar bem da sala de estar. Meu interesse já tinha diminuído após poucos dias, mas meu pai gostava da casinha. A cada inverno, o ápice era o pica-pau-malhado. Após alguns anos, quando o telhado de palha já estava todo despedaçado, foi meu irmão do meio quem preparou a casinha para um experimento. Ele estava na sua fase de fotógrafo e queria fazer, como ele mesmo dizia, alguns "verdadeiros registros profissionais em primeiro plano dos pássaros". Instalou uma complicada barreira de luz, conectada à máquina fotográfica que ficava protegida por um saco plástico. Espalhou alpiste, e todos nós ficamos atrás do vidro, esperando para ver se funcionaria. Após uma hora, apesar da visita animada dos chapins-reais, a barreira de luz só disparou uma vez. Contudo, na manhã seguinte, já não havia uma única foto no filme. Trinta e seis fotos batidas. Ficamos muito ansiosos para saber que imagens veríamos. O que meu irmão trouxe da revelação foi um chapim-real borrado e 35 registros maravilhosos de um esquilo, parado bem na frente da câmera. Bigodes arqueados e um olhar atento, em forma de botão. Com essa foto meu irmão tirou o primeiro lugar no concurso de fotografia da escola. Ganhou um binóculo fantástico, verde-oliva, com o qual dava para acompanhar o ponteiro dos segundos na área comum da unidade D-superior, através da janela da cozinha.

Depois do retrato do esquilo, a casinha de passarinho entrou em franca decadência. Seu fim chegou em um 31 de dezembro. Dei uma festa, e alguns amigos meus colocaram vários morteiros dentro dela, um deles até na lareira do alpiste. As explosões estraçalharam o telhado. A palha queimou, e a única coisa que restou, sob a gargalhada geral, foi uma ruína fumegante de uma casa de passarinho, que no dia seguinte foi parar na caçamba de lixo, junto com a pele e as espinhas das carpas consumidas na ceia.

IRMÃOS DE SANGUE

EU ADORAVA NOSSA CADELA. QUANDO EU FICAVA triste, deitava choramingando na barriga dela e soluçava:

— Ninguém me entende, só você!

Eu queria ficar perto dela. Ela podia dormir na minha cama. Eu me espremia contra a parede, cara a cara com a sua bocarra aberta pelo sono e que cheirava a geladeira descongelada. Aquela cadela era minha aliada.

Uma raça especial. Por que meu irmão do meio tinha escolhido justamente uma landseer, já não me lembro. Durante anos — mais do que eu gostaria —, acreditei na sua história de que os cães landseer recebem esse nome porque antigamente, com seus olhos aguçados, ficavam no cesto da gávea dos navios, procurando terra firme e, quando a avistavam, começavam a latir.* A certa altura, ele me explicou que haviam recebido o nome de um lorde inglês, um pintor famoso de animais e paisagens da sua época. Os cães grandes, com manchas pretas e brancas, eram seu motivo preferido. Essa raça é tão rara que, quando encontro outro landseer como o nosso — em 30 anos, isso só aconteceu, no máximo, três ou quatro vezes —, logo penso que é nossa própria cadela. Depois da sua morte, essas experiências estranhas foram como que reencontrar seu espírito.

O aspecto especial nessa raça, que também é chamada de terra--nova preta e branca, é o seu amor insensato por água. Até onde

---

* O autor faz um jogo de palavras com o nome da raça landseer e o homônimo homófono que o termo evoca em alemão, *landseher*, que literalmente significa "aquele que vê a terra firme". (N. T.)

sei, não há outro cachorro que goste tanto de nadar e seja capaz de mergulhar. Na literatura especializada, descobre-se que as patas do landseer não são como as de qualquer outro cão, pois possuem uma membrana natatória entre as garras. Quando contei isso na escola, durante a aula de biologia, o professor, que mais tarde morreria em decorrência de um tumor na nuca, me olhou com aquela cara que me era tão familiar e que queria dizer: "Não minta!"

— Não existem cães com membranas natatórias! – constatou.

Para salvar minha honra, propus levar a cadela à escola. Meu irmão do meio autorizou, e, na hora marcada, bateram à porta da sala de aula. Grande entrada em cena: minha mãe com nossa cadela. Corri para a frente, abracei as duas, e a cadela pôde subir na mesa vazia do professor. Curiosos, todos a cercaram, enquanto ela arfava por cima de nossas cabeças. Com o polegar e o indicador, o professor comprimiu o espaço entre dois dedos do animal e exclamou surpreso:

— Não pode ser!

Ordenou que se formasse uma fila, e, um após o outro, os alunos podiam apertar a membrana natatória da nossa cadela, quase insuperável no quesito paciência.

Quando a levávamos conosco para o Mar Báltico e parávamos no campo que funcionava como estacionamento, ela mal se segurava no banco de trás. Assim que a porta era aberta, espremia-se no vão livre e corria para o mar, mergulhando de cabeça e surgindo novamente na superfície – de movimentos atrapalhados das patas, ao modo de remos, nem sinal. Parecia mais um golfinho sulcando a superfície azul e encrespada da água. Mal eu terminava de vestir o calção e pôr os óculos de natação, saía correndo atrás dela. Nadávamos juntos até o primeiro banco de areia, e, quando eu mergulhava, via esse animal grande, cujas orelhas caídas distavam da sua cabeça como barbatanas. Debaixo d'água, ela olhava para mim e parecia abrir um largo sorriso.

QUANDO FINALMENTE VOLTARÁ A SER COMO NUNCA FOI

Embora a cadela pertencesse ao meu irmão do meio; embora tenha sido ele a passar uma semana inteira junto dos criadores, perto de Hamburgo; embora tenha sido ele a dar ao nobre animal, de uma ninhada B, o nome de Biggi von den Ziegelteichen – só que todos a chamavam de Aika; e embora ele levasse a cadela a competições e passasse o dia entediando o fleumático animal com comandos ridículos – à exclamação "Bocão!", a cadela tinha de mostrar os dentes –, era eu quem a amava acima de tudo e não saía de perto dela. Alimentava-a às escondidas com salsicha, tirava com paciência de Jó as bardanas da sua cauda espessa e não me importava nem um pouco de ficar coberto com seus pelos da cabeça aos pés. Queria estar próximo daquele animal – o mais próximo possível.

Foi quando assisti a uma cena na televisão que me abalou e nunca mais saiu da minha cabeça. Aquela em que Winnetou e Old Shatterhand, de pé em um rochedo branco, fazem um corte no antebraço e sobrepõem as feridas sangrentas. Quis fazer o mesmo. Também queria um irmão de sangue. Queria sangue canino nas minhas veias.

No quarto dos meus pais, junto à parede atrás da porta, encontrava-se o nosso armário abarrotado de medicamentos. Por questões de segurança, ele havia sido instalado bem no alto e, quando ainda éramos pequenos, ficava sempre trancado. Subindo em uma cadeira, eu conseguia alcançá-lo. Adorava aquele armário, seu cheiro de remédio, e desenvolvi um interesse cada vez maior por ele. Ataduras, xaropes espessos, supositórios, ampolas, pequenos frascos e comprimidos, comprimidos e mais comprimidos. As bulas dos medicamentos eram um material de leitura que eu chegava a ler de livre e espontânea vontade. Além do mais, eu gostava do fato de serem escritas em letras pequenas e terem suas folhas cuidadosamente dobradas, como se fossem mensagens secretas. Sentia uma agradável comoção ao ler a longa lista de efeitos colaterais; além disso, ficava impressionado com os muitos termos técnicos, cujos significados eu desconhecia, e gostava de lê-los em voz alta.

Nesse armário também havia vários escalpelos, em embalagens individuais. Peguei um deles e retirei o invólucro transparente. Para desinfetar a ferida, peguei o já conhecido frasco de Kutasept-Orange, uma tintura de iodo que meu pai gostava de borrifar até nos menores machucados.

Não havia ninguém por perto. Atraí a cadela até o porão com um pouco de Frolic, tirei o cadarço de um tênis que meu pai não usava mais, ajoelhei-me na frente do animal e disse-lhe:

– Dá a patinha!

Eu só queria lhe fazer uma pequena incisão, mas quando a lâmina tocou sua pata, ela a puxou, e, de susto, acabei fazendo um corte profundo em suas almofadas macias. A cadela não sabia como aquilo lhe tinha acontecido. Em pânico, começou a lamber a ferida rosada e aberta. Agora era a minha vez. De manhã, eu havia treinado várias vezes com uma das facas de cozinha, deslizando-a sobre a base do meu polegar. Estava cega como todas as facas na nossa casa. Apoiei o escalpelo na mão e, decidido, puxei-o sobre a pele. Não senti nada. Mas então o vermelho começou a jorrar do corte. Puxei para perto de mim a cadela, que observava a cena, preocupada, apertei minha ferida sobre a dela e tentei amarrar sua pata à base do meu polegar com o cadarço do tênis. Ela choramingou quando apertei o cadarço com os dentes e a mão livre; as feridas, que sangravam muito, se tocaram. A cadela se desvencilhou e saiu correndo, uivando. Fui atrás dela, que ficou com medo de mim. Saltando em três patas, subiu as escadas do porão. Eu atrás. Atravessou a sala mancando e deixou um rastro de sangue no carpete cor de ocre, instalado poucas semanas antes.

Consegui fazê-la entrar no banheiro, onde a tranquei. Enrolei minha mão em um pano de prato. O que fazer? Precisava salvar

QUANDO FINALMENTE VOLTARÁ A SER COMO NUNCA FOI

o carpete novo. Com água, tentei lavar as manchas de sangue, mas elas só ficaram maiores. Com cuidado, verti um pouco do desinfetante Domestos sobre o sangue, que, de fato, desapareceu. Limpei mancha por mancha. Porém, quando terminei o trabalho e me virei, não apenas o sangue tinha se apagado, mas também a cor do carpete. Meu desespero cresceu. Ao fundo, a cadela gemia. Corri para o banheiro. Parecia a cena de um massacre. O que fazer primeiro? Limpar a orgia de sangue no banheiro ou trabalhar nos pontos danificados do carpete?

Estava justamente para fazer uma tentativa com graxa marrom de sapatos quando ouvi uma chave virar na porta de casa. Devia ser meu pai. Corri para o canto. Queria inventar uma desculpa qualquer e pedir-lhe que saísse novamente. Mas quando o vi, quando vi o modo como ele me olhou, não me segurei. Chorando, joguei-me em seus braços. Ele me levou até a cozinha e me sentou em uma cadeira. Tentou entender, observando a ferida:

— Isso precisa ser costurado. Como aconteceu?

— Me cortei – respondi – e... e a Aika também.

— Como assim, a Aika também?

— Estávamos no porão, brincando de irmãos de sangue.

Meu pai ouviu a cadela choramingando no banheiro. Saiu com relativa tranquilidade e voltou totalmente perturbado. Olhou para mim, balançou a cabeça de modo peculiarmente lento e, além de "diga alguma coisa", não disse nada. Mandou-me para o banheiro.

— Fiquem aqui até eu voltar.

Assim, ficamos os dois ali sentados, sangrando, e tive a impressão de que a cadela evitava me olhar. Enquanto esperávamos, nosso sangue corria, preenchendo cada fenda, fluindo com estranha habilidade para os cantos.

Então, ambos fomos costurados por meu pai. Cada um de nós tomou duas injeções, uma contra tétano e outra de anestesia local.

Ele costurou nossas feridas, primeiro a mais profunda do animal, que ainda sangrava muito, na qual deu quatro pontos; depois a minha, com três. Lembro-me de um ataque de inveja que superou a dor, pois a cadela tinha recebido mais pontos do que eu.

– Eu pensaria muito bem antes de contar essa história para os seus irmãos. É melhor que fique entre nós.

Mas é claro que meus irmãos queriam saber de todo jeito o que havia acontecido. E por uma volta grande com a sagrada bicicleta de dez marchas do meu irmão mais velho, entreguei meu segredo. Eu estava até orgulhoso do disparate da minha ideia. Sacudidos por um horror agradável, exclamaram:

– Ele tem sangue de cachorro nas veias!

A partir de então, em todo passeio de domingo, lançavam galhos para eu apanhar, latiam para mim ou ameaçavam praticar eutanásia canina comigo.

– Que estranho! – disse meu irmão mais velho. – Tenho a sensação de que, desde que vocês se tornaram irmãos de sangue, a cadela está mais burra do que antes.

Os pedaços esbranquiçados do carpete foram recortados e substituídos. Mas a cor não ficou igual. Parecia uma trilha de jardim, romanticamente instalada e composta por lajes de diferentes tamanhos. No entanto, o pior de tudo foi o fato de a cadela, minha aliada, semanas mais tarde ainda encolher o rabo quando me via. E nunca mais querer entrar no porão comigo.

O JOMAHE

ASSIM QUE MEU PAI SAÍA DO HOSPITAL PSIQUIÁtrico e chegava em casa, desabava em sua poltrona e ficava lendo. Amigavelmente concentrado, apenas parcialmente presente. Para fazer as refeições, hesitava em largar o livro. Só chegava à mesa quando todos já estavam sentados e a comida fumegando no prato. Mas nunca aproximava totalmente a cadeira da mesa. Nunca o vi comer sentado direito, próximo à mesa. Sua cadeira sempre ficava ligeiramente torta, de maneira que ele pudesse se levantar sem afastá-la. Ao terminar de comer, levantava-se, ainda mastigando os últimos pedaços, e voltava para sua poltrona.

Levantar e partir, mesmo quando convidado, eram para meu pai um direito fundamental, uma espécie de Declaração dos Direitos Humanos. Por isso, nunca aceitava convites. Era tão evidentemente antissocial que, quando alguém o via na sua poltrona, nem pensava em perguntar se gostaria de sair. E, quando saía, preferia ir sozinho, sem a família. Uma vez por semana, ia ao Rotary Club, sempre às segundas-feiras. Nos outros dias, reinava na sua poltrona. Nunca brincava conosco, mas sempre gostava de conversar e contava entusiasmado sobre as coisas que lia. Também gostava de passear. Quando era surpreendido por um assunto, parava de repente, como se, a partir de certo grau de envolvimento, não conseguisse caminhar e conversar ao mesmo tempo. Sempre gostei disso, dessas pausas nos passeios. Ficava-se parado. E se conversava na praia, no bosque, em uma estradinha de terra, em qualquer lugar.

Nunca mais encontrei outra pessoa tão culta quanto meu pai em matérias tão aleatórias. Era capaz de se entusiasmar tanto pelas paradas de sucesso alemãs quanto pelas *Kindertotenlieder** de Gustav Mahler. Estudava diariamente os prospectos publicitários com o mesmo entusiasmo íntimo com que estudava os poemas de Hölderlin. Nada lhe era estranho demais para que não valesse a pena ser conhecido. Por mais que eu o admirasse por seu conhecimento, muitas vezes esse pai enciclopédico, sentado na poltrona, me tirava do sério.

Quando voltei de uma viagem de quatro semanas à Turquia – nessa época, eu já era bem mais velho –, meu pai passara as mesmas semanas lendo tudo sobre o país. Não havia uma cidade em que eu estivera que ele não conhecesse. Nenhuma atração turística sobre a qual não soubesse mais do que eu.

– Depois estivemos em Kaisery – disse-lhe –, e imagine só: nessa cidade, há uma rua repleta de vendedores de tapetes.

– Sim, Kaisery é um centro centenário da arte da tapeçaria – respondeu meu pai. – Vocês viram as tapeçarias mais famosas do mundo? Ficam um pouco fora da cidade. Lá, os tapetes são estendidos a céu aberto, em áreas enormes. Como as tintas ficam muito vivas logo após o tingimento, os tapetes precisam ficar expostos ao sol, sob a influência dos fortes raios solares da Anatólia, para poderem obter seu famoso brilho atenuado. Aliás, também é possível visitar as tinturarias; é só marcar por telefone.

A certa altura, eu ficava com a sensação de nunca ter estado na Turquia. Ou então, quando muito, sentia-me um palerma inculto, que só tinha passado aos tropeços por tudo o que fosse ainda que relativamente interessante.

– O quê?! – exclamava meu pai, decepcionado. – Vocês estiveram em Sivas e não viram o lago Eber Gölü, conhecido no mundo inteiro e apenas a dez quilômetros dali? É para lá que peregrinam ornitólogos do mundo todo para observar milhares de flamingos.

---

*Canções sobre a morte das crianças. (N. T.)

QUANDO FINALMENTE VOLTARÁ A SER COMO NUNCA FOI

Eu nunca tinha ouvido falar desse lago, mas depois me lembrei de ter visto em Sivas hordas de pessoas com teleobjetivas gigantescas. O ápice dessas aquisições hostis se dava quando eu exclamava:

– Bom, mas, pelo menos, estive lá!

Meu pai pousava triunfante a mão na pilha de livros sobre a Turquia e respondia:

– Eu também!

Ele próprio nunca tinha estado em lugar nenhum. Nem na Itália, nem na França, tampouco em Londres ou Madri. Tinha estado em Weimar, com um amigo, e só. Rememorou essa viagem por muitos anos, e tenho certeza de que nem de longe Sir Hillary, no cume do Monte Everest, pareceu tão orgulhoso quanto meu pai na foto que o mostra no jardim, diante da casinha de Goethe. Minha família só viajou reunida uma única vez. Para a Suécia. Em Estocolmo, meu pai dirigiu o carro sem querer pela zona de pedestres. Suecos encolerizados bateram no teto no carro. Então, ele desceu do veículo e desapareceu no meio da multidão. Mais tarde, nós o encontramos em uma livraria, e a única coisa que ele disse foi:

– Vejam só: eles têm jornais alemães aqui!

Foi quando se interessou por um tema totalmente novo, até então com poder desconhecido. Começou com uma pequena brochura sobre a histórica pesca de baleias pelos frísios setentrionais, estendeu-se à histórica construção naval e desembocou de maneira fulminante em uma verdadeira torrente de romances, volumes ilustrados e textos teóricos sobre o tema "navegação". A essa altura, ocorreu algo memorável. Estava sentado, concentrado em um livro cujo título era *Vou comprar um veleiro*. Talvez tenha começado a lê-lo apenas por curiosidade, mas, pela sua expressão, percebi que alguma ideia inovadora parecia estar se apoderando dele. Seu corpo pesado estava maciçamente fincado na poltrona, mas no seu olhar, fixo na copa oscilante das tílias, flamejava um intenso desejo. Com o livro aberto sobre as pernas, dia após dia seus olhos foram ficando cada vez mais azuis, inundados por imagens marítimas. A cada almoço, entusiasmava-se com a ideia de velejar. Dava palestras sobre as manobras dos veleiros. Eu não entendia muita coisa. Mas gostava das palavras que soavam a aventura: virar de bordo – virar em roda – virar por davante – bordejar – filar ao vento. Aos domingos, já não se ia ao bosque, mas apenas ao porto da nossa pequena cidade. Meu pai ficava olhando para a água. Seu olhar era clínico. Aquele olhar penetrante com que examinava seus pacientes. Apontava para os diversos barcos e conhecia todos: o *Holandês Voador*, o *folkboat*, o catamarã, as diversas classes de ioles.

Certa noite, meu irmão do meio irrompeu agitado no meu quarto:

– Venha, venha rápido.

Na sala, meu pai estava sentado na sua poltrona, o rosto vermelho; minha mãe, ajoelhada no carpete marrom, segurando as mãos dele. Meu irmão mais velho chegou com um copo d'água, que meu pai bebeu de um só gole.

– Tem certeza? – perguntou minha mãe.

Eu nunca tinha visto meu pai daquele jeito.

– Tenho, tenho, sim. Quero um.

– O quê? – perguntei. – O que você quer?

– Quero um. Quero um veleiro. Quero sair para velejar.

Então, riu de si mesmo. Estava desfrutando daquela exaltação e mostrava uma agitação cada vez maior, mas o tremor das suas mãos o delatava.

– Quero alçar velas! – exclamou. – Içar o *spinnaker*! Levantar âncora. Quero segurar o leme. Quero sair do porto. Quero perder a terra firme de vista. Quero um veleiro.

– Tudo bem, então vamos comprar um. – Minha mãe continuou segurando as mãos do meu pai, ainda úmidas de euforia.

QUANDO FINALMENTE VOLTARÁ A SER COMO NUNCA FOI

Olhou para ele e repetiu a sugestão: – Tudo bem, então vamos comprar um.

Meu pai se calou por um longo tempo; depois disse, muito sério:

– Sim, é o que vamos fazer. Vamos comprar um veleiro.

Comprimiu os lábios e anuiu com a cabeça. Sentamo-nos bem perto dele. Anuía com a cabeça. Uma anuência curta e definitiva, com lábios comprimidos e pálidos. Tinha lágrimas nos olhos.

– Sim – sussurrou –, é o que vamos fazer. É o que vamos fazer. – E, de novo, aquela anuência peculiar. – Vamos comprar um. Vamos comprar um veleiro.

Na verdade, o primeiro passo rumo ao próprio barco teria sido medir o desejo pela realidade. Pois meu pai nunca tinha velejado na vida; apenas estivera comigo uma única vez em um barco a vapor, em uma excursão à ilha de Helgoland. Porém, o caminho para a felicidade em um veleiro, escolhido pelo meu pai, e que minha mãe e, finalmente, todos nós poderíamos e deveríamos seguir, era totalmente diferente.

Primeiramente, entrou para o Clube de Vela Schlei, de Schleswig. E, como surgiu uma oportunidade de conseguir um dos cobiçados ancoradouros, não hesitou por muito tempo e acabou alugando o local antes de ir para a água e de possuir um veleiro. Comprou calças brancas, sapatos azuis e um pulôver branco com decote em V e o emblema de uma âncora. Assim apareceu conosco no porto, diante do seu ancoradouro: uma lacuna entre os demais veleiros. Orgulhoso, mostrou-nos sua carteirinha do clube. Passou o fim de semana inteiro sentado em sua poltrona, vestido com seu uniforme de velejador, treinando a amarração de nós com um pedaço de corda.

Tinha inscrito minha mãe e ele na prova de vela; assim, ela também começou a se ocupar do assunto. Meu pai lhe fazia as perguntas:

— Como se calcula a velocidade do casco?

— Sei lá!

— Muito simples: a raiz quadrada do comprimento da linha de flutuação vezes 4,5 é igual à velocidade do casco em quilômetros por hora.

— Você acha mesmo que precisamos saber isso? Prefiro estudar só o que vai cair na prova.

Fizeram um curso de vela. Embora meu pai tenha passado um pouco mal na primeira viagem de veleiro e só se sentisse melhor ficando sentado, não se deixou desanimar. No entanto, após essa primeira experiência prática, percebi uma pitada de desilusão na sua voz. Já a minha mãe se mostrou entusiasmada com o curso:

— Meu Deus! – exclamou. – Faz tanto tempo que vivo no litoral, e só agora velejei pela primeira vez. O ar estava magnífico. E como nos afastamos rápido da terra firme! A gente não faz ideia de como é a nossa cidade vista da água.

Meu pai levantou o olhar do seu laís de guia duplo e perguntou:

— Estrelas reluzentes e cintilantes são sinal de tempo bom ou ruim?

— Bom, se o céu estiver claro – acrescentou minha mãe –, só podem ser sinal de tempo bom!

— Errado! – exclamou meu pai. – Totalmente errado! Quando as estrelas estão reluzentes e cintilantes, significa que vai fazer tempo ruim e o mar vai ficar revolto. Meu Deus, como você quer passar na prova desse jeito?

Meu pai faltou várias vezes à aula de vela. Preferia cuidar da compra do nosso barco. Tinha descoberto um anúncio em uma revista de vela que acabara de assinar. Uma iole, embarcação relativamente barata, com cabine de um metro e 70 de altura, quilha, motor fora de bordo, ágil e de fácil manejo. No entanto, duas qualidades foram decisivas: não adernava e não afundava. Havia apenas cinco exemplares desse tipo de embarcação, de nome Sepia. Antes que meu

QUANDO FINALMENTE VOLTARÁ A SER COMO NUNCA FOI

pai e minha mãe tirassem seu certificado de vela, nosso veleiro chegou de Colônia em um reboque. O fabricante levou-o pessoalmente até Schleswig. Esperamos no porto pelo nosso barco, e, quando finalmente o reboque dobrou a esquina, meu pai estava em pé, com os joelhos esticados.

– Ali vem ele. Ali vem o nosso veleiro!

No Clube de Vela Schlei, de Schleswig, nunca ninguém tinha ouvido falar de uma iole da marca Sepia.

Passamos um bom tempo discutindo por causa do nome. Meu irmão do meio estava fazendo uma defesa inflamada por "O náutilo", quando a minha mãe saltou bruscamente:

– Já sei! Vamos pegar as iniciais dos nomes de vocês: Joachim, Martin, Hermann. As duas primeiras letras de cada nome: JoMaHe.

E, assim, nossa embarcação, levada à água por um guindaste, foi batizada de "JoMaHe" com uma garrafinha de champanhe Piccolo, cujo arremesso deixou um pequeno amassado na proa de plástico.

Dois meses depois, chegou o grande dia da prova de vela. Meu pai foi o primeiro a terminar e ficou esbanjando seu vocabulário técnico com o examinador, enquanto os outros finalizavam a prova. Passou na parte teórica do exame sem errar nada. Minha mãe cometeu quatro erros, mas também passou. Em seguida, veio a prova prática. O vento estava forte. Grau sete de intensidade. Todos os candidatos tiveram de vestir impermeáveis encerados, coletes salva-vidas por cima e um gorro de lã vermelho, para serem avistados com mais facilidade. A aparência de meu pai, gordo como estava, era completamente absurda. Mal-ajambrado daquele jeito e de olho no mar agitado, seu moral elevado pela prova teórica se deteriorou de imediato. Através de um megafone, o examinador gritava os comandos de um barco a motor, em meio ao vento cada vez mais intenso. Aos meus pais, exclamou:

— Doutor, por favor, entre na iole com sua esposa!

Meu pai e minha mãe desceram do píer e entraram no barco oscilante.

— Por favor, zarpem e icem a vela!

Isso ainda conseguiram fazer, pois o molhe oferecia certa proteção.

— Ali atrás, vocês veem um pontão. Por favor, bordejem até ele!

Quando chegaram a mar aberto, o vento soprou desenfreadamente na vela e o barco se inclinou. Meu pai caiu logo na primeira manobra, embora tenha seguido rigorosamente a regra de sempre manter a mão no barco. Quando o vento apanhou a vela, houve tamanho solavanco que ele escorregou na plataforma molhada. Com uma virada em roda, minha mãe tentou posicionar o barco ao vento. Quando meu pai foi se levantar, levou uma pancada da retranca na cabeça e caiu de novo.

— Doutor, o senhor está bem? – gritou o megafone.

Meu pai levantou as mãos para pedir ajuda quando o barco bateu com toda força contra o pontão e ele se estatelou pela terceira vez no chão. Minha mãe conseguiu controlar a iole, e, enquanto meu pai continuava deitado no chão da embarcação de olhos fechados, mesmo depois de ela gritar várias vezes: "Caramba, me ajude aqui! Me ajude!", ela executou as manobras seguintes sozinha.

— A senhora está com algum problema? – indagou o megafone. – Onde está seu marido? Onde está o doutor?

Minha mãe apontou para baixo e deu o sinal de fim de alerta. Aos poucos, meu pai voltou a si. Estava se sentindo mal. Sentou-se e vomitou no Schlei.* Minha mãe conseguiu virar a embarcação de bordo e posicioná-la ao vento. A iole ganhou velocidade e se estabilizou.

---

*Entrada do Mar Báltico em Schleswig-Holstein, no norte da Alemanha. (N. T.)

QUANDO FINALMENTE VOLTARÁ A SER COMO NUNCA FOI

— Tome, segure um pouco a adriça da vela mestra porque preciso esticar a ponta da corda.

Mas, então, seguiu-se uma rajada de vento que arrancou a adriça da palma da mão do meu pai, fazendo com que a vela se soltasse e deslizasse mastro abaixo. Até hoje minha mãe não sabe dizer o que lhe deu na época para escalar o mastro em mar aberto, com ventos de intensidade oito a nove e enfiar de novo a ponta da corda no olhal.

— Senhora, por favor, não faça isso! Já estamos chegando aí! Por que seu marido não a está ajudando?

Mas minha mãe foi mais rápida. Içou a vela, conduziu o barco de volta ao cais e aportou como uma profissional.

Meu pai saiu da iole arrastando-se como um bêbado, sem dizer palavra, e cambaleou pelo gramado na direção da garagem dos barcos. Um homem gordo e alquebrado, de impermeável amarelo, com colete salva-vidas e gorro de lã vermelho. Uma hora mais tarde, depois que as duas últimas duplas superaram tudo com sucesso — o vento havia se acalmado repentinamente —, o examinador revelou os resultados. Dos nove barcos, ou seja, dos 18 aspirantes ao certificado de vela, meu pai fora o único que não passara. Minha mãe ainda se lembra com exatidão das palavras do examinador: "Sinto muito, doutor, mas não posso aprová-lo. O senhor passou a maior parte do tempo deitado. Não fosse a sua mulher, teríamos de ir resgatá-lo!"

À noite, meu pai arrumou os livros sobre vela na estante e deu a corda com nós para a cadela brincar. Levou semanas para velejar conosco pela primeira vez, sob o comando da minha mãe.

Ele preferia velejar comigo, quando não havia vento e, portanto, não precisava içar nenhuma vela. De manhã, ficava deitado na cama, olhando a copa da fileira de tílias altas. Quando as folhas pendiam indolentes e imóveis nos galhos, ele me dizia:

— Hoje o tempo está bom para velejar. Vamos lá!

Navegávamos, então, com o motor estrepitoso, fora de bordo, pela água lisa como um espelho; ficávamos deitados ao sol e comíamos nossas provisões. Ele me contava histórias e, de vez em quando, também pescávamos. Quando meu pai via alguém do Rotary Club através do binóculo, exclamava: "Ai, meu Deus, os Eckmanns!", e nos escondíamos em uma pequena enseada.

A paixão do meu pai por velejar extinguiu-se definitivamente em um desses agradáveis passeios. Em meio à amplidão, desligou o motor em alto-mar e deixamo-nos levar pela corrente. A água cintilava, fazia calor e reinava um silêncio magnífico. Após bem uma hora, meu pai tentou dar partida no motor. Puxou a corda. O motor deu um breve soluço, mas não ligou. Várias tentativas. Nada. Meu pai abriu a tampa do motor, o que para ele já era uma façanha técnica magistral, e contemplou espantado e desnorteado o interior do aparelho, mas de nada serviu. Como última tentativa, pegou a corda do motor, reuniu toda a sua força acadêmica e se preparou. Fiquei curioso para ver se, desta vez, iria funcionar e me coloquei atrás dele. Cheio de raiva, puxou a corda de maneira desajeitada e ligeiramente inclinada. Ao fazer isso, acertou-me em cheio no rosto. Fui lançado para trás, tropecei e caí na água. Meu pai gritou e tentou me segurar. A corrente não estava forte, mas foi suficiente para me afastar rapidamente do barco. Eu estava com o colete salva-vidas e flutuei na água. Devido à intensidade do golpe, fiquei perturbado e meu nariz começou a sangrar. Confuso, vi meu pai gesticular no barco. Gritava por socorro.

Foi quando o vi pular da quina do barco; vi o meu pai obeso cair como chumbo na água e pensei: "Meu Deus, que salto lamentável!" Atrás dele, nosso barco se afastava até com certa velocidade, pois, ao pular, meu pai lhe dera impulso. Pouco antes de ele me alcançar – demorou até se aproximar; por muito tempo, vi seu rosto desesperado vir até mim em câmera lenta –, fui corajosamente retirado da água

QUANDO FINALMENTE VOLTARÁ A SER COMO NUNCA FOI

por braços fortes. Alguém gritou algo para o meu pai, que deu umas braçadas, nadou cachorrinho e finalmente subiu no barco dos nossos salvadores pela escada externa, com a roupa encharcada. Estava sem fôlego. Tremendo, ele me abraçou e me apertou com tanta força que acabei tossindo. Eu também o abracei, e não ficou muito claro quem estava consolando quem. O casal que nos havia tirado da água foi tão gentil que se pôs a procurar nosso barco. Estava parado em meio aos juncos, e o rebocamos. Quando meu pai, enrolado em uma coberta, viu o homem acender um cigarro, perguntou:

– Posso fumar um? – E foi atendido. Fazia quatro anos que não fumava.

Ao chegarmos ao Clube de Vela Schlei, fomos recebidos por uma penca de pessoas. E, a partir de então, circulou entre os velejadores de Schleswig a história do doutor que havia derrubado seu filho na água, vira-se em perigo no mar com intensidade de vento zero e tivera de ser resgatado. E tudo isso sem certificado de vela! No caminho para casa, meu pai me disse:

– Eu ficaria muito grato se você não contasse logo hoje à noite o que aconteceu. Só por esta noite, eu gostaria que este fosse o nosso pequeno segredo.

Obviamente, meus irmãos e minha mãe quiseram saber por que eu estava com dois chumaços de algodão encharcados de sangue enfiados no nariz, mas menti, menti pelo meu pai e disse que tinha batido a cara no mastro. Menti, e meu pai me acenou com a cabeça, agradecido. Depois disso, nunca mais pôs os pés em seu Sepia, o *JoMaHe*.

A CARVOARIA

APÓS ESSA DERROTA NÁUTICA, MEU PAI PERDEU A afeição pelo mar e passou a se dedicar com toda força à terra. Viu um anúncio no jornal *Schleswiger Nachrichten* e, sem pensar muito, compramos uma cabana com telhado de palha na costa do Mar Báltico.

Bem na frente da nossa casinha havia outra construção ainda menor, a chamada "cota vitalícia". Havia sido construída para os pais passarem a velhice quando os filhos assumissem a propriedade. Ambas as casas formavam um par e delimitavam a área comum da propriedade. Os jardins de cada uma ficavam nos fundos. Portanto, tínhamos adquirido não apenas uma casa que precisava de uma boa reforma, mas ainda recebemos de brinde vizinhos bem próximos e que moravam no local havia muito tempo. Nos anos seguintes, a família de quatro integrantes que vivia no casebre formaria a brutal programação alternativa ao nosso idílio de autossuficiência rural, que se realizava aos poucos.

Pouco depois de adquirirmos a casa por uma bagatela, vi um programa infantil na televisão que falava de uma carvoaria. Nunca tinha ouvido a palavra "carvoaria" antes. O episódio descrevia em detalhes todas as etapas de trabalho da sua construção e mostrava imagens impressionantes. O empilhamento da lenha, que chegava a vários metros de altura. A cobertura com terra e leiva de relva. A queima e os buracos abertos com precisão para o fornecimento de oxigênio à carvoaria. Em seguida, a fumaça constante durante dias, até mesmo semanas, do montículo de terra. E, por fim, a abertura e as achas de lenha apagadas, que haviam se transformado em carvão vegetal. Fiquei entusiasmado.

QUANDO FINALMENTE VOLTARÁ A SER COMO NUNCA FOI

Em um domingo, enquanto ia de carro com meu pai para o campo – embora eu ainda fosse muito jovem, podia ir sentado no banco da frente –, contei-lhe em detalhes tudo o que vira. Meu pai ouviu com interesse e me surpreendeu com a sugestão para que eu construísse à tarde uma carvoaria, naturalmente bem menor. Após uma hora de viagem, chegamos à pequena rua, ao final da qual ficava a casinha coberta de palha e que tanto precisava de uma reforma.

O verdadeiro motivo da nossa ida até lá foi rapidamente resolvido. Meu pai tinha levado sua máquina fotográfica. Demos uma volta ao redor da casa e do estábulo, e ele tirou fotos. Os primeiros passos da obra deveriam ser dados o mais rápido possível, e, se tudo saísse bem, talvez já pudéssemos dormir lá em dois meses, conforme esperava meu pai. Do lado de fora, ele fotografou as rachaduras enormes na parede do estábulo, as falhas no telhado de palha, coberto de musgo, as calhas soltas, as janelas quebradas e montanhas de lixo em vários locais: pneus, portas empilhadas de automóveis, quadros de bicicleta, chapas onduladas, folhas de plástico, pedaços de papelão alcatroado, portas do estábulo podres, ossos indefiníveis e uma quantidade infinita de penas.

– Ou jogaram aqui seus travesseiros velhos, ou abateram gansos e galinhas por muitos anos – disse meu pai.

No interior da casa, tirou fotos do assoalho de madeira quebrado, que ruía por toda parte, da cozinha repugnante – atrás do fogão, a parede inteira estava marrom de gordura – e do banheiro fedorento, que ainda funcionava, mas não tinha tábua nem tampa na privada. No estábulo havia uma antiga oficina, vários chiqueiros e correntes bem velhas para vacas. Por toda parte, o lixo se acumulava.

– Não faço ideia de quantos contêineres vamos precisar para retirar toda essa tralha. Meu Deus, como essa gente viveu aqui!

Lembro perfeitamente cada detalhe de tudo o que aconteceu, pois esta foi a única vez em que meu pai realmente fez alguma coisa junto comigo. Conversávamos com frequência, sempre passeávamos pelo terreno do hospital psiquiátrico, pela rua de comércio, no bosque e na praia. Mas esta foi a única vez em que construímos uma coisa juntos.

Só de vê-lo cortar lenha já era uma sensação para mim. Meu pai segurou a machadinha pela parte superior do cabo, logo abaixo da lâmina, mandou que eu me afastasse – a uma distância grotesca, como se ele fosse acender uma granada – e, desajeitado, começou a cortar a lenha. Ficou mais fácil quando passamos a trabalhar com um machado, que segurei bem na extremidade. Usando um martelo, ele batia na outra extremidade da ferramenta, no lado oposto da lâmina. Não cortamos lenha nenhuma, só a martelamos. Começou a suar e, pouco tempo depois, sua mão rosada de médico já apresentava várias bolhas. Porém, desenvolveu uma ambição que eu desconhecia e não desistiu.

Após uma hora, tínhamos lenha suficiente. Empilhamos as achas com cuidado.

– Está bom assim? – perguntou.

– Acho que fica melhor assim – respondi –, para que depois a gente consiga colocar a brasa no centro! – E dispus as achas de outra forma.

– Ah, sim, claro! – concordou prontamente. De fato, era eu quem estava dando as instruções para a construção da carvoaria. Isso era maravilhoso.

Chegou, então, o momento de cavar uma leiva de relva. Procuramos um local afastado no vasto campo, e meu pai cravou a pá no chão. Era muito mais cansativo do que havíamos imaginado. O substrato era pesado, e não foi nada fácil impulsionar o metal da pá no solo. No entanto, consegui uma coisa que meu pai desistiu de fazer logo depois da primeira tentativa. Com os dois pés, pulei na lâmina da pá, fincando-a, ao mesmo tempo, na terra. Cortamos a leiva da relva em quatro lados e a levantamos do chão. Terra escura! Meu pai vibrou com a fertilidade do nosso solo. Com um carrinho de mão, levamos nosso quadrado de relva até a lenha empilhada em camadas. Leiva por leiva, com a relva virada para dentro, cobrimos o montículo, que ficou aberto na parte de cima para ser preenchido com brasa.

— Na televisão, eles molharam e alisaram tudo.

— Então, vamos fazer igual — disse meu pai, sem fôlego.

Embora não estivesse absolutamente fazendo calor, ele tirou sua camisa azul. Eu nunca o vira daquele modo. Trabalhando de regata. Seus sapatos estavam cobertos de terra, mas isso não pareceu incomodá-lo nem um pouco. Foi buscar um regador e, embora a torneira estivesse funcionando, disse:

— Venha, vamos dar uma olhada na velha bomba d'água para ver se ela ainda funciona!

Entramos no estábulo úmido e frio.

— É preciso jogar um pouco de água para que se forme um sulco — explicou-me.

A bomba estava completamente enferrujada e envolvida por um casulo de teias de aranha empoeiradas. Peguei uma lima comprida na bancada de ferramentas coberta de entalhes e afastei as teias. A alavanca da bomba moveu-se com um rangido. Meu pai levantou-a e abaixou-a, e, aos poucos, verti água do regador na abertura superior. Ouviu-se um gorgolejar e um borbulhar.

— Opa! Acho que está puxando a água. Vá rápido buscar um balde.

Trocou de mão, pois as bolhas nos seus dedos tinham estourado e a pele estava esfolada. Bombeava e bombeava, dando uma risada tão feliz como eu nunca tinha ouvido dele. Sua barriga balançava de tanta risada. Então, a água saiu esguichando da abertura da bomba. Vermelha como ferrugem e muito gelada. Somente após o terceiro balde, que arrastei saindo do estábulo, molhando meus sapatos já encharcados, é que ficou mais clara.

– Mesmo que para a carvoaria pouco importe se a água está limpa ou suja, pelo menos agora sabemos que a bomba de água está funcionando. Temos o nosso próprio poço. Não é o máximo? Bombeie você agora!

Bombeei e também caí na risada – alguma coisa naquele enérgico sobe e desce, naquela torrente que saía do cano de ferro nos deixava extremamente felizes. Meu pai lavou as mãos e bebeu água.

– Que fria! Incrível como refresca!

Revezamo-nos, e eu também bebi. Um leve gosto de ferro, quase parecido com o de sangue gelado. Era deliciosa a água do nosso subsolo.

Arrastamos dois baldes até a carvoaria.

– É melhor você fazer, estou cheio de bolhas.

Umedeci as mãos e comecei a molhar a terra. Fiquei muito feliz de deslizar os dedos pela lama. Ao terminar, a carvoaria parecia perfeita. Tinha ficado maior do que havíamos imaginado, com uma altura que batia na barriga de meu pai. O montículo de terra preta e lisa parecia a toca magistral de um animal habilidoso.

Era chegada a hora de acender o fogo.

– Você consegue? – perguntou-me. – Estou com uma baita fome; preciso ver se encontro alguma coisa para comer.

– Claro!

Foi para a casa, e tentei acender ao lado da carvoaria uma pequena fogueira, mas os jornais estavam úmidos. De tanto inspirar fundo e assoprar, acabei ficando tonto. Estava torcendo muito para ouvir aquele ruído redentor, quando a madeira por cima da brasa de repente começa a pegar fogo, para de fumegar e finalmente arde. Meu pai voltou com uma bandeja. Não tinha encontrado nada além de uns cubinhos de caldo e um pouco de macarrão.

– E aí? Não conseguiu acender o fogo? Espere um pouco!

Ajoelhou-se ao meu lado, e juntos assopramos o último e pequeno foco que ainda ardia avermelhado. Então, de repente, ele fez "wuuummp", e o fogo flamejou e ardeu.

Sentamo-nos no banco e comemos. Estava gostoso.

– Sinto muito – disse, meu pai –, não encontrei nada melhor.

Contou-me a história da mãe de uma criança que ele havia tratado. Essa mãe só conseguia comer macarrão com molho de tomate.

– Três vezes por dia, macarrão com molho de tomate – repetiu, e completou: – Também não conseguia usar outro banheiro que não fosse o seu próprio!

– Por que não?

– Não consegui descobrir. Mas para sua filha isso certamente era ruim!

– Qual era o problema dela?

– Nada grave, problemas na escola.

– A mãe, sim, é que era bem mais louca do que a filha.

– Com certeza. Mas geralmente é assim. Na semana passada, um casal esteve no meu consultório, reclamando que seu filho simplesmente não conseguia falar direito. Examinei o garoto e, quando ele tirou a camiseta, pensei que estivesse vendo mal. Manchas roxas por todo o corpo. Perguntei aos pais o que havia acontecido com o menino. Então, o pai me disse, sem o menor vestígio de consciência pesada: "Sabe, doutor, nem isso adiantou. Já lhe dei uma surra, mas nem assim ele fala melhor!" Ah, acho que agora já temos brasa suficiente. Então, filhão, me conte o que fazemos agora com a nossa carvoaria.

Fomos buscar uma pá. Meu pai a enfiou no monte de brasa e levou a carga fumegante até a carvoaria, atravessando o jardim. Com toda certeza, fomos e voltamos umas dez vezes, removendo do poço escavado a brasa com a pá.

– Agora vem a parte mais importante – informei. – Precisamos fazer dois furos, um em cima e outro embaixo, para a carvoaria poder respirar!

– Para ela poder respirar?

– Isso mesmo, e eles não podem ser muito grandes nem muito pequenos, pai. Se ficarem muito grandes, entrará muito ar na carvoaria e ela acabará queimando até virar cinza; se ficarem muito pequenos, sufocará!

Com a extremidade do cabo da pá, fizemos os furos nas leivas de relva.

– Pronto, agora é preciso fechar rápido!

No barracão, encontramos a tampa de metal de uma lata de balas Mackintosh, na qual havia parafusos. Cabia direitinho no poço da carvoaria. Fui buscar uma pedra para servir de peso.

Meu pai olhou para o relógio de pulso:

– Nossa, estamos atrasados! Temos de nos apressar.

Enquanto ele lavava as mãos e cuidava das bolhas, corri para o estábulo e peguei uma tábua, um pincel e tinta preta. Escrevi na madeira "Não mexer!", preguei-a em uma estaca e finquei-a no chão, bem ao lado da carvoaria. Meu pai veio ao jardim. Tinha vestido a camisa e já estava com a chave do carro na mão. Ficamos em pé diante da carvoaria.

– Na verdade, era para sair fumaça! – informei, decepcionado. – Precisamos colocar mais brasa lá dentro!

– Sinto muito, filho, mas agora temos de ir. Ainda preciso passar no D-Superior!

QUANDO FINALMENTE VOLTARÁ A SER COMO NUNCA FOI

Pousei a mão sobre a terra escura.

– Deveria estar quente. Na televisão, o homem da carvoaria colocou a mão para testar o calor!

Desanimado, olhei para o monte de terra úmido, frio e apagado.

– Não é tão ruim assim. Quando voltarmos no fim de semana, podemos acender o fogo novamente e tentar mais uma vez.

Cheirei um dos buracos. Um odor de fumaça fez meu nariz arder um pouco. Tentei espiar por dentro. Escuro, mas meus olhos lacrimejaram.

– Venha.

Meu pai acariciou meus cabelos e fomos embora. Ainda me virei na direção do montículo – não se via nada. Na viagem de volta para casa, começou a chover, e assim também se extinguiram minhas últimas esperanças.

Durante a semana inteira, não parei de pensar na carvoaria e em como tinha sido legal construí-la com meu pai. Refleti sobre o que teríamos feito de errado e o que precisava ser melhorado. Na escola, fui despertado várias vezes enquanto sonhava acordado. No domingo, mal pude esperar para finalmente irmos à nossa casinha.

Chegamos à colina. Como tínhamos pressa, minha mãe dirigiu e meu pai foi sentado no banco do passageiro. Felizes, meus irmãos ficaram sozinhos em casa. Tinham conseguido fazer prevalecer sua vontade de não serem obrigados a participar dos nossos passeios nos finais de semana e, a partir de então, dormiam sempre na casa de amigos. Quando alcançamos o topo da colina, vi uma coisa que me fez perder o fôlego. Exclamei:

– Ali! – exclamei. – Aliii! Vejam aliiii!

Minha mãe freou de maneira tão abrupta que deu até para ouvir meu pai bater os dentes.

— O que foi?
— Aliiiiii!
— O que tem ali? Não estou vendo nada!
— Aliiiiiiii, ó!

Escancarei a porta traseira e saí correndo, colina abaixo. Será que algum dia corri tão rápido? Como estava descendo, acelerava cada vez mais. Tentei manter o tronco estável e simplesmente deixei que as pernas agissem por conta própria. Poderia ter caído, mas não queria frear e tomei todo o impulso que pude. Cheguei ao portãozinho do jardim, abri-o e corri para a carvoaria. Das duas aberturas superiores saíam regularmente duas colunas brancas de fumaça, que se dissipavam em forma de leque pela brisa. Dei pulos de alegria em volta da carvoaria.

O carro costeou a cerca viva que delimitava o terreno e entrou crepitando na área comum, coberta de cascalho. Meus pais foram ao jardim. Corri para meu pai e o abracei com ímpeto:

— Veja só! Está fumegando! Está fumegando!
— Não é possível! — sussurrou. — Não é que está fumegando mesmo?
— Está, sim! E como!

Fomos juntos até a carvoaria. Parecia completamente diferente. Não mais de terra preta, mas seca e cozida, clara como barro. Não mais alemã setentrional, e sim africana. Toquei o revestimento seco e retirei a mão rapidamente. Estava pelando. No ar, um odor agradável e aromático.

— Esperem aí: foram vocês que fizeram este negócio? — perguntou minha mãe, surpresa. — Parece fantástico!
— Claro que fomos nós que fizemos!

Meu pai acenou para mim com a cabeça. Então me vieram as lágrimas. Aquelas duas pequenas e inesperadas colunas de fumaça que se elevavam no céu cinzento me subjugaram. Apertei a cabeça contra o ombro da minha mãe.

QUANDO FINALMENTE VOLTARÁ A SER COMO NUNCA FOI

– O que foi? Está tudo bem... Por que você está triste?
Balbuciei com gosto de água salgada na garganta:
– Não estou triste – engoli em seco. – Só estou feliz! – E continuei a chorar.

Mas o engraçado era que, tal como nos meus ataques de cólera, eu não encontrava a justa medida para minhas lágrimas de alegria. Quando alguma coisa me deixava furioso e eu vociferava, era sempre mais do que a mera reação ao que havia desencadeado a raiva. Minha irritação superava a razão e me carregava junto. Eu bem que preferiria me aniquilar nesse estado, me extinguir e me rasgar em dois, como Rumpelstilzchen.* E, embora as lágrimas de alegria tivessem sido desencadeadas pela carvoaria que fumegava pacificamente, naquele momento, eu chorava sem parar, ao mesmo tempo feliz e desesperado; chorava por tudo e por nada, colocando para fora uma dor que se havia sedimentado muito antes. Meus pais ficaram sem graça, compensaram sua incompreensão sobre esse rompimento de comportas com paciência afetuosa e me consolaram alternadamente. Após esse colapso, me deixaram em uma espreguiçadeira salpicada de cocô de andorinha, para reconvalescer ao lado da carvoaria, uma vez que eu tinha me recusado a ficar dentro da casa imunda, deitado no sofá puído de três lugares, de veludo cotelê marrom e empelotado. Esforcei-me para reprimir as lágrimas, pois, a qualquer momento, o motor do choro e do soluço poderia facilmente entrar em funcionamento.

Minha mãe me trouxe uma almofada que cheirava a estábulo e me cobriu com uma manta que exalava Shalimar, seu perfume. Assim, fiquei ali deitado, amortalhado a céu aberto, circundado por

---

*Conto dos irmãos Grimm, em que o duende Rumpelstilzchen desafia a rainha a descobrir o seu nome. (N. T.)

dois odores completamente diferentes, sem tirar os olhos da minha obra-prima fumegante.

A divisão de tarefas entre meus pais era sempre a mesma. Meu pai traçava planos, e minha mãe colocava a mão na massa. Enquanto ele media a passos e com olhar de conquistador imperial a extensão do seu galinheiro ou cercava os campos para as ovelhas, com gestos que abarcavam o terreno, minha mãe ia atrás dele, conduzindo um carrinho de mão após o outro com lixo doméstico destinado ao aterro.

À noite, fui transferido do jardim para o carro. Meu pai me amparou, e acabei dando risada, me soltei e saí correndo como um animal jovem e fora de si, dando pulos no ar em meio ao pasto. Sempre que eu passava muito tempo quieto, sentado ou deitado, era repentinamente dominado por esse ímpeto de movimento que me levava à agitação. Gostaria muito de ter aberto a carvoaria. Minha curiosidade era enorme, mas se há uma coisa que nunca mais vou esquecer daquele programa infantil é a expressão extremamente séria do carvoeiro, advertindo com rosto preto de fuligem na frente da câmera: "A pior coisa é não ter paciência suficiente e abrir a carvoaria cedo demais. Não só porque pode acontecer de o carvão pegar fogo e destruir toda a carga, mas também porque podem ocorrer explosões e detonações. A carvoaria só pode ser aberta quando estiver totalmente fria."

Exausto por conta de toda aquela agitação, entrei no carro e deitei no banco de trás. Não fazia ideia de como iria aguentar o fato de só poder voltar ao campo no final de semana seguinte. Dormi durante todo o trajeto para casa e, do banco traseiro, fui direto para a cama. Estava muito cansado, não ouvi nem um grito sequer e só fui despertar na manhã seguinte, ligeiramente confuso, quando meu pai me acordou para eu ir à escola.

* * *

QUANDO FINALMENTE VOLTARÁ A SER COMO NUNCA FOI

Uma semana depois, quando chegamos à colina, já não se via nenhuma fumaça, mas a carvoaria continuava quente. Caía uma chuva leve, e mesmo assim o revestimento estava claro, duro e seco. Continuar sem abri-la seria um verdadeiro desafio. Desta vez, meus dois irmãos tinham nos acompanhado, pois queriam conhecer de todo jeito meu amigo fumegante.

— A gente podia jogar água nos buracos ou tampar todas as aberturas, assim ela sufocaria — sugeriu meu irmão do meio, mas me opus com sucesso. Ninguém, além de mim, estava autorizado a tocá-la.

Meu pai não tinha ido, pois havia ocorrido um incidente no hospital. Na piscina nova em folha, uma concentração muito elevada de cloro tinha causado irritação em vários pacientes com paralisia cerebral que faziam hidroterapia.

Nesse meio-tempo, colocaram atrás do estábulo um contêiner gigantesco. Nele batemos com galhos, que ribombaram como no casco de um navio. A cadela também tinha vindo conosco e enfiava o focinho urbano em tudo que era toca de toupeira. Na montanha de lixo, meu irmão mais velho encontrou um crânio, no qual espetou um pedaço de pau, e ficou balançando-o diante do meu rosto. Tentamos adivinhar de que bicho poderia ser. Porco, ovelha, talvez até de um cachorro. Meu irmão mais velho afastou os cabelos muito compridos do rosto:

— Aqui no campo acontecem as coisas mais estranhas; poderia ser até a cabeça de uma criança deformada, um aborto mantido em segredo, colocado em uma caixa deixada em nosso estábulo.

Corri para a minha carvoaria. Ao redor dos buracos de ventilação haviam se formado crostas espessas de fuligem, que se destacavam como dois olhos fundos e sombreados na terra clara do revestimento e fitavam o lado de fora. Exalavam um cheiro bom de igreja e lareira.

* * *

Na quarta-feira da semana seguinte, eu já não estava mais aguentando e pedi para meu pai me levar até lá. Embora ele tenha dito que seria impossível, logo percebi que também estava morrendo de vontade de ir, e não precisei de muito mais tempo para convencê-lo.

Quando coloquei a mão sobre a carvoaria, ela estava fria. Finalmente. Finalmente poderia abri-la. Fazia duas semanas e meia que a havíamos acendido. Meu pai ficou em pé ao meu lado, em botas amarelas de borracha, enquanto eu arranhava a superfície com um ancinho. Não queria de jeito nenhum levantar a tampa da lata Mackintosh; não, eu queria abrir pelo revestimento. Imaginei-me como um arqueólogo que abre uma catacumba no Vale dos Reis. Em breve, eu teria nas mãos um tesouro maravilhoso. A crosta estava tão dura que só consegui raspar um pouco de pó. Meu pai foi buscar um martelo e um cinzel para mim. Bati-o no revestimento, e uma fenda se formou. Continuei a martelar, e um pedaço do tamanho da palma da mão caiu no interior. Curvei-me para a frente. O que vi era inacreditável: um labirinto preto e prateado, feito de achas de carvão, que cintilavam misteriosamente. Tirei mais um pedaço. Parecia o estilhaço de um antigo recipiente de barro. Por fora, claro; por dentro, preto, envernizado de fuligem. Continuei a trabalhar com cuidado, até a abertura ficar grande o suficiente para retirar a primeira acha. Tateei à minha frente. A superfície do carvão era completamente lisa, quase macia. Agarrei-o, e mal pude acreditar em como aquele pequeno pedaço era leve. Rindo, entreguei-o ao meu pai. Reconheci muitas achas. Era como mágica. Ainda tinham exatamente os mesmos buracos de nó, as mesmas sinuosidades e os mesmos adensamentos, mas haviam encolhido, ficado pretas e perdido seu peso. Meu pai empilhou cuidadosamente a nossa presa no carrinho de mão e, várias semanas mais tarde, quando a maior parte do lixo já tinha sido

QUANDO FINALMENTE VOLTARÁ A SER COMO NUNCA FOI

retirada, fizemos churrasco à noite com nosso próprio carvão. Eu ainda conhecia cada pedaço pessoalmente e, orgulhoso, mas também um tanto melancólico, vi a gordura da carne sibilar ao pingar nos meus carvões, que aos poucos foram se decompondo em cinzas.

A VIDA NO CAMPO

A FAMÍLIA DA FRENTE, QUE MORAVA NA COTA VITA-lícia, chamava-se Meisner. Independentemente da estação do ano, o pai sempre estava vestido com um macacão azul desbotado, uma camisa de flanela xadrez, um quepe azul e botas de trabalho com biqueira de metal.

– Vamos, pise no meu pé! – Era um dos desafios preferidos que dirigia a mim, que não ousava pisar para valer e o fazia apenas com metade da força. Então, logo ele ficava bravo:

– Está querendo me gozar? Vamos, pise! Com força! Ponha mais força, cara!

Era como pisotear um sapato de pedra. Meu pé doía, e ele olhava para mim com ar de desdém, como se eu fosse um fracote mimado. Desde jovem trabalhava em uma fábrica da Nestlé que produzia leite em pó. Seu local de trabalho era justamente nas câmaras de secagem, onde, com uma pá, ele tinha de colocar o leite em pó em uma secadora. Sua pele era toda ressecada.

– Tenho calo no rosto – dizia. – O que as outras pessoas têm nos pés, tenho no rosto. Toque para sentir. Estou todo estorricado. Vamos, não tenha medo. Pode tocar!

De novo a brincadeira. Eu não ousava tocá-lo direito, e ele não deixava por menos:

– Vamos, cara, toque! Com mais força! Está tudo ressecado.

Eu acabava tocando sua bochecha com a ponta dos dedos. Uma pele dura e áspera como lixa, que não cedia nem um milímetro. Tinha biqueiras de metal não apenas nos pés, pois seu rosto também parecia ser feito do mesmo material. Quando bebia demais, ficava em pé no pasto ou no campo, olhando ao longe. De vez em quando, mijava, sem sair do lugar. Certa vez, totalmente bêbado, mostrou-me como fazer uma flauta primitiva de um talo de milefólio. Cortou o dedo e riu. Seu sangue correu pelo talo verde-claro, mas ele não se preocupou.

— O senhor está sangrando — falei. — Quer que eu vá buscar um band-aid?

Ele só resmungou:

— Ah, que nada. — E entalhou um buraquinho no tubo. Quando terminou, começou a tocar, nota por nota, o hino de Schleswig-Holstein. Enquanto isso, o sangue corria pela flauta e pingava vermelho de seus dedos.

Só fui conhecer a senhora Meisner, sua esposa, quando entrei na casa deles pela primeira vez. Ela era de um desleixo que, até então, eu desconhecia. Fedia e nunca saía de casa, tinha cabelos grisalhos e embaraçados, fumava um cigarro atrás do outro e não usava sutiã. Ver seus peitos caídos, balançando-se livremente sob a camiseta manchada, deixou-me muito perturbado. Bastava aproximar-me dela para ficar impregnado do seu cheiro repugnante e ter de tomar um banho depois. Mesmo quando eu lhe entregava rapidamente a caixa de ovos vazia, indo até sua poltrona e saindo logo em seguida, ficava com um fedor insuportável. Não era um cheiro que rastejava até a roupa; era uma catinga que atacava e ia perfurando os trajes até chegar a todos os poros. No inverno, dentro da casa totalmente superaquecida por um aquecedor a óleo, ela usava calças curtas de ginástica. Suas canelas eram cobertas por manchas escuras acima das meias, e eu sempre me perguntava como ela podia se machucar tanto se nunca se levantava. Tudo naquela casa era asqueroso. A cozinha, um caos que cheirava mal. E o que eu mal podia acreditar é que não havia papel higiênico na casa, apenas páginas dobradas de jornal no chão do banheiro, ao lado da privada.

A filha, Michaela, tinha a mesma idade que eu e sofria de diabetes crônica. Quando a conheci, já tinha um aspecto ruim. Passava o dia em uma escola especial. Empurrava-me nas urtigas, ameaçava-me com a sua injeção de insulina e espirrava em mim veneno para plantas. Não é de estranhar que dali não nascesse nenhuma amizade.

Enquanto na nossa casa toda semente que brotava era comemorada com milhares de "ahs" e "ohs" – favas, vagens verdes, vagens amarelas, feijões-da-espanha, todas cuidadosamente plantadas e depositadas em cestas de vime, forradas com panos –, na casa dos nossos vizinhos tudo pululava desordenadamente em canteiros tomados por ervas daninhas. Enquanto colhíamos uma a uma as maçãs ácidas nos galhos, do outro lado, as frutas muito maduras caíam das árvores, aterrissando em meio a peças de automóveis e todo tipo de lixo, onde apodreciam. Minha mãe estava no pátio, em seu mantô de lã que ia até o chão, e perguntou à desleixada senhora Meisner, que não parava de fumar:

– As galinhas puseram muitos ovos esta semana?

Estranhamente, quando estávamos lá, as galinhas punham muitos ovos e, durante a semana, quase nenhum. Nossos vizinhos criavam coelhos em várias coelheiras, construídas de maneira grosseira. Elas nunca eram limpas, e a sua palha ficava molhada de urina, o que fazia com que os pobres roedores se espremessem até o teto. Nossos animais tinham nomes e eram afagados; os dos Meisners eram anônimos e iam parar na panela.

A senhora Meisner andava mancando cada vez mais. Acabou tendo o pé amputado. Nos finais de semana, meu pai a examinava e fazia curativo em seu coto. Ela continuava a fumar. Ao longo dos dois anos seguintes, essa mulher foi ficando cada vez menor. Um pedaço da perna, outro pé, outra perna, um pedaço da coxa. Certa vez, encontrei em meio ao cascalho o olho de gato de suas muletas. Levei-o para ela, que, como agradecimento, me deu um isqueiro de presente.

QUANDO FINALMENTE VOLTARÁ A SER COMO NUNCA FOI

No sábado seguinte, chuvoso e frio, entramos com o carro no pátio e vimos que todas as cortinas estavam fechadas. Meu pai tocou várias vezes a campainha junto à porta baixa da casa. O filho veio abrir.

– Gostaria de ver sua mãe – disse meu pai.

Eu tinha acabado de descer rastejando do banco traseiro do carro e ouvi o filho responder:

– Ela não está.

Caminhei pelo cascalho e me coloquei atrás do meu pai. Eu já estava quase na altura do seu ombro.

– Onde ela está? – perguntou meu pai com amabilidade.

O filho hesitou brevemente e repetiu:

– Ela não está.

– Teve de voltar para o hospital?

Então veio a resposta, que nunca mais vou esquecer:

– Não, também não está lá. Não está mais em lugar nenhum. Ela morreu.

Meu pai se calou. Em seguida, sussurrou, consternado:

– Puxa, sinto muito.

O filho não mostrou nenhum tipo de emoção, virou-se e entrou na casa. Tinha a mesma idade do meu irmão do meio. Aos 16 anos, já apresentava bigode, mas parecia ter 30. Frequentava a escola secundária e passava o dia andando na sua moto adulterada. Saía e entrava em casa de capacete. Eu só o conhecia assim – uma barbicha comprimida entre duas bochechas. Contudo, certa vez o vi matando galinhas, atividade que ele cumpria com uma tranquilidade pavorosa. Colocava os animais recém-decapitados no chão e os chutava. As galinhas voejavam.

Meu pai lia tudo sobre agricultura. O livro *A vida no campo*, de John Seymour, tornou-se sua bíblia. Ele queria se transformar em um horticultor autossuficiente. Porém, nos últimos tempos, mais uma vez fora minha mãe quem pintara os estábulos e cuidara da horta e dos animais.

Compramos três ovelhas, e como uma era preta, nós as chamamos de Gaspar, Melquior e Baltazar. Nós mesmos as tosquiávamos. E sempre que a minha mãe cortava a pele de uma delas sem querer, meu pai espirrava um pouco de spray desinfetante na ferida. Como sempre, Kutasept Orange. Logo depois de tosquiadas, as ovelhas ficavam no pasto, nuas, salpicadas de manchas alaranjadas. Pareciam ofendidas, profundamente magoadas na sua dignidade de ovelhas, e os lavradores que nos observavam da cerca elétrica balançavam a cabeça.

Minha mãe lavava e tingia a lã. Ela mesma confeccionava os fios na roda de fiar e tricotava um monte de roupas para nós que pinicavam: pulôveres, coletes, pantufas, casacos e até calças. Eu andava embrulhado dos pés à cabeça em peças de roupa da moda, tricotadas com lã cor de chá ou de pulgão. Estava sempre suando e, quando pegava chuva, ficava cheirando a ovelha.

Meu pai só atuava em caso de emergência médica. Quando as ovelhas contraíram febre aftosa, extraiu as partes apodrecidas do seu casco; castrou o carneiro e me presenteou com cenas inesquecíveis do parto de uma ovelha: meu pai, à luz fraca de um lampião, de jaleco aberto, em pé sobre a palha, cortando o cordão umbilical do cordeiro recém-nascido e encharcado de líquido amniótico; depois dando-lhe uma palmada no traseiro lanoso, e o filhote balindo "mééééé" pela primeira vez.

Utilizei todos os meus conhecimentos sobre castração de carneiros em uma redação da escola. Sabia que havia duas maneiras de castrar: ou se colocava um anel de borracha nos testículos para interromper o fluxo de sangue, o que fazia com que eles murchassem e acabassem caindo, ou se extirpavam os testículos, espremendo o cordão espermático com o chamado alicate Burdizzo. Mais uma vez, errei o tema!

QUANDO FINALMENTE VOLTARÁ A SER COMO NUNCA FOI

"Joachim, o que a castração de carneiros tem a ver com maré baixa e maré alta?"

Então, certa tarde, o senhor Meisner apareceu morto de quepe na sebe. Os dois filhos ficaram sozinhos, mas como o rapaz já tinha mais de 18 anos, irmão e irmã puderam continuar morando na casa. A situação deles ficou ainda mais triste. Jogávamos tênis de mesa, acendíamos fogueira, plantávamos arbustos e caiávamos o estábulo; novos pisos foram instalados, um magnífico telhado de palha passou a adornar a casinha de campo, e a cozinha foi embelezada por centenas de azulejos artesanais, pintados e queimados por nós mesmos. E, a menos de 20 metros de distância, o desleixado casal de irmãos passava o tempo sentado em apática monotonia.

NEVE CATASTRÓFICA

HOUVE UM INVERNO QUE NUNCA ESQUECERÍAMOS. Uma experiência realmente marcante e, como se costuma dizer, coletiva. Perto do Natal, fazia um calor fora do normal, e a garoa caía nas luzinhas elétricas dos pinheiros. No entanto, pouco antes da virada do ano, de repente ficou frio. Começou a nevar! Desde o início, essa neve mostrou-se incomum: pontinhos minúsculos e isolados deslizavam no ar, tão leves que, em um primeiro momento, pareciam voar por conta própria, como insetos de inverno, brancos e diminutos, zumbindo por toda parte. Precipitavam-se e tornavam a subir, faziam uma breve pausa no parapeito da janela e tornavam a voar. O vento ganhou força e, dentro de apenas uma hora, transformou-se em um furacão ululante.

No Norte, tão raro quanto o calor de verdade é o frio de verdade. Quando neva, os flocos geralmente são grandes e pesados. Não descem suavemente até o chão, mas caem molhados das nuvens baixas, precipitando-se na vertical. Os flocos de neve, no norte da Alemanha, não possuem nenhum talento especial para cair espalhando-se na magia do inverno, nem para cobrir a paisagem como açúcar, tampouco para acolchoar o telhado das casinhas de passarinho. Desabam úmidos do céu, prontos para se transformarem em água assim que tocam o solo. Os flocos de neve nativos são de uma efemeridade deprimente. Já ficam satisfeitos quando conseguem percorrer o longo caminho da sua nuvem até a superfície úmida da terra, onde renunciam prontamente e derretem. Porém, por serem muito raros, são recebidos com um entusiasmo desproporcional. Nunca conseguem se depositar e cobrir o chão juntamente com outros sobreviventes.

QUANDO FINALMENTE VOLTARÁ A SER COMO NUNCA FOI

Na minha cidade, todos corriam para a rua a fim de andar de trenó assim que alguns desses flocos molhados e desajeitados conseguiam se juntar a outros no chão, formando um frágil montinho de neve. Após apenas uma hora, essa miserável descida da região – nem dez metros de comprimento – transformava-se em lama. Contudo, as crianças, sujas, voltavam a tomar impulso, lançando-se em seus trenós, que eram tão grandes quanto seu desejo de inverno, e se esforçavam metro após metro para descer o morro.

Todavia, desta vez foi tudo diferente. Os flocos eram pequenos, leves, ágeis e duros. Proliferavam rapidamente, formando nuvens e espalhando-se com arrogância ao redor das casas. Na verdade, desta vez tampouco estava nevando como todos sempre desejavam. Também nesse inverno a neve não "caía silenciosa";* não, ela chegava como um redemoinho de poeira. Com o vento gelado, o ar era preenchido por neve muito fina. Soprava ao redor, depositando-a aqui e acolá e formando em uma única hora um monte neve de um metro de altura junto da garagem, enquanto os canteiros ainda permaneciam descobertos. Bastava que o vento mudasse de direção para, meia hora depois, ver-se o muro da frente totalmente soterrado.

Eu nunca tinha ouvido antes a expressão "banco de neve", que nessa ocasião passou a ser dita a cada minuto. Bancos de neve eram imprevisíveis; ficavam de tocaia, esperando os motoristas passar, para se lançarem em seu caminho, bloquearem os trilhos e trancarem os idosos em suas casas. No terreno do hospital psiquiátrico, bloqueavam o acesso às unidades. Essa neve fina era simplesmente indomável, indomesticável, e foi se tornando cada vez mais atrevida, até

---

*Referência à primeira estrofe da canção *Weihnachtsgruß*, em comemoração ao Advento. (N. T.)

rebelde. Por duas semanas, as temperaturas permaneceram bem abaixo de zero. O rádio e a televisão não faziam outra coisa a não ser anunciar recordes: de temperatura negativa, de enchente, de velocidade do vento, de nevada.

Quase não havia veículo apropriado para retirar a neve. Quando uma entrada, uma escadaria ou uma rua era liberada, na manhã seguinte tornava a desaparecer. A neve fina estava por toda parte. O tráfego de embarcações foi interrompido, e as ilhas aluviais, evacuadas. Nos portos, o vento empurrou blocos de gelo um por cima do outro e foi comprimindo-os contra os barcos até quebrá-los. Decretou-se uma proibição geral do tráfego de veículos. O exército atravessou a cidade com tanques de guerra aplanando a neve e, infelizmente, também vários automóveis. Um homem morreu de frio em seu trailer; o teto de um estábulo desabou sob a massa de neve, 200 porcos morreram soterrados e, quando foram recuperados, já estavam congelados. Os noticiários mostraram os animais, duros como pedras, sendo colocados na caçamba de um caminhão e produzindo um estalo inesquecível para mim. Era como se pedras estivessem sendo carregadas – pedras em forma de porcos. Em todo o Estado, as ruas ficaram orladas de veículos parados.

E, então, a situação recebeu um nome digno: neve catastrófica! O noticiário comunicou: Schleswig-Holstein está afundando no caos. Será declarado estado de calamidade pública na região. Não há perspectivas para o final da catástrofe.

Fiquei empolgado! Bem na frente da minha janela estava acontecendo uma verdadeira catástrofe, que já havia escurecido o vidro pela metade com a sua neve em pó catastrófica. Todas as manhãs, eu corria para a janela e observava as montanhas que se haviam acumulado durante a noite e continuavam a crescer no nosso jardim. Naquele ínterim, tinham ficado tão altas que todas as cercas desapareceram,

QUANDO FINALMENTE VOLTARÁ A SER COMO NUNCA FOI

e uma trilha conduzia ao telhado da nossa casa. Abanando a cauda, nossa cadela escalou a cumeeira e latiu para o panorama incomum, correu ao longo da empena e, com o focinho, empurrou a neve para o ar.

Meu pai ficou em polvorosa, indo a passos pesados de uma a outra unidade. A energia tinha acabado na cozinha grande, faltavam medicamentos, e a maioria dos médicos, das enfermeiras e dos cuidadores não conseguia chegar ao hospital. Por toda parte, retirava-se a neve com pás. Até mesmo os pacientes foram distribuídos para ajudar a controlar a catástrofe. À nossa casa também veio uma tropa deles, e eu e meus irmãos assistimos a como tentavam liberar a entrada com as pás. Foi uma cena grotesca. Um grupo de pessoas bem agasalhadas que cavava sem nenhum planejamento, umas contra as outras. Da Baviera foram enviados veículos limpadores de neve, e, na televisão, o doutor Gerhard Stoltenberg fez um discurso. Mais uma vez, ele estava olhando para mim, só para mim. Aquele homem era meu aliado. Comunicava que as férias de Natal teriam de ser prolongadas por duas semanas. Meus irmãos e eu comemoramos na frente da televisão.

Certa manhã, o telefone tocou. Fui o primeiro a chegar ao aparelho e peguei o fone. Era o filho dos Meisners:
— Posso falar com seu pai?
Conversaram, e a expressão facial de meu pai foi ficando cada vez mais séria. Terminou a conversa, dizendo:
— Não se preocupe, logo alguém chegará.
— O que aconteceu? — perguntei.
Mas meu pai não tinha tempo para explicações. Tentou falar com o hospital, depois com a polícia. Tudo ocupado ou com fila de espera.
— Algum problema lá no campo? — interrompeu-o meu irmão.

— Estão totalmente isolados do mundo. Michaela está sem insulina. Parece confusa e já não consegue se levantar. Acho que está correndo risco de morte.

Entrou e saiu do quarto, falou em voz alta consigo mesmo, conosco e de novo consigo mesmo:

— O que posso fazer? O que posso fazer? O que é possível fazer?

— De carro é que não dá para chegar lá — refletiu minha mãe. — Vocês têm insulina no hospital?

— Sim, claro que temos insulina. Um monte. Mas como fazer com que chegue até ela?

— A única ideia que me ocorre — minha mãe imaginou que sua sugestão soaria irrealista — é ir de avião!

Meu irmão do meio começou a rir:

— Claro, mãe, ótima ideia! Vamos, pai, vá pegar o avião na garagem! Jogue a insulina para ela lá de cima!

— Espere, espere! — Tenso, meu pai pensou em alguma coisa. Ainda era apenas um pensamento fugaz. Mas estaria trabalhando dentro dele e, pelo que pude perceber, aos poucos se transformou em um verdadeiro plano. Olhou para o relógio de pulso. — Em 20 minutos, um helicóptero do Exército vai pousar na frente do prédio G. Vai trazer cobertas e levar um paciente do D-Superior para a unidade de terapia intensiva em Kiel. Eu poderia tentar fazer com que, no caminho de volta, passasse pelos dois.

Na meia hora seguinte, meu pai organizou um plano de auxílio perfeito. Todos ficamos sentados na sala, bastante impressionados, vendo-o telefonar. Era preciso e gentil; em nenhum momento deu a impressão de ter algo fora de controle. Após alguns minutos, conversou com o coronel responsável, pediu a insulina no hospital psiquiátrico e deu as primeiras informações ao piloto:

— Vamos ter de pousar em um grande pasto. Vou tentar descobrir como está a neve por lá.

QUANDO FINALMENTE VOLTARÁ A SER COMO NUNCA FOI

Em seguida, falou com o filho dos Meisners, tranquilizou-o, deu-lhe instruções para cuidar da irmã e pediu-lhe para tentar chegar a campo aberto e marcar o local com menos neve. Enquanto conversava ao telefone, passava constantemente a mão na rala coroa de cabelos, alisava a careca e não parava quieto nem por um segundo. Ora o fio enrolado do telefone entre o fone e o aparelho se esticava, ficando bem comprido, ora voltava a se encolher em um novelo. Esse movimento era como um retrato da inquietação e da ocupação do meu pai. Calçou meias grossas e vestiu seu agasalho impermeável com capuz, amarrou em volta do pescoço o cachecol de caxemira que havia ganhado de presente no seu aniversário redondo e pôs um gorro.

Meu irmão do meio perguntou-lhe se ele iria junto no voo.

— Não sei. Vamos ver!

Todos o abraçamos.

— Por favor, tenha cuidado — pediu minha mãe.

Na despedida, pairou uma excitação dramática no ar, como se uma equipe de emergência estivesse mandando seu melhor homem para o inferno, para uma operação de vida ou morte. Ele abriu a porta de casa. Mal pressionou a maçaneta, e a tempestade também a empurrou e, em redemoinho, lançou flocos de neve na antessala. Meu pai saiu ao ar livre levemente inclinado, enfrentando o vento; tampou a boca e o nariz com o cachecol e caminhou com dificuldade. Só conseguia avançar com esforço, pois, antes de levantar um pé, tinha de tirar o outro da neve alta, e já após alguns metros parava, exausto. Acenou para nós. Também foi um desafio fechar a porta, parar de olhá-lo, deixá-lo sozinho com sua missão iminente. Minha mãe e meu irmão mais velho empurraram a porta para fechá-la. Estávamos todos com frio, e a cadela ficou lambendo uma considerável miniatura de banco de neve junto à parede do corredor, que em um minuto havia se instalado na nossa casa. Corri para meu quarto e me acocorei no meu cantinho quente, atrás da cortina. Ouvi meus irmãos no corredor.

— Scott nunca mais conseguiu voltar para sua base — disse um deles. — Como estava debilitado, acabou batendo as botas no meio da nevasca.

E o outro:

— Chegaram até a comer os próprios pôneis! — concluiu o outro.

Olhei para a paisagem no lado de fora, transformada pela neve — já não havia esquina, nem canto, nem cor —, e um pensamento que eu nunca tivera antes me alcançou e se apoderou de mim. Fiquei imaginando como seria nunca mais rever meu pai. Se isso realmente acontecesse, pensei, então eu teria de guardar bem na memória a sua partida pouco antes. Essa seria a última impressão que, a partir daquele momento, eu carregaria comigo. Gravei, ou melhor, queimei em mim essa última imagem do meu pai. Nada dela poderia se perder, nenhum detalhe poderia cair no esquecimento. Não podia haver nenhuma dúvida: para mim estava irrevogavelmente claro que não o veria nunca mais. Enquanto meus olhos começaram a arder de tanto fitar aquela brancura sem contorno, meu medo cresceu. Porém, com esse medo cresceu também a nitidez do pai que caminhava com dificuldade na neve. De repente, vi os cabelos macios da sua nuca despontarem debaixo do gorro de lã, no qual os flocos de neve se haviam depositado. Vi os postes de iluminação da rua, com seus gorros de 30 centímetros de neve, equilibrando-se com ousadia. Vi os buracos ameaçadores, deixados pelas suas botas. Vi aquele olhar, quando ele ainda se virou para nós, aquele último olhar do meu pai, no qual havia muito mais ternura e medo do que eu percebera num primeiro momento. Quanto mais exata era a minha lembrança, maior era o meu medo, e quanto maior o meu medo, mais exata a minha lembrança. Esse zíper continuou a se fechar, apertando-me e, ao mesmo tempo, tive a impressão de que a qualquer momento eu iria tombar do parapeito da minha janela no nosso jardim coberto de neve, e que esta também iria me desfocar, me apagar, me engolir e me enterrar. Ao longe, ouvi o barulho do motor de um helicóptero aterrissando.

Dei um pulo e corri para minha mãe, que havia se sentado na poltrona do meu pai e escrevia uma carta.

— Para quem você está escrevendo? — perguntei.

Ela levantou o olhar:

— Ah, ninguém em especial, para mim mesma.

— Quando o papai vai voltar?

— Não sei.

— Acha que ele vai ter de ir junto?

— Não, acho que não. Não há muito espaço nesse tipo de helicóptero.

Deitei-me ao lado da cadela, que pouco antes devia ter se sacudido, pois ao seu redor o carpete estava coberto de pelos. Com os dedos, enrolei-os até assumirem a forma de salsichas.

Fui bater à porta do meu irmão mais velho. Era preciso bater antes de entrar. Lá de dentro:

— Quem é?

— Sou eu!

— O que foi?

— Posso entrar?

— Espere.

Ouvi-o arrumar alguma coisa, abrir e fechar a gaveta da escrivaninha. Abriu a porta, ficou no vão; atrás dele, seus aquários gigantescos gorgolejavam.

— O que foi?

— Acha que o papai vai junto no helicóptero?

— Não, que bobagem! Ele é gordo demais para isso! Aposto que daqui a pouco está de volta!

— Mas eles precisam de um médico.

— Médico é o que não falta, é como areia no mar. Além do mais, nem vão conseguir pousar lá, maninho.

— Mas e o que vai ser da Michaela? Acha que ela vai morrer?

Meu irmão fez cara de quem não sabia e fechou a porta.

O do meio estava sentado, curvado sobre seu microscópio. Era um microscópio eletrônico descartado pelo laboratório do hospital. Dois homens o haviam arrastado até seu quarto, gemendo.

— O que você está vendo? – perguntei em voz baixa para não assustá-lo.

Sem levantar o olhar, respondeu:

— Extraí o núcleo da película de uma cebola.

Eu não sabia o que ele estava querendo dizer, então perguntei:

— Posso ver?

— Não, agora não. Preciso tingi-lo.

Com uma pipeta, pingou uma essência amarelada na lâmina de vidro. Ajustou as oculares e espantou-se:

— Uau! Não é possível!

— Deixa eu ver!

Ele se calou e fez anotações.

Corri para o que chamávamos de sala de televisão e, da janela, olhei para o caminho do lado de fora. Todas as pegadas do meu pai tinham se apagado. Voltei para a sala, arrastando-me, e deitei no sofá, debaixo dos quadros dos nossos antepassados. Minha mãe me olhou por um momento, sorriu para mim e continuou a escrever sua carta "para mim mesma".

O que estava acontecendo com a nossa casa? Tudo atenuado. Como se a neve também estivesse caindo dentro dela. Como se o peso sobre o telhado também estivesse nos sobrecarregando. Como

QUANDO FINALMENTE VOLTARÁ A SER COMO NUNCA FOI

se todos estivéssemos presos naquele tanque de pó. Sobre mim pendiam meus antepassados. Bem em cima, silhuetas em molduras redondas, algum médico de Goethe; um pouco mais abaixo, homens em preto e branco, de uniforme, e mulheres apertadas em corpetes, o olhar gélido devido ao longo tempo de exposição à luz. Logo acima de mim, Ami e Api, meus avós paternos. Certas semelhanças entre os homens eram mais que evidentes. As silhuetas dos homens já mostravam nariz grande e pouco cabelo.

Quando eu tinha cinco anos, meu avô paterno morreu. Eu estava ligado a ele e a essa série de antepassados por um acontecimento do qual eu mesmo não me lembro, mas que sempre era contado quando uma visita se colocava diante da galeria dos antepassados. Dizem que, quando eu tinha dois ou três anos, minha maior alegria era bater com um martelo nas coisas, não importava o quê – pedras, madeiras, caixas de papelão –, o importante era martelá-las. Justamente desse avô Api ganhei de presente um martelo de vidraceiro. Tinha até uma fita no cabo, para que eu pudesse pendurá-lo no pescoço. Ele devia ter uns 80 anos quando, certo dia, dormia na hora do almoço, no mesmo sofá onde estou deitado agora. Minha mãe ouviu o barulho de vidro se estilhaçando e correu para a sala. Segundo ela, eu tinha subido na beirada do sofá e, com meu martelo, quebrado um quadro após o outro. Em cima do avô que dormia e que, depois disso, acordou confuso, tinha caído uma chuva de estilhaços. Mesmo quando ele gritou: "O que você está fazendo, Satanás?", eu teria continuado a martelar.

Estranho, pensei, novamente cochilando nesse sofá debaixo dos antepassados, por que será que fiz isso? Então, o telefone tocou em meio ao silêncio da neve catastrófica. Dei um salto e atendi. Ouvi um ruído.

– Pai? Pai? – gritei.
– Sim, sou eu. Consegue me ouvir?

— Mal. Onde você está?

Meus irmãos e minha mãe se aproximaram, e cada um queria pegar o fone, considerando-se o único interlocutor adequado e tendo certeza de que a dificuldade para entender o que meu pai dizia estava em mim. Mas não cedi. Do fone saía um chiado. Ouvi a palavra "helicóptero". Meu irmão do meio puxou o fio do telefone. Ralhei com ele. Tentou tirar o fone da minha mão.

— Parem com isso! — gritou minha mãe. — O que ele está dizendo? Onde ele está?

— Pai! Pai! — gritei.

Mas a ligação foi interrompida.

— Você é um imbecil — queixou-se meu irmão mais velho.

Corri para meu quarto e bati a porta. Mas essa batida não foi suficiente para mim. Abri-a de novo e mandei-a uma segunda vez com força ainda maior para o batente. E depois uma terceira, uma quarta e uma quinta vez. Incansavelmente, abria a porta e a arremessava de volta com toda a força de que dispunha. Com uma mão, com as duas mãos, até o reboco da guarnição começar a se soltar. No final do corredor, vi oito olhos observando-me com preocupação. Dois olhos de mãe, quatro olhos de irmãos e dois olhos caninos. Eu não estava nem um pouco, nem um pouquinho a fim de parar. Estava como que atrelado a uma aparelhagem de cólera, feita de ímpeto e estrondo. Seria capaz de ficar batendo a merda daquela porta até morrer.

Mas meu cansaço gorou mais esse projeto de vida. Totalmente exausto, sucumbi, arrastei-me até a cama e, não sei por quê, cuspi na parede. Enrolei-me na minha coberta e fiquei olhando a saliva descer, rastejando a contragosto e, de certo modo, com inibição por causa do papel de parede de juta. Fiquei deitado, ouvindo com atenção. Alguma coisa estava diferente. Eu me levantei e olhei para fora. Os flocos de neve afundavam como que desacelerados até o chão.

QUANDO FINALMENTE VOLTARÁ A SER COMO NUNCA FOI

Abri a janela. Já não soprava a menor brisa. A tempestade cessara. Depois de mais de duas semanas de uivos e lamentos, após redemoinhos de neve fina e olhos semicerrados, a bonança havia retornado.

Passaram-se horas até meu pai voltar – ileso, com o nariz vermelho e a felicidade nos olhos. De fato, tinha ido junto no voo. Preso ao cinto de segurança, nos fundos do helicóptero. Aterrissou no nosso pasto e levou a insulina para Michaela. Mas isso não foi tudo. Uma equipe de televisão também tinha voado até lá e gravado uma reportagem sobre a neve catastrófica.

– Talvez eu também apareça. Eles me filmaram. E até entrevistaram – disse meu pai.

Reunimo-nos na frente da tevê. O ponteiro moveu-se até o número 12. Os últimos cinco segundos foram acompanhados por um top repetido. Então, ressoou o gongo do jornal das oito horas. A neve catastrófica era o primeiro tema. O locutor iniciou: "A situação no Norte continua a se agravar. Embora o vento tenha diminuído, ainda há centenas de pessoas isoladas. Ocorreram algumas cenas dramáticas. Graças ao auxílio do Exército, o pior pôde ser evitado." Tomadas aéreas da paisagem soterrada pela neve foram mostradas. Vilarejos inteiros estavam enterrados sob toneladas de branco, tendo as torres das igrejas como único ponto de referência.

Então, de repente, a câmera deslizou da amplidão ondulada do deserto de neve para dentro do helicóptero. Dei um salto do chão! Ali estava meu pai, sentado, segurando em uma alça e falando para a câmera:

– De fato, também estamos tendo de lutar contra a neve no hospital psiquiátrico infantojuvenil de Hesterberg. Há pouco estávamos no hospital de Kiel, para onde levamos de helicóptero um dos nossos pacientes. Agora estamos indo levar insulina para uma garota que corre risco de morte!

Meus irmãos também haviam se levantado e mal podiam acreditar no que estavam vendo e ouvindo. Logo em seguida, apareceu o filho dos Meisners, acenando em um campo coberto de neve com uma camisa vermelha amarrada a um sarrafo. Aos poucos, o chão foi se aproximando. Nossa casinha de fim de semana e a cota vitalícia não passavam de dois montes na paisagem, enterrados sob a neve. Desajeitado, meu pai desceu pela portinhola do helicóptero e, com dificuldade, curvado sob as pás do rotor que desaceleravam e incutiam medo, caminhou até o filho dos Meisners. Entraram na casa imunda, acompanhados pela câmera. Como não havia energia elétrica, velas estavam acesas. Michaela jazia no sofá, visivelmente esgotada. Revirava os olhos, e me pareceu difícil de acreditar que não estivesse fingindo. Enquanto se via meu pai injetar nela a insulina, a reportagem continuou: "Neste local, uma jovem foi salva no último segundo e, em seguida, levada de helicóptero com o irmão para um abrigo de emergência. Como o vento diminuiu, espera-se que, nos próximos dias, haja um ligeiro alívio em Schleswig-Holstein. Porém, ainda não se pode falar em fim do alerta, pois, como antes, todas as vias estão intransitáveis. A proibição de circulação de veículos permanece."

Sentei-me no colo do meu pai. Ele me abraçou e me apertou. Meus irmãos se sentaram nos braços da poltrona.

– Você não ficou morrendo de medo? – perguntou-lhe meu irmão do meio.

Meu pai refletiu por um breve momento e, em seguida, disse com uma sinceridade completa, quase alegre – uma sinceridade da qual, mais tarde, eu sempre sentiria falta.

– Fiquei, sim, com muito medo, mas ele não me atrapalhou nem um pouco.

Três dias depois de ele se alçar, a nossos olhos, a deus da insulina e herói de helicóptero, finalmente parou de nevar. Como médico,

QUANDO FINALMENTE VOLTARÁ A SER COMO NUNCA FOI

meu pai tinha uma permissão especial e podia usar o automóvel. Entre as paredes de neve de um metro de altura, percorremos, a uma velocidade de caramujo, a cidade que aos poucos voltava a ser liberada. Por um erro de raciocínio que até hoje me parece enigmático, eu tinha certeza de que, das massas de neve em degelo, emergiria uma cidadezinha completamente transformada. Imaginava que toda aquela neve era como um casulo frio que havia sido tecido ao nosso redor. No entanto, o que saiu do casulo não foi nenhuma cidadezinha mágica. Foi o mesmo fim de mundo molhado e lamacento de antes da catástrofe. Durante alguns dias, o sol ainda se mostrou frio, e tudo parecia um paraíso de esqui sem montanhas.

Depois de passar dois dias subindo umas três mil vezes com o minúsculo trenó, para depois deslizar com ele, colina abaixo, em quatro segundos, pensei em algo diferente. Queria prestar uma homenagem àquele inverno do século com uma última ação. Peguei minhas botas de borracha, coloquei-as em duas sacolas de plástico, que prendi com elástico de compoteira no cano da bota, e fui passear com a cadela no bosque. Ali começava a longa reta, na qual fracassaram, de modo tão lamentável, as ambições do meu pai em relação à corrida. Segurei a coleira com as duas mãos, agachei-me e gritei:

— Vamos, vamos! Corra!

A cadela pôs-se em movimento, e eu deslizei atrás dela. Correu cada vez mais rápido. Através das solas finas das botas, eu podia sentir até as menores ondulações do solo. Galopando a toda, a cadela varreu a trilha de corrida do bosque, puxando-me atrás dela em alta velocidade. Levou-me assim até o fim!

Quando me levantei, depois dessa disparada pela planície, joguei-me de novo na neve, e o animal lambeu meu rosto. Dei umas palmadinhas na sua cabeça e disse:

— Muito bem! Ei, cadela de trenó, venha cá! — abracei-a e beijei-a.

Durante dias, até o último restinho de neve derreter, aproveitei essa corrida. Tinha na cabeça uma pedrinha dourada, que brilhava e me deixava louco de alegria.

Acho que foi meu pai quem cuidou da saída dos irmãos Meisners da casa. O rapaz recebeu um apartamento na cidade, e Michaela foi enviada para uma instituição. Seu irmão morreu de infarto enquanto andava de ciclomotor, quando tinha a idade que sempre pareceu ter. Michaela ficou cega devido ao diabetes, mas ainda vive. Sua casa desmoronou.

Íamos para o campo todos os finais de semana. Meu pai sentava-se em sua poltrona de casa de campo e lia livros sobre casas de campo, como *Walden*, de Thoreau, ou folheava revistas de jardinagem, e minha mãe trabalhava duro. Ele caminhava pela gigantesca propriedade em busca do melhor local, do ponto de vista técnico, para instalar o planejado apiário, contava quantos ovos suas galinhas andaluzas haviam colocado, punha a mão no jato de urina de uma ovelha e exclamava:

— Ah, isto sim é que é vida, a vida que jorra! — E minha mãe trabalhava duro.

Durante toda uma vida, ou melhor, durante toda a vida dele, ela punha em prática o que ele concebia na teoria. Sempre teve de assumir pelo meu pai toda a parte prática. Anos antes, ela chegara até mesmo a escrever a tese de doutorado e de livre-docência para ele, que sabia tudo, mas não conseguia se sentar e pôr as ideias em ordem. Fumando, passou 14 dias no quarto, andando de um lado para o outro e ditando para minha mãe todo o seu trabalho de livre-docência. Era mestre em delegar as coisas, mas um zero à esquerda para realizá-las. Hoje penso que, talvez, também a nossa família tenha sido sempre apenas um conceito para ele. A vida como diretor de um

QUANDO FINALMENTE VOLTARÁ A SER COMO NUNCA FOI

hospital psiquiátrico, a vida como capitão de um navio, a vida como horticultor autossuficiente no campo, a vida como pai e marido na família – nós também éramos uma teoria que ele só suportava sentado na sua poltrona, mergulhado em livros ou distante de nós.

O CÉU POR TESTEMUNHA

O FATO DE EU TER DE SER O PRIMEIRO A IR PARA a cama por ser o caçula não me magoava, eu compreendia muito bem, e nove horas era um horário realmente generoso para a minha idade. Mas não poder assistir a nenhum filme até o fim era algo que sempre terminava em dramas e colapsos. Os filmes começavam às oito e 15, logo após o noticiário, e iam até as dez horas ou mais. Eu ficava em um beco sem saída. Deveria eu, por autoproteção, me despedir da sala de televisão às oito e 15, como um prodígio da razão na menoridade? Deveria dar um beijo de boa-noite em todo mundo e dizer: "Ah, sabem de uma coisa? É melhor eu nem começar a ver o filme. Pois às nove é hora de eu ir para a cama, como vocês todos sabem. Isso me deixa triste. Portanto, boa noite, querida família, e bom divertimento. Amanhã, no café, vocês me contam como foi." Será que era isso que meus pais imaginavam? Até tentei agir assim algumas vezes, saindo da sala e me deitando ao lado da cadela. Mas logo que eu ouvia a música de abertura ou o rugido do leão da Metro Goldwyn Mayer, não conseguia resistir, voltava correndo para a sala e me sentava perto da televisão. Meus irmãos faziam cara de súplica e pediam:

– Por favor, por favor, nada de drama às nove horas; este filme é superlegal.

Ou, então, diziam em voz baixa:

– É melhor já distribuir os tampões de ouvido!

Meu pai ficava sentado na sua poltrona. Segurava um livro, pois supostamente preferia ler. Era capaz de ficar ali sentado por duas horas, atraído por um filme, sem folhear o livro uma única vez.

QUANDO FINALMENTE VOLTARÁ A SER COMO NUNCA FOI

Minha queda por filmes poderia ser descrita apenas de maneira insuficiente, com termos como "gostar" ou "agradar". Era o único momento do dia em que eu parava quieto. Na escola, eu lustrava a calça de veludo cotelê, balançava a cadeira e, sem ninguém perceber, tamborilava o mais rápido possível com os dedões dos pés nos sapatos. Meus dez para-raios que estremeciam em segredo. À tarde, eu corria pelo terreno do hospital, tomava de assalto os quartos dos meus irmãos ou simplesmente andava de um lado para o outro sem rumo pelo mundo. Fazia os deveres de casa como um erudito baixinho a um púlpito, fabricado especialmente para mim na marcenaria do hospital psiquiátrico – ideia pedagógica do meu pai. Reclamei tantas vezes que odiava ficar sentado que meu pai acabou dizendo:

– Tudo bem, então fique em pé!

Meus irmãos reviravam os olhos, abriam a porta do meu quarto e falavam como radiotelegrafistas:

– Cabeça oca ao púlpito! Cabeça oca ao púlpito! Favor entrar em contato!

Balançando-me na ponta dos pés, eu treinava os dias da semana em inglês, com uma caligrafia borrada, cheia de garranchos, e não entendia nada. Letra por letra, copiava a palavra "wednesday" do livro de inglês. Em seguida, eu a cobria. Era como se um tumor de um segundo tivesse devorado meu cérebro: tinha esquecido tudo! Simplesmente não saía. Minha cabeça era um deserto inóspito, no qual números e escrita vagavam desorientados, desapareciam, sem deixar rastro, e nunca mais eram vistos. Em minha necessidade, cheguei até a passar um tempo sem copiar as letras; em vez disso, transferia-as para o papel-manteiga, de tão crípticas que eram para mim. Eu já ficaria muito feliz se meu cérebro fosse uma peneira; assim, talvez um ou outro fragmento mais compacto de conhecimento pudesse ficar preso nele. Mas na minha cabeça simplesmente não havia nada: nenhum gancho, nenhuma gaveta, nenhum armário, nenhum porão para qualquer tipo de informação. Pouco importava a posição: eu podia ficar sentado, em pé, podia até voar, que tudo logo tornava a desaparecer. Entrar por um ouvido e imediatamente sair pelo outro era para mim mais do que uma simples sentença, era uma expressão que acertava em cheio o meu problema. Meus ouvidos eram a entrada e a saída de um espaço vazio e escuro, de um túnel com tráfego.

— Cabeça oca ao púlpito! Cabeça oca ao púlpito! Favor entrar em contato!

Também nas refeições, eu estava sempre em movimento, comia e bebia em um ritmo tão acelerado que, por causa da pressa, acabava me atrapalhando. Fincava o garfo no lábio; derrubava o copo, estivesse ele colocado a uma distância segura ou não; e inevitavelmente manchava todo o pulôver com molho de tomate. Meu pai colocava a mão no meu ombro e dizia como um adestrador:

— Calma, humm, fique tranquilo, está tudo bem.

Mas eu não conseguia agir de outro modo. Era como se tivesse muita coisa dentro de mim. Alguns litros a mais de sangue, ossos grandes demais, órgãos muito gordos, um coração grande bombeando, simplesmente tudo era demais. Gostaria de ser um homem gordo e pacato como meu pai, um Buda da cultura, mas era um espoleta magricela que não parava quieto.

Só me acalmava diante da tevê. Bastava eu me deitar na frente dela para ser tomado por uma serenidade agradável. O rugido do leão da Metro Goldwyn Mayer era o sinal de fanfarra para eu relaxar. Porém, por uma magia maligna, os 45 minutos até as nove horas passavam de maneira incompreensivelmente veloz. Em um primeiro momento, sempre achava que meus irmãos queriam me provocar quando um deles dizia:

— Bom, já são nove horas, pode ir andando, baixinho!

Eu olhava para minha mãe, e ela fazia que sim com a cabeça. Arrastava-me até meu pai, pegava sua mão, virava o relógio de pulso para mim. De fato, passava pouco das nove. O que vinha depois seguia um padrão preestabelecido. Eu tornava a me deitar, na esperança de que meus pais e meus irmãos achassem o filme tão emocionante que simplesmente se esquecessem do horário e de mim. Mas pouco importava quão fascinante fosse o longa-metragem. Meus irmãos eram preceptores rigorosos e, quando se tratava de mim, faziam a máxima questão de que as regras impostas fossem cumpridas. No mais tardar às nove e dez, um deles se lembrava de mim:

– Acho que tem alguém atrasado aqui.

Então, minha mãe concordava:

– Venha, meu amor, vou acompanhar você. O filme nem é tão emocionante assim.

A fase seguinte era de discussão, em que eu gostava de adotar um argumento absurdo:

– Mas, então, por que vocês me deixam assistir? Deviam ter me mandado logo às oito e 15 para a cama.

– Fique quieto, queremos assistir! Vá logo para a cama.

– Até as nove e meia, vai! Por favor!

Era sempre bom negociar primeiro com minha mãe e depois com meu pai.

– Tudo bem, mas às nove e 20 você vai dormir. Promete?

Eu fazia que sim, me ajeitava, e meu irmão do meio exclamava:

– Ei, já são nove e 20!

Mais uma vez, eu olhava para o relógio de meu pai.

– Nove e 19! – respondia eu, e tornava a me deitar. – Papai, por favor, só mais um pouquinho!

Geralmente, meu pai estava cansado demais para ser rigoroso e, com um sonoro "Tudo bem, mais cinco minutos", me dava uma colher de chá. Apesar dessa concessão, a essa altura eu já estava irreversivelmente instalado na rampa de lançamento do foguete. Já não havia volta. A contagem regressiva começava a correr.

Às nove e trinta era a hora de o meu irmão do meio ir para a cama. Quando meu tempo se aproximava do dele, ele ficava bravo. No entanto, eu sabia muito bem que, assim que eu dormisse, ele poderia ver o filme até o final.

— Agora chega! Ele tem de ir para a cama! Já são nove e meia. Amanhã tem aula.

Eu lhe gritava de volta:

— Me deixe em paz. Não é da sua conta.

Minha mãe intervinha:

— Parem! Fiquem quietos!

Enquanto isso, meu irmão mais velho, sabendo o que estava por vir, aumentava o volume da televisão. Assim, começava a terceira fase: meu irmão do meio dizia algo desagradável, como:

— Vai, cabeção, é hora de ir para a cama; amanhã você tem de estar em forma para finalmente conseguir tirar um dois em matemática!

E eu ligava o meu primeiro estágio de encolerização a todo vapor e decolava do chão. Gritando, ia às alturas, perfurava a atmosfera aos berros, lançava os elementos queimados do mecanismo de propulsão e entrava batendo os pés na minha órbita furiosa. Sem gravidade, eu me debatia e deixava toda pusilanimidade para trás. Mas, e este é um gigantesco MAS, embora todos acreditassem que eu tinha surtado e enlouquecido de vez, eu conseguia acompanhar o que se passava na tela durante meu ataque cósmico. Girava de modo que conseguia manter tudo no meu campo de visão. Parte de mim se dobrava e se curvava em ira, enquanto a outra parte, protegida na ausência de gravidade, continuava a circular solta na órbita e a acompanhar o filme. Este era um segredo meu que ninguém conseguia ver. Era arte elevada: pirar e, ao mesmo tempo, assistir à televisão!

Meu pai se inclinava sobre mim, me pegava debaixo dos braços, me colocava em pé e me levava embora. Assim que eu era afastado da sala de televisão, vinha a tristeza. Soluçando, eu gaguejava:

QUANDO FINALMENTE VOLTARÁ A SER COMO NUNCA FOI

— Eu queria queria tanto tanto tanto ver ver ver o filme até até o final!

Ele me consolava, me fazia companhia enquanto eu escovava os dentes e me levava para a cama.

— Espera, pai, só quero dizer rapidinho boa-noite!

Sabendo das minhas intenções, meu pai erguia suas sobrancelhas de Gottfried Benn:

— Mas então seja rápido!

De modo patético, como um cão de cachos louros e pijama que havia pertencido primeiro ao meu irmão mais velho e depois ao do meio, eu entrava novamente na sala de televisão. Começava então a quarta fase. Eu abraçava minha mãe, sussurrava um "Boa noite, mamãe, desculpe!" e me sentava no seu colo. Colocava o queixo no seu ombro, virava um pouco a cabeça e via de novo a televisão. Tentava completar com lógica a lacuna que a toalete noturna havia aberto na ação. Meus irmãos continuavam concentrados no filme, embora fossem mestres em estar atentos a várias coisas ao mesmo tempo. Sem afastar o olhar da cena e ligeiramente entediado, meu irmão do meio explicava à minha mãe:

— Sabe como se chama isso em pedagogia, mãe? Educação oscilante! Vocês vão deixar o cabeça oca completamente confuso! Ele já está assistindo à tevê de novo!

— Por favor, deixe-o em paz, ele já está indo para a cama!

— Eu não disse nada! Mas se este aí pode ir para a cama 45 minutos depois do seu verdadeiro horário, então também posso ficar mais tempo. A partir de hoje, não irei mais às nove e meia para a cama, e sim meia hora depois deste aí!

Para mim, era bom que os dois discutissem. Cada minuto era lucro.

— Cadê você? – gritou meu pai.

Minha mãe me levantou do seu colo:
— Boa noite, durma bem!
Fui até meu irmão mais velho e disse:
— Boa noite!
Ele me olhou com carinho e deu um tapinha nos meus cachos:
— Boa noite, encrenqueiro, durma bem e tenha bons sonhos.
Meu outro irmão também sorriu para mim com aqueles seus incisivos absurdamente grandes:
— Durma bem, maninho. Eu te adoro.
Acontecia de, a essa altura, eu entrar até na quinta fase e ser acometido por um choro convulsivo de emoção, que, com toda certeza, durava até o final do filme, mas geralmente eu desistia nesse momento, dava uma olhada rápida na cadela, ia morrendo de cansaço para a cama, ainda ouvia um pouco da gritaria dos pacientes e adormecia.

Em uma das minhas inspeções ao armário de medicamentos, encontrei um creme para a circulação. Após um estudo minucioso da bula, descobri que ele aquecia até as regiões musculares mais profundas e que podia deixar a pele avermelhada, embora essa vermelhidão logo desaparecesse e não fosse perigosa. Abri o tubo, apertei-o levemente e passei um pouco do creme no dorso da mão. O local ficou agradavelmente aquecido, até quente, e depois, de fato, bem vermelho.

Ainda fiz outra descoberta sensacional: ao folhear a revista com a programação da televisão, mal pude acreditar, em um primeiro momento, ao ler que o filme que havia sido apresentado na noite anterior seria repetido na manhã seguinte, em um horário peculiar: dez e 23. Folheei a programação da semana inteira e, realmente, outros dois filmes seriam reprisados nesse estranho horário matutino. Uma das revistas, que retirei da pilha de jornais e que tinha mais de três semanas, afastou a minha última dúvida. Era fato: meus filmes preferidos com meus atores preferidos, cuja ação tantas vezes era

QUANDO FINALMENTE VOLTARÁ A SER COMO NUNCA FOI

decepada ao meio pela guilhotina da obrigação de ir para a cama pontualmente às nove horas ou, no máximo, às nove e meia, davam-me uma segunda chance após apenas uma noite.

Por vários dias, essas duas descobertas – o creme para a circulação e a repetição dos filmes – coexistiram pacificamente, sem se tangerem. Fiquei matutando sobre um pretexto para não ter de ir à escola de manhã. Alguma doença ou assunto familiar? Deveria eu falsificar uma justificativa? Independentemente disso, fiz generosos experimentos com a pomada, desenhando estrelas quentes nas pernas ou carinhas que se aqueciam: um pontinho, mais outro, uma vírgula, um traço – e a lua ficava com cara de palhaço.

Então, ia passar na televisão um filme que eu queria ver, tinha de ver de qualquer maneira: *O céu por testemunha*. Segundo a pequena imagem e a sinopse, o filme tinha tudo para ser alçado à potencial categoria de filme preferido: ilha distante, japoneses sinistros, uma freira delicada, ataques aéreos e, no papel do marinheiro, um dos meus heróis das telas: eu venerava Robert Mitchum. Desta vez, não ia deixar que me mandassem para a cama! Foi quando o creme para a circulação e as reprises se fundiram em um plano maravilhosamente arrojado. Na referida noite, a família se reuniu diante da televisão. Após a previsão do tempo, que como sempre era de chuva e vento, anunciei:

– Não estou me sentindo muito bem. Acho melhor ir para a cama.

– Como é que é? – desconfiou logo meu irmão do meio. – O filme já vai começar. Sabe com quem é?

– Sei, claro, mas passei o dia todo com uma sensação estranha na barriga.

Se eu fosse para a cama espontaneamente, com um filme incrível como aquele passando na televisão, era porque de fato não estava bem. Meu pai pôs a mão na minha testa:

– Mas você não está com febre, filho.

Levantei-me, um pouco curvado, mas fui vago ao representar os sintomas.

— É melhor mesmo eu ir me deitar. Durmam bem, boa noite!

Meus irmãos ficaram me olhando. Seria possível uma coisa dessas? Eu devia estar mal mesmo para abrir mão do Robert Mitchum. E, da porta, enquanto eu erguia a mão, com ar adoentado, para acenar uma última vez a todos, ressoava da televisão a fantástica música da 20th Century Fox, tocada por uma orquestra impetuosa.

Meu pai, que sempre me levava para a cama, cuidou de mim rapidamente, pois ele também adorava Robert Mitchum.

— Precisa de mais alguma coisa?

— Estou com um pouco de dor de barriga. Talvez uma bolsa de água quente ajudasse.

— Sim, claro, vou buscar para você!

Assim, adormeci satisfeito nessa noite, com um calor flácido junto à barriga, ouvindo os gritos mortais dos japoneses, que penetravam meus ouvidos através da porta fechada da sala de televisão, e com um plano bem apurado na cabeça.

Na manhã seguinte, no café, fingi ter passado uma noite de cão, comi pouco e olhei para o prato com ar de sofredor. Tampouco reagi aos comentários ainda cansados, mas já maldosos dos meus irmãos, e os rebati com meu abatimento.

— Acho que o filme de ontem foi o melhor que vi com Robert Mitchum — disse meu irmão do meio.

— É mesmo — deu-lhe razão o mais velho —, se o tivesse perdido, ficaria louco.

Furioso, apesar do meu plano secreto, mexi meu chá de camomila, enquanto preferia tê-lo jogado na cara deles, mas me controlei e bocejei.

— Está com dor de cabeça? — perguntou minha mãe.

QUANDO FINALMENTE VOLTARÁ A SER COMO NUNCA FOI

— Não, está tudo bem — respondi, e mostrei-me mais corajoso: — Hoje não posso faltar na escola, porque vamos receber os exercícios para o trabalho de inglês!

— Bom, mas se você não estiver se sentindo bem, é melhor ficar em casa, deitado na cama!

— Com certeza já vou melhorar, mãe.

Sorri para todos de um em um. Um sorriso tão afetuoso, tão valente, que até meus irmãos começaram a se preocupar.

— Coitado, você está muito pálido. Tomara que não seja nada contagioso.

— Preciso ir ao banheiro.

Levantei-me, segurei-me por um momento na quina da mesa, respirei fundo até a cólica passar e saí arrastando os pés. Assim que cheguei ao corredor, corri para o armário dos remédios, empurrei a cadeira na frente dele, afanei o creme para a circulação e enfiei o tubo no bolso apertado dos meus jeans. Vesti o casaco, coloquei a mochila nas costas e fui para a sala me despedir. Meu pai estava sentado na sua poltrona, lendo o jornal.

— Até mais, pai.

— Estou meio preocupado com você, filho. Tem certeza de que não quer se deitar?

— Ah, vou tentar ir à escola. Se não me sentir bem, volto para casa.

E ele disse exatamente o que eu estava esperando:

— Leve uma chave de casa e me telefone. Você é mesmo muito corajoso. O que será que você tem? Isso tudo está me parecendo tão esquisito!

Dei um beijo na sua mão.

De vez em quando, meu pai pegava uma ruga no dorso da mão, entre o polegar e o indicador, e a retorcia.

— Veja só — dizia ele, então, sempre desiludido. — Fica assim. E assim vai ficar por um bom tempo, até a pele se alisar novamente. Me dê sua mão.

Quando ele fazia esse experimento na minha mão, minha pele imediatamente voltava ao lugar.

Despedi-me da minha mãe e fui para a escola. A primeira aula era de geografia. Eu estava agitado demais para entender alguma coisa. Não parava de contar o tempo. A primeira aula ia até as oito e 40. A segunda, até as nove e 25. A terceira ficaria muito em cima. Sem nenhum exagero, minha professora de inglês, prestes a se aposentar, era louquinha de pedra. Sentia um frio terrível, vivia enrolada em uma manta de lã que ia até o chão e usava gorro, também de lã, durante a aula. No entanto, estava sempre bronzeada. Seu queixo era sulcado por rugas, e mesmo sua boca parecia uma fenda sem lábios. Quando falava, nunca se viam seus dentes. Do jeito como ficava em pé, na frente da turma, parecia uma xerpa iluminada.

Após cerca de dez minutos, peguei no bolso da calça o tubo todo amassado. Como nas demais matérias, também na de inglês eu era obrigado a ficar sentado na primeira fileira, para um controle permanente. Enquanto a professora escrevia na lousa, inclinei-me para baixo, como se estivesse procurando alguma coisa na minha mochila, e passei o creme no rosto. Pronto. Agora era ter paciência e esperar. Mas nada aconteceu. Sentei-me ereto e expus à professora meu rosto, que eu esperava que estivesse coberto de pústulas bem vermelhas. Ela olhou várias vezes para mim, mas estava tão concentrada na sua palestra em inglês que não conseguiu ver a evolução da minha doença, que a essa altura já seria preocupante, disso eu tinha certeza, de acordo com os resultados cronometrados dos meus experimentos. Teria eu subestimado sua loucura? Será que meu plano fracassaria porque aquela mulher de gorro e enrolada em uma manta de lã só girava em torno de si mesma? Apostei tudo em uma cartada. Sem fazer a menor ideia de qual era a pergunta, levantei a mão e estalei os dedos no ar, fingindo sede de conhecimento. Ela me olhou, surpresa, mas

QUANDO FINALMENTE VOLTARÁ A SER COMO NUNCA FOI

deixou o olhar continuar a vaguear para escolher outra pessoa. Ergui-me um pouco da cadeira, agitando e estalando o braço como se ele fosse um chicote. Consegui fazer com que ela dirigisse novamente o olhar para mim.

– *What's wrong with you?* – ralhou, irritada.

Olhei para ela, tentando fazer cara de espanto.

– *Do you want to answer the question?* O que há com você?

O pânico tomou conta de mim. Será que eu tinha pegado o creme errado por engano? Será que as pústulas da circulação não tinham aparecido? Era agora ou nunca. Fiz algo totalmente irracional. Abri a boca, pus a língua bem para fora e fiz "Ahhhh". E, nesse momento, finalmente vi no seu olhar que ela havia notado algo estranho em mim. Chegou bem perto da minha mesa.

– Que cara é essa? Você está cheio de pontos vermelhos no rosto.

Meu vizinho de carteira, um cê-dê-efe caindo de sono, olhou-me com repugnância e recuou até a borda mais extrema da sua cadeira.

– Levante-se e venha até a janela! – ordenou-me a professora, tirando o gorro.

Postei-me como um recruta, com as mãos coladas à costura da calça e os pés juntos à claridade da luz. Estava correndo tudo bem, eu não podia me precipitar. Tudo se daria exatamente como eu havia planejado.

– Está se sentindo bem? Nunca vi uma coisa dessas.

Arregalei os olhos o máximo que pude, como um cordeirinho inocente que expõe todos os estímulos-chave da compaixão.

– Pois é, estou me sentindo meio estranho. Na barriga. Não estou nada bem.

Este era um número que nunca falhava. Alunos que vomitavam na sala de aula constituíam uma verdadeira ameaça.

— Bom, é melhor você voltar agora mesmo para casa. Tem alguém lá?

— Tem, sim, com certeza; minha mãe está lá e meu pai volta para o almoço. E ele é médico.

— Ótimo, então vá. — Olhou para a turma, que, por sua vez, olhava curiosa para mim, a sensação cheia de pontos na cara.

— Quem quer acompanhá-lo?

Esta era uma das tarefas mais ambiciosas que podia ser incumbida a alguém. Doentes não podiam voltar sozinhos para casa.

Mas ninguém se dispôs. Ninguém queria chegar muito perto de um leproso, muito menos acompanhá-lo. Eu não tinha contado com isso. Era uma verdadeira ameaça ao meu plano. Se ninguém se dispusesse a me levar, ligariam para meu pai e eu estaria perdido.

— Ninguém?

A professora ajustou a manta de lã e refletiu. Todos os meus amigos olhavam fixamente para o tampo da mesa. Então, Björn se ofereceu, foi o único a levantar o braço. Ah, não, ele não, pensei. Björn, o repetente, Björn, o que fumava escondido, Björn, o ladrãozinho de loja.

Em dupla, deixamos o prédio da escola. Durante os primeiros minutos, permanecemos calados, e eu não dizia nada além de: "Vamos dobrar a esquina", ou "Agora, sempre reto". Passamos por um quiosque, e Björn me perguntou:

— Que tal um sanduichinho de merengue com chocolate? Estou com dinheiro!

— Não sei — respondi, hesitante —, não estou muito bem! — Só que eu adorava esse sanduíche.

Ele entrou na loja e voltou com duas baguetes gigantescas.

— Tome, para você! Uma produção especial com dois merengues! Venha, vamos sentar ali naquela mureta!

QUANDO FINALMENTE VOLTARÁ A SER COMO NUNCA FOI

Pensei se ainda tinha tempo, mas até as dez e 23 não haveria problema.
— Tudo bem. Obrigado!
Sentamo-nos e comemos. Ele me olhou com ar sabedor:
— Bom, catapora é que não é!
— Pois é, mas realmente não estou bem. Estou me sentindo um horror!
— Aposto que amanhã vai estar melhor! — disse, rindo, e mordeu com gosto seu sanduíche.
Quando chegamos à porta de casa, Björn pediu para usar o banheiro. Abri a porta, a cadela veio ao nosso encontro, agitou-se, surpresa, e mostrei a Björn o caminho até o lavabo. Queria me ver livre dele o mais depressa possível. Ao voltar pelo corredor, perguntou:
— Você não tinha dito que sua mãe estava em casa?
— Com certeza já deve estar voltando. Talvez tenha ido comprar alguma coisa!
— Mas não posso te deixar sozinho!
— Imagina, pode sim! Está tudo bem. Vou me deitar agora. Logo vou melhorar.
— Acho até que já melhorou! As manchas vermelhas já sumiram.
Olhei para o espelho do corredor e descobri um menino totalmente saudável, bem corado, cuja expressão parecia de alguém condenado à morte. Desviei o olhar. Vi seus tênis novos em folha virem até mim e abri a porta:
— Obrigado por ter me trazido!
Björn enfiou a mão no bolso do casaco e tirou um cigarro. Um único cigarro, diretamente do bolso do casaco:
— Tudo bem, sem problemas. Bom divertimento e até amanhã!
Fechei a porta atrás dele e esperei até sua figura enevoada se afastar através do espesso vidro fosco. Enfim, só! Corri para

a cozinha. Dez horas e dez minutos. No meu quarto, peguei a minha coberta e o travesseiro, levei-os para a sala de televisão e transformei o sofá em uma cama confortável. Fechei as cortinas e liguei a tevê. Ainda não tinha certeza se meu plano daria certo. Muita coisa ainda poderia acontecer. Falta de luz! O que o Björn havia dito? Bom divertimento? O que estaria querendo dizer? Bom divertimento com o quê? Com a minha recuperação? Por que as pústulas tinham durado tão pouco? Será que, por causa da pressa, eu havia passado pouca pomada?

Cheio de expectativa, fiquei deitado, bem quietinho, na minha cama de doente. Uma apresentadora que eu nunca tinha visto me cumprimentou e me desejou bom divertimento com o filme que viria a seguir. A orquestra da 20th Century Fox começou a tocar. Ao rufar dos instrumentos de percussão, trombetas soaram e se elevaram até uma fanfarra de felicidade que prometia o paraíso na Terra. A temperatura debaixo da coberta, a posição da minha cabeça sobre o travesseiro de penas, o alinhamento da televisão – tudo era de uma rara perfeição. O filme começou. Nos cem minutos seguintes, mergulhei nele como nunca tinha feito antes.

Quando a minha mãe voltou, por volta de uma da tarde, eu já havia me transferido para o quarto, e ela se sentou ao meu lado, na cama. Queria ter lhe falado do filme. Tive de comprimir os lábios, de tanto que as impressões queriam sair. Colocou a mão sobre a minha testa:

– Você deveria ter ficado em casa esta manhã. Acho que está com febre!

Logo depois, meus irmãos chegaram da escola. Ficaram com pena de mim, levaram juntos o almoço até a minha cama, sentaram--se ao meu lado e procuraram me animar. Meu irmão do meio roubou duas cenouras do meu prato, enfiou-as na boca como se fossem enormes dentes de vampiro e exclamou, babando:

QUANDO FINALMENTE VOLTARÁ A SER COMO NUNCA FOI

— O sangue é um suco muito especial!

Era uma regra na nossa família não sair de casa também à tarde quando se faltava à escola por motivo de doença.

Eu não tinha a menor dúvida de que o preço pela manhã passada diante da televisão seria uma tarde bastante monótona, e eu bem que merecia. Mas foi diferente: assim que fechei os olhos e adormeci, as imagens do filme ascenderam à minha mente. Os cabelos da freira ainda molhados e, pela primeira vez, sem o véu, deitada sob o lençol, no chão de uma caverna. Robert Mitchum aguardando, imóvel, em uma despensa, pois é surpreendido por japoneses que passam a noite toda diante de um estranho jogo de tabuleiro. Foi mais do que uma mera lembrança. Eu tinha uma tecla de repetição na cabeça e sempre assistia a cenas inteiras desde o começo.

O FILHO DA MÃE TEM DE SUMIR DE UMA VEZ POR TODAS

EU ESTAVA JOGANDO TÊNIS DE MESA COM MEUS irmãos, no nosso chamado porão do hobby, quando ouvimos gritos desesperados. Logo percebemos que não se tratava de gritos de pacientes, mas de alguém que se achava em extremo perigo dentro da nossa casa. Jogamos as raquetes na mesa e subimos correndo a escada do porão. Ainda nos primeiros degraus, nossa curiosidade era maior do que nossa preocupação, mas nos degraus seguintes entendemos que aquela voz que gritava a sua dor nos era bem familiar, para não dizer a mais familiar de todas. Meus irmãos pularam vários degraus, e tentei imitá-los. Chegamos ao corredor, a porta da sala estava fechada. Meu irmão mais velho girou a maçaneta e a abriu. Espremido entre meus irmãos ofegantes, o que vi estava muito além da minha capacidade de imaginação. Naquela sala, entre todas as heranças autênticas – armário rústico, escrivaninha Biedermeier, poltrona Berger e sofá, estantes lotadas de livros – e sob os olhos da galeria genealógica dos nossos antepassados de sucesso que impunham respeito por seus feitos militares, acadêmicos e médicos, nunca pensei que pudesse acontecer um drama como aquele. Como era possível que da intimidade do cotidiano familiar se elevasse tamanha tempestade? Afinal, perder a cabeça, pirar e endoidecer não eram especialidades minhas? No entanto, diante daquilo que eu estava vendo naquele momento, meus ataques de cólera eram meras cenas de principiante.

QUANDO FINALMENTE VOLTARÁ A SER COMO NUNCA FOI

Diante dos meus olhos, um verdadeiro grão-mestre da fúria mostrava sua arte: minha mãe estava sentada no carpete marrom, rasgando jornais. Nunca seus lábios pintados de batom me pareceram tão vermelhos, nunca seus cabelos tingidos me pareceram tão pretos. Ao seu redor, pedaços de papel voejavam e navegavam pelos ares. Rapidamente, como um animal que abocanha sua presa, ela capturava novas páginas de jornal; suas unhas pintadas de vermelho avançavam na pilha à sua frente, nela se fincavam e a agarravam. Segurava rapidamente o papel no alto, rasgava-o e lançava os pedaços com toda a força pelo cômodo. Em seguida, apanhava seus fragmentos flutuantes e batia neles. Com a palma e o dorso da mão. Mas antes que tudo caísse no chão, ela já se precipitava no jornal seguinte, gritando:

– O filho da mãe tem de sumir de uma vez por todas!

E repetia:

– O filho da mãe tem de sumir de uma vez por todas!

Eu desconhecia por completo aquela voz rouca e profunda, que irrompia do abismo do seu sofrimento. Nunca tivera medo da minha mãe. Mas aquela mulher sacudida por uma fúria invisível, aquele monstro de mãe que gritava e rasgava jornais me causou um temor considerável. Mal dava para reconhecer seu familiar rosto maternal. Seus dentes me pareceram grandes e separados, e dava para ver até o fundo da sua garganta vermelha. Também nunca a vira movimentar-se com tanta rapidez. Seus braços desenfreados, sua cabeça que se lançava de um lado para o outro, as unhas dos pés, igualmente pintadas de vermelho – eu mal conseguia acompanhar tudo aquilo com os olhos.

Meu pai estava em pé, um pouco afastado, diante da fachada de janelas, e olhou para nós. Era exatamente o oposto da minha mãe. Estava ali, totalmente paralisado. Seus poucos cabelos me pareceram estranhamente lisos e penteados para trás. Tinha o olhar bastante concentrado, que se revezava entre os três filhos e a mulher em fúria. Então, descobri algo em todo o seu ser – era apenas um sopro, uma ínfima dose, mas me surpreendeu muito. Vi que estava não apenas tenso. Vi que também estava "irritado", e não há outra palavra para descrevê-lo. Não estava atormentado por ver sua mulher se comportar daquele jeito; não, estava visivelmente irritado. Era enorme aquela discrepância entre a mãe que descarregava sua dor inédita e o pai sem vigor, calvo, que olhava a cena friamente, mas, por fim, também estava irritado. Ele veio até nós e disse:

– Acho melhor vocês saírem.

Mas não era o pai que falava conosco, tampouco o pai raras vezes severo. Falava o médico, tão familiarizado com a fúria e sua escalada; aquele que sabia muito bem lidar com loucos. Quando eu perdia a cabeça, ele falava comigo como pai; quando eu tirara o terceiro zero em matemática, falara até como pai severo, mas, naquele momento, parecia um médico competente, alguém que iria resolver aquela situação graças aos seus longos anos de experiência e providenciar a paz e a ordem.

Não nos mexemos, e meu pai repetiu-nos sua exortação:

– Quero que vão para o quarto de vocês agora!

Como minha mãe gritava muito, ele teve de falar bem alto. Foi estranho. Meu pai dizia sua frase nas pausas do desespero da minha mãe e quando ela tomava fôlego. Assim, surgiu uma frase materna e paterna, que se alternava como numa engrenagem: "O filho da mãããe – quero que vão – tem de sumiiir – para o quarto de vocês – de uma vez por tooodaaas – agora." Meu irmão mais velho olhou para meu pai e, o que acontecia muito raramente, postou-se bem ereto, tornando-se até mais alto do que ele e, nesse momento, ultrapassando sua cabeça, exclamou:

– Não!

QUANDO FINALMENTE VOLTARÁ A SER COMO NUNCA FOI

Eu nunca tinha ouvido um "não" como aquele do meu irmão mais velho. Era um não inquestionável, incontestável, e como tive a impressão de que meu irmão também o pronunciara por mim, como se ele representasse uma resistência dos três irmãos à ordem do pai, também fiquei parado. E como se esse não tivesse dado duas sonoras bofetadas na cara do meu pai, uma à esquerda e outra à direita, o sangue lhe subiu às bochechas.

– Saiam daqui agora! – ralhou conosco e, como um touro, veio empurrando o barrigão para cima de nós.

Antes que nos alcançasse, meu irmão mais velho entrou na sala, foi até minha mãe, que tinha se jogado de costas no chão, esperneava e, às vezes, fazia o que na minha aula de educação física era chamado de ponte. Mas ela o fazia sem as mãos, apoiando-se diretamente na cabeça. A cadela entrou na sala a passos lentos e pesados, viu minha mãe, começou a latir e saltou ao redor dela, abanando a cauda. Meu irmão do meio tentou apanhá-la, enquanto eu continuava parado no vão da porta. Minha mãe jogou-se novamente de bruços, ficou de joelhos, recolheu os pedaços de papel que estavam no carpete e jogou-os de novo para o alto. Ao meu lado, meu pai fez um ruído – com toda a certeza, fui o único que ouviu –, um suspiro lastimável, que acabou por formar uma frase em voz baixa, completamente aborrecida:

– Ah, não... por favor, não.

O fato de a minha mãe ter rasgado jornais, pelo menos, foi uma ação concreta; vê-la jogar-se no chão e estremecer me deixou abalado, mas ainda era uma cena, de certo modo, imaginável; porém, assistir--lhe arranhando o carpete de maneira cada vez mais intensa, embora já não houvesse nenhum pedaço de papel à sua frente, pareceu-me muito estranho.

Meu irmão do meio conseguiu puxar a cadela pela coleira. O mais velho se ajoelhou ao lado da minha mãe no chão e colocou a mão em suas costas. Meu irmão, que segurava o animal ofegante, olhou triste para mim. Mas o que ela está fazendo?, pensei. O que está procurando? Obstinada, minha mãe continuou a raspar o carpete marrom como se quisesse escavar bem ali, no chão da nossa sala, abrir um buraco e um túnel para fora.

Nesse meio-tempo, não eram só as bochechas de meu pai que estavam ardendo, mas também a sua calva começara a pegar fogo, e toda a cabeça paterna sofria um incêndio. Não dava para saber se era de vergonha, de raiva ou de indignação. Diante de mim, no chão, vi minha mãe, e como gostaria de ter sentido uma compaixão pura e profunda como meu irmão, uma empatia que deixasse todas as minhas células felizes, mas eu também senti um sopro de irritação e pensei: "Realmente isso já está passando dos limites." Rasgar, bater e gritar, tudo bem, mas ficar arranhando o carpete me pareceu exagerado e me deixou envergonhado. Quando duas das suas longas unhas pintadas de vermelho se dobraram e se afastaram em ângulo reto da ponta dos dedos, a dor fez com que voltasse a si. Deixou-se cair para o lado, soluçando e chorando. Olhei para meu pai e fiz uma coisa que me surpreenderia na mesma noite, na cama, e que ainda me inquietaria anos mais tarde: encolhi levemente os ombros. Foi um gesto ínfimo, mas inequívoco. Como pude? Com esse encolhimento de ombros, fiquei do lado de meu pai e tornei-me seu aliado. Ele pousou a mão nos meus cachos, assentiu, compreensivo, virou minha cabeça para o lado e empurrou-me com uma pressão suave mas persistente, para o corredor. Deixei-o fazer e corri para meu quarto.

Depois, nessa mesma tarde, minha mãe tomou um banho e, com um sorriso desconcertado estampando o rosto exausto, foi até meu quarto. Parecia feliz e muito confusa ao mesmo tempo. Como se o ataque de desespero no carpete tivesse relaxado seu rosto, seus gestos me pareceram mais frescos e variados do que nas últimas semanas.

— Acho que agora tudo vai melhorar, meu amor — disse com voz rouca, e continuou: — Não quis assustar você.

— Tudo bem, mãe! — Levantei-me da cama. — Posso dar uma volta com a cadela?

— Claro! Quer que eu vá junto?

— É... tudo bem, se você quiser, mas não vou demorar muito.

— Ah, sei... bom, faça como quiser.

— Volto logo.

Colocou a ponta dos dedos entre os olhos e massageou o ponto sobre a ponte do nariz. Nenhum outro gesto seu me era tão familiar como esse.

— Te amo muito. Você e seus irmãos são realmente o que há de mais maravilhoso no mundo para mim. Sem vocês, eu estaria perdida. Meus três filhos.

Olhou para mim e chorou, sem demonstrar tristeza. Uma lágrima após a outra saiu rolando, como que liberta, de seus olhos serenos e radiantes. Eu queria sair. Senti-me visivelmente desconfortável. O peso dessas grandes palavras, leves como penas e ditas sem pensar pela minha mãe, era desagradável para mim.

— Bom, vou fazer o jantar. Quando você voltar do passeio, comemos!

— Onde está o papai? — perguntei.

— Acho que ainda está no hospital, mas nunca sei direito. Quer que eu faça arroz-doce para você?

Fiz que sim e saí do quarto.

FESTA DE VERÃO

TODOS OS ANOS, UMA GRANDE FESTA DE VERÃO ERA realizada no campo de futebol do próprio hospital psiquiátrico Hesterberg para crianças e adolescentes. Para tanto, os marceneiros da instituição montavam inúmeras barracas, e os pintores, também da instituição, pintavam-nas de várias cores e nelas escreviam com letras grandes. Do viveiro, empilhadeiras traziam vasos grandes e coloridos com plantas e, após intensas discussões, depositavam-nos nos lugares escolhidos. Arrumavam-se bancos e construíam-se espaçosas tendas. O terreno da festa era tão grande que, em três pontos centrais do gramado, fincavam-se postes com placas sinalizadoras, cujas setas de madeira recortada indicavam as direções. Nessas placas liam-se, por exemplo: "Salsichas grelhadas a dez metros", "Tenda da dança a 30 metros" ou "Barraca do waffle a 25 metros", e todos os anos também se viam indicações como: "Nova York: 6.153km" ou "Tromsö: 1.785km". Dias antes da festa de verão, já se começava a serrar e a construir sobre o terreno, e eu sempre gostava de ver esses preparativos intensos ao voltar da escola.

Para meu pai e os moradores da instituição, tratava-se de uma ocasião importante; afinal, todos os habitantes de Schleswig eram bem-vindos nessa festa, e a intenção era acabar com seus temores e suas preocupações, sempre à espreita, ou, no melhor dos casos, dissipá-los por completo. Por isso, por toda parte na cidade eram pendurados cartazes que promoviam a festa de verão.

Havia várias atrações: um tronco que, na minha lembrança, tinha ao menos 50 metros de altura, mas provavelmente, na realidade,

QUANDO FINALMENTE VOLTARÁ A SER COMO NUNCA FOI

no máximo dez metros, que se podia escalar, amparado por uma corda, e em cuja extremidade desfolhada pendia um gongo, no qual o escalador tinha de bater para marcar seu êxito. Quando esse gongo ressoava, todos os visitantes olhavam para o alto, e o escalador acenava orgulhoso para todo o campo. Eu mesmo nunca conseguira chegar ao topo. Mas não por falta de habilidade, e sim porque, após alguns metros, meus joelhos já começavam a tremer de medo e, como vara verde, eu me deixava cair com a ajuda da corda de segurança. Obviamente, o rei da escalada da árvore era Rudi, chamado de Tarzan. Como um macaquinho com dentes estragados, ele galgava rapidamente o tronco, levando seus cabelos vermelhos como uma tocha rumo ao alvo no ar.

Outra atração eram as mesas dobráveis, colocadas umas ao lado das outras e repletas de bolos. Nunca mais vi tantos bolos e tortas juntos. Com certeza, eram 20 metros compactos, um muro de doces, que ofereciam de tudo, desde bolo mármore até criações próprias de vários andares.

O especial nessas festas de verão era a mistura crua de seus visitantes. Pacientes hospitalizados, como os internados por muito tempo, moradores da vizinhança, médicos, enfermeiros, faxineiras, cozinheiras, os já mencionados serralheiros, jardineiros e pintores com suas famílias, e até mesmo turistas, atraídos pelos cartazes, visitavam a festa de verão. Todos os anos, meus irmãos e eu recebíamos uma barraca, na qual podíamos nos revezar. Uma vez foi a barraca da sorte, na qual se podiam ganhar coisas que os pacientes haviam produzido nas oficinas. Havia cadeiras artesanais, de acabamento perfeito, criados-mudos e estantes, mas também prêmios esquisitos, como bonecas de tricô que tinham algo monstruoso, ou obras em ferro, fundidas sem nenhum planejamento e que mal podiam ser erguidas. O prêmio principal era uma imitação bastante detalhada, construída com milhares de palitos de fósforo, do navio *Gorch Fock* da marinha alemã, ou uma tapeçaria enorme, feita pelos pacientes, com os pontos turísticos da cidade. Então, eu me levantava e gritava:

— Venham tentar a sorte! Aqui os prêmios são o máximo! Três apostas por um marco!

E aguardava meus irmãos, que tinham prometido voltar logo, mas não davam as caras.

Por dois anos seguidos, nossa barraca foi uma viga espessa, na qual era preciso martelar pregos. Pregos e martelos pequenos para as crianças, pregos e martelos grandes para os adultos. Eu não me sentia nada confortável quando os pacientes martelavam os pregos ao meu lado. Minha mãe trabalhava atrás do balcão dos bolos, espantava as vespas da calda de açúcar, servia café, animada e com o bom humor nas alturas, e se divertia visivelmente com a ocupação.

Meu pai deambulava vagarosamente de uma barraca a outra e conversava com os visitantes, os empregados e os pacientes. Comia aqui uma salsicha grelhada e acolá um pedaço de bolo; ganhava amêndoas torradas e sanduíches de arenque. Eu gostava de ver como ele passeava tranquilamente, levado pelo reconhecimento geral. Ao vê-lo, corria para ele, que me abraçava, e logo em seguida eu já precisava ir embora.

Alguns pacientes tinham sua própria barraca. Um rapaz, que se chamava Benno ou Hanno, ocupava uma pequena cabana, onde fazia retratos. Levava horas. Quem se sentasse na sua cadeira acabava perdendo a festa. Eu mesmo presenciei retratados perderem a paciência a certa altura, levantarem-se e, por exemplo, permitirem que um colega os representasse. Para Benno ou Hanno não fazia a menor diferença. Ele continuava a desenhar. É uma pena que já não me lembre desses retratos misturados, mas posso imaginar como se uniam, em uma única imagem, os mais diferentes rostos ao longo da tarde. Infelizmente, Hanno ou Benno morreu jovem, e não fui só eu que senti falta da sua barraca.

QUANDO FINALMENTE VOLTARÁ A SER COMO NUNCA FOI

Em uma dessas festas de verão, fiz uma descoberta na tenda de dança. Eu tinha ido para trás da lona de plástico para ver as tomadas grandes dos cabos que forneciam energia ao aparelho de som. Foi quando vi um traseiro enorme e nu no arbusto. As nádegas se contraíam e se soltavam com uma alternância veloz, fazendo com que a fenda entre ambas se entreabrisse e se fechasse, escondendo e revelando uma faixa de pelos bem pretos. Eu não fazia ideia do que estava vendo, pensei em alguém tendo um ataque epiléptico e me aproximei. Já tinha presenciado inúmeros desses ataques e conhecia seu processo: primeiro, a queda inesperada do paciente no chão, que era bem diferente da queda por desmaio ou fraqueza. Era como se, de repente, a gravidade se multiplicasse por mil, como se o corpo fosse derrubado e lançado ao chão por uma força magnética, sugado com toda a potência; depois, o som horrível, com o qual o ar é espremido dos pulmões, e finalmente as convulsões descontroladas, em que cada braço e cada perna pareciam levar uma vida catatônica própria, causando em mim a impressão de que as extremidades quisessem se soltar do corpo. Aos quatro ou cinco anos, quando vi os primeiros ataques epilépticos, eu não teria me surpreendido se, de repente, os braços tivessem saltado para fora das mangas da camisa e as pernas avançado para fora da calça, debatendo-se.

Contudo, naquele momento, diante do traseiro pulsante, eu via não apenas duas pernas, mas quatro, não apenas dois braços, mas quatro; porém, só uma cabeça. Que tipo de ataque seria aquele? Sem querer me demorar mais para tentar resolver o enigma – até porque sentia o sopro, vindo não sei de onde, de uma vaga suspeita de que aquele caso não precisava de ajuda e de que eu estaria claramente incomodando –, dei marcha a ré com cautela.

Ao anoitecer, as barracas iam ficando cada vez mais cheias; as filas de cadeiras e as pistas de dança já não tinham mais espaço livre. Era surpreendente a quantidade de pacientes que gostava de paradas de sucesso alemãs; sabiam as letras de cor e cantavam e dançavam com gosto. Raras vezes, estilos tão diferentes rodopiaram numa mesma pista. Até meu pai cheguei a ver girar feliz em torno de si mesmo. Meus irmãos e eu ficamos sentados em um banco, assistindo, surpresos, a como ele fincava, decidido, as mãos nos quadris gordos e passava balançando de uma perna a outra. Embalados por um embaraço alegre, cobríamos o rosto com as mãos e, com os dedos na boca, assobiávamos no ritmo. Todo mundo dançava com todo mundo. Sem seus jalecos de médicos ou enfermeiras, muitos dos funcionários eram quase irreconhecíveis. As pacientes dançavam com seus cuidadores, a vice-diretora com o chefe do viveiro, o diretor comercial com a lavadeira linda de morrer, e minha mãe com um senhor mais velho, muito elegante, ex-diretor já aposentado do hospital psiquiátrico. Entre cadeiras de rodas que giravam, dançavam turistas dinamarqueses. Portadores de deficiências graves eram empurrados pelos seus pares na pista de dança; quando conseguiam, batiam palmas felizes ou moviam um pouco a cabeça ao som da música.

Às dez acabava a festa, e as pessoas vinham em massa de todas as barracas para a pista de dança. A coroação do encerramento era a contagem do dinheiro arrecadado. As moedas e cédulas depositadas em copos, recipientes e caixas eram despejadas em uma banheira e contadas. Meu pai subia no pódio e declarava a soma total ao microfone do único animador, que já se ocupava de desmontar a estrutura nos fundos. A soma sempre soava astronômica para mim – por exemplo, certo ano arrecadamos 3.435 marcos e 50 centavos –, e era recebida por todos os presentes com um grito de júbilo. Com o dinheiro compraram-se mesas de pingue-pongue para o ginásio de esportes, instalou-se a biblioteca dos pacientes e, em um ano bastante lucrativo, encomendou-se até um projetor de filmes em Hamburgo. Graças a esse projetor, em um dos meus aniversários eu pude assistir

QUANDO FINALMENTE VOLTARÁ A SER COMO NUNCA FOI

com meus amigos a um filme, *Tarzan*, em um telão no ginásio com as luzes apagadas. Durante a projeção, um dos meus colegas de escola levantou-se de um salto, correu para as cordas de escalada, presas à parede, e ficou se balançando e gritando na frente da imagem, como uma sombra.

Obviamente também houve anos em que essa festa, em meio às chuvas do norte da Alemanha, corria o risco de ir parar debaixo d'água, e o vento, mal-humorado, chacoalhava as barracas. No entanto, graças a uma confiança que beirava a falta de juízo, os visitantes e organizadores não perdiam o bom humor. Ouvi enfermeiras decididas dizerem sob uma chuva torrencial: "Lá no fundo já está clareando", embora o céu estivesse cinza-escuro até onde a vista alcançasse.

O gramado no campo de futebol ficava encharcado, e o vento era tão forte que soprava algodões-doces dos palitos e arrancava da mão bilhetes premiados. Não tinha importância. Comemorávamos nossa festa de verão, mesmo que as ilhas aluviais diante do Mar do Norte fossem evacuadas e do chão mal desse para reconhecer os pacientes que subiam até o topo do tronco, de tanta chuva que caía. Ouvia-se o gongo, e esta era a prova de que a festa estava sendo um sucesso: era verão.

MARLENE

DE DIVERSAS MANEIRAS, PEDIU-SE A MEU PAI, COMO especialista que era na sua área, que tratasse de uma menina. Algo ruim havia acontecido a ela, seus pais já não sabiam mais o que fazer e foram consultá-lo. Quem eram esses pais e qual era o problema da sua filha, ele não podia nem queria dizer. Recusou-se a responder, embora, com um olhar bastante significativo, desse claramente a entender que não podia dizer, uma vez que se tratava de um assunto muito delicado. Soa estranho, mas é exatamente isto: a clareza em dar a entender alguma coisa era uma especialidade do meu pai. A menina não podia, de modo algum, ser levada para o hospital psiquiátrico, pois, segundo disseram, era sensível demais para aquele tipo de estabelecimento. Não se poderia pretender interná-la em um dos prédios superlotados; contudo, um tratamento ambulatorial tampouco seria o bastante.

Meus irmãos e eu ficamos curiosos com o que estava por vir. A cama do quarto de hóspedes foi arrumada, e acompanhei minha mãe ao Divi, o grande supermercado, para comprar os alimentos recomendados pelos pais misteriosos, que agiam na sombra. A lista de compras era uma extravagância. A cada artigo que minha mãe pegava, surpresa, nas prateleiras, crescia minha curiosidade pela menina.

— Como é que ela se chama mesmo? — perguntei à minha mãe.

— Marlene.

— E por que vai ficar lá em casa?

Minha mãe empilhou 40 minissalames da marca BiFi no carrinho de compras.

QUANDO FINALMENTE VOLTARÁ A SER COMO NUNCA FOI

– Também não sei direito. O papai realmente não pode explicar.
– Mas e se ela for totalmente maluca?
– Pois é, também estou ansiosa.
– O que vamos fazer com esse monte de BiFis?
– Estão aqui na lista. Espero que esteja certo. Quarenta BiFis?
– Quanto tempo ela vai ficar com a gente?
– Só quatro semanas. Agora precisamos pegar 12 latas de atum, jujubas, geleia de laranja e dez vidros de beterraba em conserva. Estranho, muito estranho.
– Quantos anos ela tem?
– Catorze. É um ano mais velha do que você.

No dia seguinte, quando voltei da escola, Marlene estava sentada com a minha mãe à mesa da cozinha, sem fazer nada. Minha mãe me apresentou, ela olhou para mim, e nada aconteceu. Estava muito bem-vestida: um vestido rosa com um colete de tricô vermelho-claro por cima, meias-calças com florezinhas pálidas, unhas pintadas, uma corrente com um crucifixo e brincos de pérolas. Mas era como se essas lindas peças de roupa repousassem apenas brevemente sobre ela, como se fizessem uma pausa, para depois voltarem para a verdadeira dona. Servi-me de um copo de leite e me sentei perto dela. Marlene não fez nada. Tampouco parecia cansada ou triste. Suas mãos estavam à sua frente, sobre a mesa, como presentes cor de carne. Não teria me surpreendido se seus brincos de pérolas despencassem das suas orelhas como ameixas muito maduras, sem que ela desse a mínima. Sua inexpressividade me deixou perturbado. Ao mesmo tempo, era impossível ignorá-la. Do modo como estava ali sentada, sem fazer nada, era extremamente presente e ocupava todo o espaço.

Nos dias seguintes, Marlene preencheu nossa casa com sua passividade abrangente. Sua letargia era altamente contagiosa. De repente, aconteceu de todos nós ficarmos com o olhar petrificado, ou minha mãe encostar-se morta de cansaço à parede do corredor, a caminho do banheiro. Sua inércia nos encasulou como faz a aranha com um inseto anestesiado. Quando assistíamos à tevê junto com Marlene, às oito da noite nossos olhos já se fechavam. À nossa cadela isso veio bem a calhar. Em Marlene, ela parecia ter finalmente encontrado o polo da tranquilidade, que justificava seu cochilo atrás da poltrona e que durava o dia inteiro. Quando a menina e a cadela saíam para dar uma volta, depois que meu pai a convencia com uma filigranada mistura de encorajamento e intimação, parecia que logo o mundo inteiro iria adormecer e os telhados das casas escorregaria, de tão lentos que eram os dois. Meu pai já tinha aprendido que não deveria dizer: "Vão dar um passeio de meia hora", e sim: "Vão dar um passeio até a beira do bosque". Para ambos, "meia hora" significava até o portãozinho do jardim.

À mesa, quando se pedia para Marlene passar a manteiga, até ela a entregar a torrada já tinha esfriado. Quando ia ao banheiro, ele ficava impedido por, pelo menos, uma hora, e todos nós tínhamos de usar o toalete das visitas no porão. Eu me esgueirava e encostava a orelha na porta do banheiro. Do lado de dentro, pingos constantes e regulares, com pausas, como se viessem de estalactites. Várias vezes, ela se esquecia de dar a descarga ou não dava de propósito. Ficava um cheiro horrível, e a pequena poça d'água no vaso sanitário era vermelha como sangue. Eu levava um susto e ia chamar minha mãe. Ela me tranquilizava, explicando que era por causa das beterrabas que Marlene, com frequência, mandava goela abaixo.

E, apesar de tudo, aconteceu uma coisa que a mim mesmo pareceu extremamente estranha: eu gostava dela. Ela me agradava. Me agradava até demais. Eu procurava ficar perto dela. Enquanto almoçávamos, Marlene mastigava seus BiFis ou comia com afetação diretamente da lata de atum. Eu nunca tinha visto uma pessoa tão lenta e, ao mesmo tempo, elegante. Seus movimentos tinham uma graciosidade solene e eram permeados por uma desesperança plúmbea, como se todo deslocamento fosse antecedido por uma decisão extenuada, mas tomada com grande esforço. Ficava ali sentada e, para cada minissalame, precisava de meia hora. Eu olhava para o relógio da cozinha, preso à parede atrás dela. Marlene mastigava e mastigava sem sequer piscar. Enquanto isso, o ponteiro dos segundos se desacelerava cada vez mais, mal superando a montanha do nove para o dez, dando, por fim, a impressão de que já estava farto da sua função tiquetaqueante e de que a qualquer momento cairia morto do mostrador. Esta menina é mais poderosa do que o tempo, pensava, e, surpreso, notava que toda conversa que se iniciava com ímpeto reduzia-se em segundos, até se extinguir.

Minha mãe aproximou-se dela a passos rápidos e lhe disse bruscamente:

— Marlene, hoje vamos tomar banho no Langsee!

Marlene olhou para ela e não se mexeu.

— Por favor, pegue seu maiô. Em dez minutos sairemos!

Marlene olhou para ela e não se mexeu.

— Está um tempo lindo hoje.

Então, ouvi a voz da minha mãe se desacelerar.

— Seria... bom... ir... nadar... um pouco.

Mas Marlene olhou para ela e não se mexeu. Seu olhar freava tudo, e, de repente, a própria euforia, a própria vontade de fazer alguma coisa parecia supérflua e até sem sentido. O olhar de Marlene, sua tensão corporal transformavam toda vivacidade que se precipitava sobre ela em fantasma doentio. Minha mãe ficou em pé na frente dela e, com voz sonolenta, capitulou:

— Pode pensar... mais um pouco. Ah, na verdade, eu nem estava com muita vontade mesmo.

Marlene só olhou para ela e não se mexeu.

* * *

Eu nunca me sentia satisfeito com seu jeito estranho e sempre a observava quando estava perto dela.

Meu irmão do meio não deixou o fato escapar:

— Ei, o hidrocéfalo está caidinho pela coruja.

No entanto, eu era exatamente o oposto dela: aquele que não conseguia ficar sentado; que na classe era mandado de volta para casa porque, irrequieto e fraco em ortografia, não entendia de jeito nenhum por que havia mesas e bancos na sala de aula.

Marlene me deixava minimamente quieto, e eu a deixava minimamente inquieta. Enquanto eu estava na escola, ela participava de diversas sessões de terapia sob os cuidados do meu pai. À tarde, ficava conosco.

Marlene costumava escovar os cabelos. Sentava-se ao sol, diante da grande porta de correr envidraçada, e se penteava. Sempre de cima para baixo. Ao mesmo tempo, comia jujubas. Mas as chupava, ficava uma eternidade chupando uma única balinha. Eu fingia que tinha alguma coisa para fazer na sala, lia livros sobre o deserto e a observava. Tinha curiosidade para descobrir por que ela estava na nossa casa, e finalmente acabei lhe perguntando:

— Você está doente?

Bela e ausente, virou a cabeça e olhou para mim. Os olhos de areia movediça me embalaram. Às vezes, eu tinha a impressão de que ela desprezava a mim e a minha família por completo, desprezava tudo, mas, naquele momento, simplesmente olhou para mim. Seu olhar preenchido por uma neutralidade espontânea me deixava inseguro, pois eu não era capaz de interpretá-lo. Esse olhar parecia não esperar nada. Nem do seu interlocutor, nem de si mesma.

QUANDO FINALMENTE VOLTARÁ A SER COMO NUNCA FOI

– Você está doente? – repeti a pergunta.

Ela moveu a ponta do nariz um milímetro para a direita, voltou à posição inicial e depois um milímetro para a esquerda. Seria este um gesto de negação?

– Por que está aqui conosco?
– Suicídio.
– O quê?
– Tentei me matar.
– Mas por quê?
– Na verdade, não sei. Por isso estou aqui. Para descobrir.
– O que você fez?
– Tomei comprimidos.
– Que tipo de comprimidos?
– Não faço ideia. Todos que havia no armário.
– E depois?
– Adormeci.
– Sei... e depois?
– Acordei no hospital. Fizeram lavagem gástrica.
– Mas por que você fez isso?
– Humm... – refletiu – não faço ideia. Me pergunte isso de novo daqui uma semana. Talvez até lá eu pense em alguma coisa.

Aos poucos, também meus irmãos caíram no vórtice elegíaco de Marlene e se esforçaram bastante para impressioná-la. O mais velho lhe mostrava seus peixes e punha discos para tocar. Era quase um encantamento: nunca antes a música havia soado tão arrastada. Enquanto parecia que alguém apertava o prato da vitrola com o dedo, guppys, acarás-bandeira e ciclídeos afundavam entorpecidos em meio às algas do cascalho. Meu irmão do meio dava palestras, atrapalhava-se e, sob o olhar inexpressivo de Marlene, aterrissava no nirvana. Hoje, quando estou deitado à noite na cama e ouço os gritos dos pacientes lá fora, penso em Marlene. Seus pulôveres eram feitos com a lã mais fina, talvez angorá, e os fios rosados da lã formavam uma penugem felpuda. Ficava imaginando como seria acariciar suas costas, talvez até seus seios macios, e, o que era novidade para mim, não conseguia dormir.

Ficou oito semanas em nossa casa, depois voltou para a dos pais.

Alguns anos depois, meu pai me perguntou enquanto se trocava para ir à piscina:

— Você se lembra da Marlene, que morou um tempo conosco?

— Lembro, claro. Era tão devagar. Como é que ela está?

Meu pai pegou com os dedos do pé a cueca que estava à sua frente, no gramado, jogou-a para o alto, apanhou-a com a mão, e o que disse em seguida não combinava em nada com essa acrobacia de homem gordo:

— Se matou ontem.

— Verdade?

— Verdade.

Olhou triste para mim:

— Vou nadar.

Caminhamos um ao lado do outro até os chuveiros. Tínhamos a mesma altura.

— Mas por quê? — perguntei.

— Não faço ideia. Às vezes, é assim. Foi a sua quarta tentativa. Ela mesma não sabia por quê, mas simplesmente queria morrer. Já na época em que ficou lá em casa.

Nunca tinha acontecido de ele falar tão abertamente comigo sobre uma das suas pacientes.

— Horrível, não é? — continuou. — Quando alguém não ama a vida. Não foi por causa dos pais. São pessoas gentis. Tratei Marlene durante seis anos. Nos entendíamos bem. Gostava dela de verdade. Era uma menina legal.

QUANDO FINALMENTE VOLTARÁ A SER COMO NUNCA FOI

Sua voz ficou frágil:
– Até o fim acreditei que conseguiríamos.
Chegamos aos chuveiros. O sol estava se pondo. Meu pai apertou o botão, e aconteceu um milagre: a água saiu com um jato dourado da sua cabeça. Espumejando e esguichando, um raio ardente de sol ergueu-se rumoroso da sua calva e, um bom meio metro acima dele, foi sugado pela cabeça metálica do chuveiro. Tinha fechado os olhos, os braços pendiam inertes paralelamente ao ventre protuberante, e, com uma pressão gigantesca, esse raio sibilou para o alto: amarelo--alaranjado.

Alguns dias depois, chegou à nossa casa um pacote com um presente dos pais de Marlene: uma esfera de vidro soprada artesanalmente, dentro da qual quatro plaquinhas romboides giravam com a força dos raios do sol sobre um eixo pontiagudo. Durante muitos anos, essa esfera ficou no parapeito da janela da sala, até que, em uma das tardes mais quentes que o Norte já viveu, estilhaçou-se em milhares de pedacinhos, com uma explosão que mais pareceu um tiro de fuzil atravessando a casa.

CARNAVAL NO ROTARY

TODO ANO, O ROTARY CLUB ORGANIZAVA UMA FESTA DE carnaval. Por que meu pai, que evitava todo evento social, nunca perdia uma continua sendo um enigma para mim. Uma dessas festas teve um final memorável. Minha mãe pôs um poncho sobre um vestido bem colorido, uma flauta de Pan no pescoço e foi de índia. Difícil era dizer qual a fantasia de meu pai. Havia pintado o bigode de preto, usava bombachas azuis cintilantes, como as de um palhaço, uma camisa listrada, como um marinheiro, um chapéu-coco, como o do Charlie Chaplin, e, no rosto, um nariz redondo e enorme, acionado por uma bateria e acoplado a uns óculos pretos de brincadeira.

— Que raio de fantasia é esta? — perguntou-lhe meu irmão do meio. — Ninguém sabe do que você está vestido!

Meu pai pensou por um momento e respondeu:

— Salada de carnaval.

— O quê?

— É, vou de salada de carnaval.

E assim partiram. Minha mãe, linda e exótica, parecendo uma indígena de outro país, com sua salada de carnaval. Despediram-se de nós e prometeram não voltar muito tarde.

No meio da noite, fui despertado por latidos altos. Bêbado de sono, fui até o corredor. Minha mãe estava ali de camisola, tentando acalmar a cadela que mostrava os dentes. Meus irmãos também tinham saído dos seus quartos.

— O que é que ela tem? — perguntei.

Antes que minha mãe pudesse me responder, vi meu pai do lado de fora, no meio da noite, diante da porta de vidro. Mal sua

QUANDO FINALMENTE VOLTARÁ A SER COMO NUNCA FOI

silhueta foi percebida, a cadela perdeu totalmente o controle. Saiu em disparada, chocou-se com meu irmão mais velho e pulou com as patas dianteiras no vidro. Meu pai ficou parado e levantou os braços, com ar interrogativo. Assim que saiu do campo de visão do animal, este se acalmou um pouco. Minha mãe pegou a coleira no aquecedor:

– Tome, amarre-a bem em algum lugar. Vou falar para o pai de vocês entrar pela porta do terraço.

Meu irmão do meio pegou a coleira e puxou a cadela, que continuou a rosnar, para o corredor da entrada. Minha mãe foi para o quarto do meu irmão mais velho. Ouvimos quando abriu a janela e gritou:

– Vá para a porta do terraço. Vou abrir para você!

Meu irmão amarrou a ponta da coleira no pé de madeira arredondado da cômoda maciça que ficava no corredor. Mal se ouviu minha mãe abrir a porta do terraço, nossa cadela se lançou com todo ímpeto para a frente. Com sua força gigantesca, afastou a cômoda da parede com um rangido, arrastou-a um pouco pelo corredor e, por fim, conseguiu quebrar o pé do móvel. Como um jato catapultado de um porta-aviões, dobrou a esquina voando. Meus irmãos e eu saímos correndo atrás dela e, diante do animal que avançava com ímpeto, ainda vimos meu pai voar de costas para fora da sala, tropeçar no terraço e, em pânico, fechar a porta de correr atrás de si. Como um leão, a cadela esticou uma garra na fenda que sobrara e a levantou no ar, em tom de ameaça.

Nós três a puxamos para trás, e minha mãe fechou a porta.

– O que ela tem, afinal? Está completamente louca!

Minha mãe se calou por um instante e olhou para fora.

– Acho que não está reconhecendo o pai de vocês! – disse, parecendo entusiasmada. – Está defendendo a nossa casa contra o cara estranho lá fora!

Meus irmãos e eu, todos descalços e de pijama, nos aproximamos do grande vidro. Em sua fantasia improvisada, de óculos e com o nariz ridículo que ainda piscava, meu pai caminhava contrariado e com passos pesados pelo jardim.

— Mãe, por que você está aí parada e ele continua lá fora? — eu quis saber.

— É melhor você mesmo perguntar a ele. E então? Vamos deixar o palhaço entrar em casa? — respondeu-me minha mãe de forma um tanto enigmática.

Meu irmão do meio bateu na porta de vidro e acenou para meu pai que, nesse meio-tempo, havia arrancado o nariz e, furioso, arremessara-o nos arbustos, onde continuou a piscar sem se deixar impressionar. A cadela latia e rosnava; babava e corria de um lado para o outro da frente envidraçada, como um animal de zoológico ensandecido por muitos anos de cativeiro.

— Vou fazer a salada de carnaval entrar pela janela do nosso quarto — sugeriu minha mãe.

Meu irmão do meio deu outra sugestão plausível, pelo que me pareceu:

— Poderíamos tentar trancar a cadela no porão e depois ir buscá-la!

— Não, não, pela janela me parece o mais adequado para ele — objetou minha mãe e, inesperadamente, bateu palmas para todos nós, dando risada. — Vamos lá! — exclamou.

Com um aceno de cabeça, meu irmão mais velho anuiu. Com seis mãos e toda a força de que dispúnhamos, afastamos o animal da porta de correr. Minha mãe acenou para meu pai se aproximar. Ele veio, mas com medo. A camisa de marinheiro tinha subido, e sua barriga pendia sobre as bombachas. Minha mãe fez sinais e exclamou contra o vidro:

— Vá até a janela do quarto. Por ela você consegue entrar!

No começo, ele não entendeu e, quando finalmente compreendeu, ergueu as mãos para o escuro céu noturno e depois bateu, amargurado, nas coxas. Embora estivéssemos fazendo todo o possível, não conseguimos manter a cadela longe da porta do quarto. Ela tornou a se soltar e pulou com tanta habilidade contra a porta que, com a pata, apertou a maçaneta e entrou correndo no cômodo. Por um segundo, ficou em pé sobre as patas traseiras no vão da porta, parecendo um gigante com casaco de pele preto e branco. Meu pai já tinha escalado com esforço o parapeito da janela quando o animal se lançou contra ele, que se espatifou com todo o seu peso sobre os arbustos. Orgulhosa, a cadela parou com as patas no parapeito e latiu na noite. Por ela, teria pulado para fora. Volta e meia saltitava com as patas traseiras e arranhava o aquecedor com as garras – mas a janela era alta demais.

Meu pai estava visivelmente de saco cheio. A uma distância segura, berrou:

– Caramba! Tranque logo de uma vez a merda dessa cadela!

Como muito raramente ele falava alto – eu só o vira fazer isso poucas vezes –, meus irmãos e eu ficamos muito impressionados. Já minha mãe continuava animada como antes.

– Mas não estamos conseguindo! – Exclamou de volta para ele, dando tapinhas de aprovação na cabeça do animal. – Vou jogar suas roupas pela janela! Talvez assim dê certo!

Foi até o armário do quarto, pegou uma camisa e uma calça do meu pai que estavam cuidadosamente penduradas no cabide, e arremessou-as com vontade pela janela, noite adentro. Ouvi meu pai praguejar e, com meus irmãos, voltei correndo para a sala. Apagamos a luz e o observamos despir-se até ficar só de cuecas. Perguntei-me se ele estaria embriagado por sempre levantar de modo tão desajeitado primeiro uma perna, depois a outra, para enfiar a calça. Embora mal desse para reconhecê-lo na escuridão, eu conhecia bem seus movimentos e via sua ação familiar como um jogo de sombras. O modo como ele vestia metade da calça, postando-se de pernas ligeiramente abertas para segurá-la a meio mastro, e depois ajeitava a camisa ao redor das cuecas; como encolhia a barriga para fechar a calça, esticando-se para depois voltar a se soltar; a pança que caía sobre o cós – tudo isso eu via centenas de vezes na claridade.

Já vestido, pegou as peças da fantasia no gramado e lançou-as, sem ver os três filhos, diretamente diante da porta de correr do terraço. Desapareceu na escuridão, e corremos para o quarto dos nossos pais. Meu irmão do meio gritou para minha mãe já de longe, ao longo do corredor:

– Ele está vindo!

Meu pai surgiu no fundo do longo corredor diante da porta envidraçada da entrada. Seu bigode ainda estava preto, seu cabelo, desgrenhado, e estava descalço. A cadela levantou a cabeça, os pelos de sua nuca baixaram, e, alegre, foi trotando até a porta. Minha mãe abriu-a para meu pai e riu:

– Seja bem-vindo ao lar!

Meu pai passou por nós sem dizer palavra, foi ao banheiro e se trancou.

– Pronto, agora vocês podem voltar a dormir! – incentivou-nos ela.

Mas, então, ouvimos de novo um barulho horrível, como se um animal muito suculento estivesse sendo dilacerado. Voltamos correndo para a grande janela da sala. Nossa cadela sacudia as bombachas azuis de um lado para outro, pulava com as patas sobre elas e rasgava-as em tiras. Minha mãe, que estava atrás de mim e em cuja barriga me encostei, colocou o braço sobre meus irmãos, à esquerda e à direita de mim, e disse:

– Meu Deus! Ele tem sorte de não estar mais aí dentro.

AS CAMAS

COM FREQUÊNCIA, O QUARTO DOS MEUS PAIS, BEM no final do corredor, me causava uma impressão triste. Durante o dia, parecia não ter a menor ideia da sua função. Muito neutro e bem ventilado, ficava ali, esperando seus dois ocupantes, cujas noites eu desconhecia. Não inspirava a menor simpatia. Tal como alguém observa em alguns museus, atrás de um espesso cordão, um ambiente rústico do século XVII, cuidadosamente reconstruído, muitas vezes eu ficava parado à porta do quarto dos meus pais para observá-lo.

Meu pai sempre ia dormir cedo. Particularmente cedo. Nos finais de semana, gostava de ficar o dia todo na cama. Punha o cinzeiro no montículo da coberta armado pela sua barriga, fumava um cigarro atrás do outro e lia.

As camas dos meus pais viviam em movimento. Quando meu pai e minha mãe estavam de bem, elas ficavam juntinhas no meio do quarto, separadas apenas pelo espaço de um palmo entre os colchões. Os criados-mudos eram colocados ao lado de cada uma.

A outra posição das camas não continha grandes alterações, mas significava muito, pois indicava um começo. As camas eram ligeiramente afastadas. Não muito. Permaneciam no centro do quarto, mas eram separadas por uma fenda. Os criados-mudos continuavam ao lado de cada uma.

Então, as camas iam se distanciando cada vez mais uma da outra, na direção das paredes. Onde antes se encontravam, no meio do quarto, ficava agora uma área livre. E onde antes havia um caminho lateral para elas, encontravam-se agora os criados-

-mudos. Em seguida, estes eram colocados do lado de dentro, e as camas se encostavam nas paredes. Ficavam o mais afastado possível uma da outra. Sobre os criados-mudos, deslocados para o lado de dentro, empilhavam-se livros e revistas, formando muros que bloqueavam a visão. De todo modo, preservava-se certa simetria. Mas quando uma das camas era virada para a parede dos fundos, desviando definitivamente o olhar, todas as variantes de distanciamento no quarto tinham sido esgotadas. Esse estado nunca durava muito tempo, e meu pai acabava se mudando para o quarto de hóspedes, no porão. Para a "cripta", como o chamávamos. Minha mãe voltava, então, a dormir sozinha no meio do quarto, com as camas em sua posição original. Fazia isso até meu pai se cansar do porão e voltar para o quarto. E, então, tudo recomeçava. Quando eu precisava de um sinal inequívoco do grau de afeto dos meus pais, bastava ir ao quarto deles e olhar a posição das camas, como a temperatura das suas noites em um termômetro.

Quando minha mãe ficava muito triste depois de meu pai atormentá-la muito e ela deixar-se atormentar, ia por uns tempos para Munique, ficava na casa dos meus avós e recebia apoio. Certa vez, chegou a passar três meses lá. Ficávamos sozinhos com meu pai. Ele cozinhava. Mas não sabia fazer miúdos. Todo santo dia fazia ervilhas em conserva e costeletas de porco. Quando minha mãe voltava, mostrava uma alegria quase exagerada e ria tanto que meus irmãos e eu nos lançávamos olhares perplexos uns aos outros.

Certa vez, quando achava estar sozinha, ouvi-a falar. Estava bem tranquila, sentada na nossa grande poltrona Berger, com as mãos nos joelhos, as palmas viradas para cima. Fiquei junto da porta semiaberta, ouvindo-a. Por um bom tempo. Parecia uma prece:

— Sei ficar deitada na banheira e gostar disso. Sei fazer um almoço que agrade aos meus filhos. Sei me vestir bem e andar entre as pessoas.

QUANDO FINALMENTE VOLTARÁ A SER COMO NUNCA FOI

Sei os nomes de muitas árvores e flores. Sei arrumar uma mesa e deixá-la bonita. Sei ler um livro e entender do que se trata. Sei cantar bem...

Enumerou mais de 50 coisas que sabia fazer. Só coisas muito óbvias. Mas, justamente, que só pareciam óbvias.

NAMORADAS

QUANDO COLOCÁVAMOS NOSSOS SAPATOS DIANTE DA porta do quarto, isso significava: "Não quero ser incomodado." Não podíamos trancar a porta.

— Na nossa família, não se trancam portas.

Por que meu pai rejeitava tanto portas trancadas, não sei dizer. Mais tarde, houve um tempo em que nós três estávamos namorando, e diante de cada porta ficavam dois pares de sapatos. Por eles já se conseguia ver quão diferentes éramos. Pelos sapatos e pela música. Embora apenas três anos nos separasse. Não podíamos ser mais diferentes.

Meu irmão mais velho ouvia jazz e fumava cachimbo. Nessa época, já estava com 20 anos. Contudo, ainda tinha dois anos de escola pela frente, pois repetira três vezes. Recorde escolar. Nós o apelidamos de aposentado precoce ou tórax escavado, pois ele sempre andava curvado, com suas roupas largas demais. Vivia cansado e, depois da invasão que fazíamos no quarto um do outro, precisava de silêncio absoluto para sua sesta. Quando ele e a namorada desapareciam no quarto embolorado, no qual, àquela altura, já borbulhavam cinco aquários de 100 litros, dois pares de sandálias surradas ficavam na frente da porta.

Meu irmão do meio tornou-se o que, na época, se chamava de "Popper".★ Uma vez por semana, ia ao barbeiro, e tinha 17 pares de mocassins, dos quais pendiam pequenos pompons. Lia Sartre e Kant,

---

★Termo usado sobretudo nos anos 1980 para designar o jovem que cuidava da aparência a fim de se distinguir dos punks. (N. T.)

QUANDO FINALMENTE VOLTARÁ A SER COMO NUNCA FOI

e, através da minha parede, eu o ouvia fazer palestras de filosofia entusiasmadas à sua namorada. Os sapatos dela eram bem parecidos com os dele, com os mesmos pompons, só que menores. Ouviam uma música com batida monótona. Certa vez, eu o vi dançar em uma festa no nosso porão. Com os dedos fechados e as mãos esticadas, fazia movimentos mecânicos com o braço, cortando o ar em ângulos frenéticos e convulsivos. Achei que fosse brincadeira, mas, pelo visto, era sério.

Já eu ouvia apenas o que tivesse uma solenidade sombria e me vestia completamente de preto. Meu irmão me perguntou se eu sabia que o preto era a cor dos existencialistas. Eu não conhecia a palavra, e já estava de novo no chão, me virando de um lado para o outro de raiva. Eu usava coturnos, exatamente como a minha namorada. Fazia pouco tempo que nos conhecíamos, e, no mais tardar às nove, ela precisava estar em casa. Quando a música acabava e os discos paravam de girar, minha mãe ficava inquieta. Imaginar que nos três quartos havia gente se apalpando deixava-a nervosa.

— Saiam todos agora! — exclamava no corredor.

Ou então:

— Alguém está com fome? Tem lanche.

Quando já não conseguia se segurar, corria pela casa e dava descarga em todos os banheiros. Várias vezes. Eu ficava deitado na cama com a minha namorada, já meio despido, e ouvia a correria e o borbulhar da descarga pela casa.

Nesse aspecto, meu pai era mais tranquilo.

— Vocês podem fazer o que quiserem — dizia. — Mas sem abrir a braguilha da calça.

Como se não bastasse o dia em que, no caminho para casa, um louco gritou para o meu primeiro e delicado amor e para mim: "E aí, vai rolar outra transa agora?", meu próprio pai era doido. Eu sentia vergonha dele. Com frequência, eu sentia vergonha dele na frente da minha namorada. Por exemplo, quando ele brincou de

Willy e a Abelha Maja* com uma paciente e atravessou o estacionamento zumbindo. Durante anos, um paciente, segurando um volante de automóvel, ia buscar meu pai todas as manhãs. Era o seu chofer. Meu pai seguia a pé atrás dele, gingando satisfeito com a sua maleta, e, um metro à sua frente, o rapaz segurava o volante no ar, virava para a esquerda ou para a direita e, com os lábios, tremulava um úmido "brrrrrrrrum".

Eu nunca sabia em que deveria pensar ao beijar e acariciar. Na época em que estava namorando, isso me deixou desesperado. Para não perder a concentração, bolei um truque. Começava a contar. Até cinco, beijo de boca fechada. Até dez, beijo de língua. Até 20, subir e descer as mãos pelas costas. Cinco lambidas no mamilo em uma direção, depois cinco em outra. Assim eu ficava concentrado. Até que, certa vez, minha namorada me afastou com um empurrão e me perguntou o que eu ficava fazendo o tempo todo.

– Você está contando?
– O quê? – gaguejei. – O que está querendo dizer?
– Você é louco de pedra. Fica contando. Meu Deus, que espécie de doido é você?

Fingi não entender o que ela estava querendo dizer.

– Não vem não, você está contando. Tudo o que você faz, faz cinco ou dez vezes. Deus do céu, isso é doentio!

A partir de então, nossa vida amorosa ficou permanentemente perturbada. Eu tentava beijá-la sem contar. Era horrível. Ficávamos lado a lado, deitados na cama, e, chorando, ela sussurrava:

– Nunca mais cinco nem dez vezes. Não pode ser por acaso.

---

*Originariamente, personagens do romance do escritor alemão Waldemar Bonsel, do início do século XX, que nos anos 1970 foi adaptado para desenho animado. (N. T.)

QUANDO FINALMENTE VOLTARÁ A SER COMO NUNCA FOI

* * *

Quando foi que entendi exatamente que meu pai se encontrava com outras mulheres ainda é um mistério para mim. De repente, ele passou a folhear, com ar enlevado, catálogos de roupa masculina. Cortou os parcos cabelos. Eu era obrigado a examinar suas orelhas e arrancar com uma pinça os odiados pelos. Emagreceu alguns quilos e comprou camisas novas. Quanto mais gentil era com a minha mãe, tanto maior era a probabilidade de que estivesse apaixonado de novo. Minha mãe sofreu a vida inteira por causa dos amores dele.

Eu tirava os cabelos do seu pente e os examinava ao microscópio de meu irmão. Certa vez, vi como ele lançou um breve olhar de cumplicidade a uma enfermeira. À noite, eu me esgueirava na garagem e anotava a quilometragem do carro dele. Enredava-o em uma conversa para saber como havia sido seu dia e descobria que, embora ele afirmasse ter dado apenas uma volta na cidade, tinha mais de 100 quilômetros rodados no tacômetro. Revirava seus bolsos e, em uma ocasião, descobri a foto em tamanho de passaporte de uma mulher. Apertei a tecla de rediscagem do nosso telefone e uma voz sussurrou: "Alô?"

Para mim, outra prova clara dos seus casos amorosos era o fato de que ele só fingia estar lendo. Eu conhecia exatamente o ritmo com o qual ele virava as páginas de um livro. Sem levantar os olhos da revista que ele havia assinado para mim – eu tinha trocado *O deserto* por *Imagem da ciência* –, vigiava a frequência com que ele folheava seu volume. Ele passava um minuto inteiro fitando uma única página e só a virava quando algum barulho o sobressaltava: a cadela entrava na sala – mudança de página – eu mudava a minha posição deitada – mudança de página – minha mãe entrava na sala – intensa mudança de página.

Quando todos os indícios depunham contra ele, fui tirar satisfação. Ele estava sentado em sua poltrona, lendo a revista *Stern*. Entrei e me sentei ao seu lado:

— E aí?

Ele olhou para mim, com ar amigável:

— E aí?

Eu estava me sentindo muito mal de tanto nervoso.

— Preciso te perguntar uma coisa.

— Pergunte!

Como eu não dizia nada, meu pai fez:

— Humm.

— Por que você está mentindo?

— O quê?

Repeti a pergunta em voz baixa:

— Por que você está mentindo?

Meu pai pousou a *Stern* sobre as pernas.

— O que está querendo dizer?

— Eu... – toda a minha coragem de detetive tinha acabado – eu apertei a tecla de rediscagem do telefone e uma mulher atendeu.

Meu pai olhou para mim:

— E daí?

— Bom... – quis sair correndo – quem era?

Ele só me olhou.

— E encontrei uma foto no seu bolso, e você sempre dirige mais do que diz, e no seu pente havia cabelo que não era seu... e você só finge que está lendo... Então...

— E então o quê?

Balancei a cabeça. Curiosamente, tive vontade de ser consolado por ele.

— Sabe de uma coisa? – disse ele, em seguida.

QUANDO FINALMENTE VOLTARÁ A SER COMO NUNCA FOI

– Não, o quê?

Levou uma eternidade para ele responder. Nunca antes eu o olhara por tanto tempo diretamente nos olhos, aqueles olhos desiguais.

– Há coisas que você faz que não me dizem respeito, e há coisas que eu faço que não te dizem respeito.

Abaixou os olhos e continuou a ler.

Carreguei essa frase por meses como uma dura ofensa, e só mais tarde ficou claro para mim que essas palavras do meu pai me davam grandes liberdades que valia a pena aproveitar.

FRANCO

PELO MENOS UMA VEZ POR MÊS NOSSO TELEFONE tocava, e uma voz agitada de homem, com sotaque sulino, pedia para falar com a "Susanna, Susanna, Susanna!". Já a caminho do fone, acontecia alguma coisa com minha mãe que sempre surpreendia meus irmãos e a mim. A cada passo, ela rejuvenescia e jogava os cabelos para o lado com um impulso desenvolto, como nunca fazia, para conseguir acomodar melhor o fone ao ouvido. Também fazia parte do ritual do meu pai assistir a tudo da sua poltrona e jogar o seu livro no chão, ora irritado, ora também com ar de repreensão, e deixar a sala de maneira ostensiva. Ao aparelho estava Franco. Minha mãe conversava com ele em italiano. Fluentemente. Ouvia-se Franco transbordando pelo fone, e minha mãe transbordava de volta. Essa cascata linguística que inundava a casa no norte da Alemanha transformava minha mãe. Ela gesticulava com a mão livre, empinava os seios, parecia ganhar pernas mais longas e gritava suas frases italianas ao telefone. Sua voz ficava completamente diferente. Tudo o que era acolchoado, equilibrado, eternamente harmonizado como que saltava. Brotava dela em alto e bom som, dando cambalhotas de vivacidade.

Geralmente, Franco ligava à noite, e, muitas vezes, após conversar com ele ao telefone, minha mãe ficava aturdida. De fato, tampouco parecia capaz de se deitar ao lado do meu pai gorducho, que gostava de ir cedo para a cama e dar uma lida em Stifter.* Ficava muito agitada para isso. Tudo nela parecia escurecer ao longo do telefonema.

---

*Referência a Adalbert Stifter, poeta austríaco (1805-1868). (N. T.)

QUANDO FINALMENTE VOLTARÁ A SER COMO NUNCA FOI

Seus cabelos, sua pele, seus olhos. Se começava a conversa meio pálida, friorenta, como uma mulher quase quarentona que se esforçava diariamente para se aclimatar ao Norte, ao colocar o fone no gancho era percorrida por uma brasa meridional, que parecia nada ter a perder ali, perto da fronteira com a Dinamarca. Soprava uma madeixa do rosto e, horrorizada, olhava ao redor. Como um cavalo inquieto, pisava em um salto, depois em outro. Nove da noite em nossa casa. Logo meu pai iria se deitar. Nove da noite em Roma. Dois mil quilômetros. Franco se despedia, ia sair com os amigos. Depois desses telefonemas, nos quais ela ficava mais bonita a cada sílaba em italiano, minha mãe se cravava como um ferrão vivo demais na sanidade superficial da nossa família.

Volta e meia, minha mãe se comportava como se meu pai a tivesse arrastado para o Norte, como se ele fosse um sequestrador escolado, que quisesse extenuá-la no clima de Schleswig-Holstein.

Quando, então, era tomada pela saudade da Itália, dizia umas coisas estranhas e podia ser bem grosseira, o que para ela era algo extremamente raro. É claro que o tema principal era o calor, do qual ela sentia tanta falta.

— Não faço outra coisa aqui a não ser me ocupar para não congelar. Esse frio polar me dá dor de cabeça porque não paro de andar com os ombros encolhidos. A última vez que meus pés ficaram quentes foi há dez anos. O que estou fazendo aqui, afinal? Meu rosto vive contraído. Pareço alguém curtido pelo sol. E o pior é que a gente se acostuma! Uma hora a gente realmente acredita que 15 graus são temperatura de pleno verão. A gente realmente passa a acreditar que não há uma única pessoa neste planeta que fica à noite sentada no terraço, bebendo vinho tinto. E esse frio me deixa cansada – esse frio gelado me deixa exausta. Na Itália, eu me sentia sempre desperta, podia ficar na rua até três, quatro horas da manhã sem bocejar uma única vez. Mas aqui, nesta Schleswig, bocejo assim que acordo e me levanto. Bocejo ao longo do dia, e às nove da noite, completamente congelada, só penso em ir para a cama dormir. Batendo os dentes e bocejando, esta é a minha vida aqui! E seu pai, seu pai atencioso, me dá de presente um cobertor elétrico. Como se eu fosse uma vovozinha que sofre de gota. É realmente o fim da picada. Um cobertor elétrico. Essas coisas são perigosas. E ele sabe muito bem disso. E o pior é que sei do que ele gostaria: ficar sentado tranquilo na sua poltrona, lendo, e eu deitada quietinha, em pleno agosto, debaixo do meu cobertor elétrico. Não aguento mais isto aqui. Estou congelando. Quero voltar para a Itália.

Mas também era capaz de delirar, o que, para mim, soava como um conto de fadas:

— Franco e eu íamos de manhã cedo, de Vespa, nadar na praia. E de lá íamos direto para a missa, em uma igrejinha de aldeia na montanha. Quando chegávamos lá em cima, meus cabelos já estavam secos. Não tirávamos nossas roupas de banho. Depois da missa, Franco e eu ficávamos com uma mancha molhada na bunda. Saíamos da igreja dando risada, nos esgueirando contra o muro até a Vespa. Vovós de preto e completamente enrugadas nos olhavam de cara amarrada. Íamos pegar castanhas no bosque, e, de repente, aparecia um caçador com pássaros canoros mortos, presos ao cinto. Fumávamos enquanto percorríamos de Vespa as estradas sinuosas. Franco conseguia dirigir sem segurar o guidão, e seus fósforos eram bem menores do que os nossos aqui; ele os riscava nos muros quentes enquanto dirigia e me dava fogo.

A saudade que minha mãe sentia da Itália combinava-se com outra aspiração, não menos veemente, de ter uma atividade artística. Começou com o arranjo dos chamados ramos secos. Pinhas recebiam

QUANDO FINALMENTE VOLTARÁ A SER COMO NUNCA FOI

longas hastes de arame e eram salpicadas de dourado, flores eram dependuradas de cabeça para baixo até enrijecerem atemporalmente, e cápsulas de sementes exóticas eram compradas na loja de material de artesanato. O fato é que os ramalhetes de flores que confeccionava eram feixes frágeis e empoeirados, que tinham – disso ela se vangloriava – diversas aplicações.

— Posso pôr esses ramos de flores no parapeito da janela, pendurá-los na maçaneta da porta ou colocá-los em uma jarra sem água.

Meu pai respirava fundo, evitava qualquer comentário e continuava a ler.

Depois dos ramos de flores secas foi a vez da arte da cerâmica, e eu ficava impressionado com o que minha mãe era capaz de fazer. Obviamente, não se dedicava a fazer pratos, tigelas nem cinzeiros. Com seu avental azul de trabalho, amassava e moldava figuras femininas de meio metro de altura. O primeiro grupo dessas esculturas sem rosto explodiu no forno, pois o barro não estava totalmente seco, não havia sido amassado o suficiente ou então simplesmente as figuras tinham sido malfeitas. A segunda leva saiu bem melhor. Feliz, ela nos apresentou o grupo de figuras avermelhadas pela queima e parcialmente envernizadas.

— O excepcional nelas é que podem ser expostas de maneiras diferentes. Sempre surgem novas constelações.

Meu pai ficava sentado em sua poltrona, respirava fundo, evitava qualquer comentário e continuava a ler.

Mas os ramos de flores secas e as esculturas de barro foram apenas os arautos da verdadeira vocação. Minha mãe comprou um cavalete, tintas a óleo, e se inscreveu em um curso no centro educacional para adultos. Pintava um quadro por dia, pois era muito impaciente para esperar que uma camada de tinta secasse. Desde o início, seu principal problema foi e continuou sendo a pintura em perspectiva. Em muitos dos seus quadros, através da fina camada de tinta reluziam as linhas traçadas com lápis grosso, que, buscando auxílio, visavam a um ponto de fuga – esses traços eram grades de proteção que deveriam salvar o pincel diante do abismo confuso. Não ajudavam em nada. Nossa cadela, em primeiro plano, parecia ter o tamanho de um elefante, e a cabana com telhado de palha, ao fundo, parecia estar a dez quilômetros de distância. Para se aperfeiçoar, foi fazer um curso de várias semanas na Toscana e voltou bronzeada, carregando uma porção de telas. Pinheiros, colinas, casas de pedra. Mas assim que uma escada conduzia à entrada de uma casa, toda a estática desmoronava. Nem mesmo a idade respeitável da moradia era capaz de servir à escada em desaprumo. Ninguém conseguiria subir aqueles degraus incólume. Mas ela persistiu em seus motivos mediterrânicos. Passava horas pintando, mergulhada nessas paisagens de cor de terra clara e céu azul. Do lado de fora, o vento do norte da Alemanha ululava, e a chuva chicoteava a fachada de janelas com intensidade, como se morássemos em plena rebentação das ondas no Mar do Norte. Pintava e pintava: calor meridional, terracota – terraços com oleandros em flor, em vasos bojudos; pessoas sem rosto, a mesas postas sob oliveiras. No fundo, sempre alguns ciprestes verde-escuros, de ponta adelgaçada. Minuciosamente enfileirados. Via-se como gostava de pintar, como era grata à paisagem toscana por essa árvore que trazia ordem ao quadro. Na frente, eram maiores; no fundo, menores; e mais no fundo ainda, na cadeia de colinas, minúsculas: isso trazia profundidade e amplidão. E meu pai? Meu pai respirava fundo, evitava qualquer comentário e continuava a ler.

DO NADA

UM COLEGA MEU DE ESCOLA IA COMEMORAR SEU ANIversário de 17 anos. Seu pai era general e, portanto, militar de alta patente na maravilhosa caserna localizada à beira-mar, com um nome que certamente soava irônico para muitos soldados do exército alemão: "Caserna da Liberdade". Fora construída na mesma época do hospital psiquiátrico. Os mesmos edifícios de tijolos aparentes, o mesmo muro comprido de tijolos vermelhos cercando a gigantesca área. A "Caserna da Liberdade" tinha um refeitório para os oficiais, e foi ali que meu amigo fez a festa. Na verdade, ela foi na noite anterior, pois a ideia era começar o dia do aniversário já comemorando.

A noite dessa festa se tornaria inesquecível para mim. Com outro amigo, fui à feira anual, que naquele ano acontecia em Schleswig, e, no vidro da bilheteria do carrinho de bate-bate, vi um cartaz: "Precisa-se de ajudantes para desmontagem!"

Perguntamos à mulher atrás do vidro quanto tempo duraria a desmontagem, e, com o indicador amarelado pelo cigarro, ela nos mandou a um trailer. Batemos à porta, e uma voz rouca e masculina gritou:

– Pode entrar!

O trailer era surpreendentemente espaçoso e até luxuoso. Na cama estava deitado um homem obeso, só de calça jeans e com um cordão de ouro no pescoço. Ao seu redor, vários gatos, igualmente obesos. Ele os alimentava com pedacinhos de carne, tirados de uma lata. Perguntamos a ele sobre quanto ganharíamos por hora e quanto tempo levaria o trabalho.

— Ah, vocês são jovens! Três, no máximo quatro horas. Vinte marcos por hora.

Meu amigo e eu trocamos olhares. Vinte marcos por hora era muito. A última volta era às dez. A desmontagem teria de começar logo em seguida. No máximo, às duas da madrugada terminaríamos. Na mesma noite da desmontagem haveria a comemoração na caserna. Trocamos rapidamente uma ideia. Primeiro desmontaríamos o estande dos carrinhos, depois, com o nosso dinheiro, iríamos à festa. Não dissemos, mas gostamos da ideia de chegar tarde ao aniversário.

"De onde vocês estão vindo?"

"Do trabalho."

"Que trabalho?"

"Ganhamos 80 marcos rapidinho, desmontando o estande dos carrinhos de bate-bate."

Depois, tomaríamos uma cerveja gelada no refeitório dos oficiais, bafejados pela aura acre do trabalho físico em contraste com a vida fácil dos ginasianos festivos. Sim, bem que imaginamos isso.

Aceitamos, e o homem gordo, que apagou o cigarro na lata vazia da ração para gatos, olhou para nós e sorriu:

— Mas não vão me dar o cano. Prometem?

— Claro. A gente promete, sim!

Então, ele riu:

— Se não cumprirem, acabo com os dois!

— Não, imagina! — disse eu.

E meu amigo:

— Estaremos aqui. Sábado, às dez da noite!

Do lado de fora, diante do trailer, decidimos dar mais uma olhada no estande dos carrinhos. Era grande, grande pra caramba. Mas nos encorajamos:

— Quem sabe, vem mais gente ajudar!

QUANDO FINALMENTE VOLTARÁ A SER COMO NUNCA FOI

Na semana anterior à sua festa na caserna, o filho do general distribuiu os passes que todo convidado deveria apresentar junto com a identidade ao soldado que estaria de guarda na entrada. Deveria ser uma grande festa. Em todos os intervalos se falava a respeito. Os passes tinham algo mágico, prometiam o acesso a algo inesquecível. Naqueles dias, quem os tivesse pertencia ao grupo de afortunados, quem não pudesse contar com eles não era ninguém.

Nesse ínterim, me arrependi profundamente do plano de chegar mais tarde à festa do século. Seria total loucura perder mesmo que apenas uma hora.

Na grande noite, meu amigo e eu já estávamos às nove na feira, com a esperança de que talvez pudéssemos começar a desmontagem mais cedo. Era uma daquelas raras noites quentes e cheias de gente entre os carrosséis que giravam, centrifugavam e se agitavam intensamente. Como os últimos dias tinham sido de chuva, os moradores de Schleswig compareceram às centenas.

Meu amigo e eu passeamos lentamente pela feira, com um mau pressentimento. Às dez em ponto, batemos à porta do trailer. O homem gordo com os gatos ainda estava deitado no nicho em que ficava sua cama, como na semana anterior, e alimentava os gatos com pedaços de carne enlatada. Só que desta vez vi que na mão que dava comida faltavam três dedos e que ele catava os pedaços de carne da lata com o polegar e o dedo mínimo. Estava de excelente humor.

— Ainda tem tempo, rapazes. Só vamos fechar às 11.

— Mas por quê?

— Mas por quê?

Ele se espreguiçou, fazendo com que os gatos se erguessem, miando mal-humorados.

— Ora, por quê? Vão lá fora ver o tanto de gente que veio esta noite.

Tínhamos mais de uma hora pela frente. Atrás do trailer havia um cheiro repugnante de urina. Pensamos no que iríamos fazer. Por que não simplesmente dar no pé e ir para a festa? Mas meu amigo me confessou que não podia, pois já tinha planos para aquele dinheiro. Tinha pegado uma quantia emprestada e comprado uma raquete de tênis de segunda mão, encordoada com autêntica tripa de ovelha.

Pouco depois das 11, a mulher finalmente fechou a portinhola da bilheteria. Mas ainda demorou meia hora até o último casalzinho descer sacolejando do seu carrinho. A música se calou, e, por toda parte na feira, começou a desmontagem. Era surpreendente a velocidade com que aquele lugar, que ainda transbordava de vivacidade e barulho, transformou-se em um triste canteiro de obras.

O proprietário de sete dedos dos carrinhos de bate-bate tinha se vestido, colocado camisa estilo *western* e nos chamou com um aceno.

– Bom, vamos lá! Comecem com as partes da estrutura. Aqui estão as ferramentas.

Além de nós havia apenas outro homem. Um sujeitinho franzino e encurvado, de barba cerrada, vestindo calça curta e regata. Sob a fria luz néon, o estande do carrinho de bate-bate ficou ainda maior. E enquanto à meia-noite só tínhamos desaparafusado uma ínfima parte da estrutura, meu outro amigo festejava seu aniversário. O proprietário estava em pé na caçamba espaçosa de um caminhão. E a julgar pelo cuidado com que arrumava lá no fundo escuro cada peça que lhe entregávamos, as previsões não eram nada boas. Levaríamos horas para encher aquele caminhão. Trabalhamos o mais rápido que pudemos e estávamos avançando bem. Ele nos elogiou:

– Eu sabia que vocês eram umas formiguinhas trabalhadeiras!

O homem barbudo trabalhava concentrado, mas com uma lentidão provocadora. Sempre no mesmo ritmo. Durante a lida, cantava: "Rapaz na primavera não gosta de ficar sozinho. E então, o que ele faz? E então, o que ele faz? Começa a namorar!" Cantou essas poucas

QUANDO FINALMENTE VOLTARÁ A SER COMO NUNCA FOI

linhas a noite inteirinha. Às duas, já tínhamos carregado as estruturas, centenas de lampadazinhas e a rede elétrica de metal. Com certeza, a essa altura, todos já estariam na festa, já teriam dançado e bebido bastante. E nós ainda estávamos ali.

— Descansem um pouco, rapazes. Até parece que vão tirar o pai da forca!

Estávamos ensopados de suor. Minha mão tremia quando bebi avidamente da garrafa de água. Cochichei para meu amigo:

— Precisamos ir embora! Dane-se o dinheiro. Vamos, vamos dizer agora para ele que estamos indo embora!

Com voz amigável, gritei para dentro do caminhão:

— O senhor nos desculpe, mas queremos parar agora. Ainda temos um compromisso importante!

Ele veio até a rampa:

— Como é que é?

Postou-se na plataforma elevatória e inclinou o corpo obeso, ficando cara a cara conosco:

— Repita. Acho que não ouvi direito!

— Gostaríamos de ir agora.

Eu não disse mais nada. Então, ele ergueu a mão estropiada na frente do meu rosto. Perfurou o ar com seu indicador fantasma:

— Vocês não saem daqui até a merda deste caminhão estar cheia! Entenderam? Acabo com os dois se me vierem com esse papo mole. Ficou claro?

Senti tanto medo que só fiz que sim com a cabeça, mas meu amigo ainda tentou mais uma vez:

— Por favor, pague o nosso dinheiro e nos deixe ir!

— Dinheiro, só no final.

E, então, bateu com a mão de dois dedos na testa do meu amigo:

— Ao trabalho! Ao trabalho! Ao trabalho!

Em seguida, vieram as tábuas do chão.

— Cuidado com as placas de ferro, rapazes! – exclamou, erguendo a mão.

Cada uma dessas placas devia pesar de 40 a 50 quilos. Na primeira meia hora, cada um de nós carregou uma. Mas depois ficaram tão pesadas que só conseguíamos levantá-las juntos. Meus músculos tremiam, minhas costas doíam, e, de tanto desatarraxar as placas, fiquei com bolhas nas palmas das mãos. Sempre que segurava uma placa, minhas mãos se contraíam. O barbudo de calça curta continuava a cantar sua canção "Rapaz na primavera" e, sozinho, carregava estoicamente as placas até o caminhão. Uma depois da outra. Meu amigo parecia mal, estava com olheiras e pálido como um morto. Cambaleávamos sob o peso das placas de ferro, tropeçávamos, elas caíam no chão e mal conseguíamos erguê-las. Gemíamos a cada esforço.

— Tudo bem, rapazes! Deixem as placas e tragam os estribos. Já estamos quase terminando.

Os estribos eram degraus leves, feitos de alumínio. Mas os carregamos como se fossem blocos erráticos em uma colônia penal na Sibéria. Em câmera lenta, curvados, com o corpo inteiro tremendo, arrastamos como em transe, até o caminhão, anteparos de alumínio leves como penas. E depois, simplesmente, não aguentamos mais. Fui o primeiro a desabar; três anteparos de alumínio depois, meu amigo.

— Vocês trabalharam bem, rapazes!

Para cada um de nós, deu cem marcos.

— O resto, conseguimos fazer sem vocês. Suas formiguinhas trabalhadeiras.

Um grupo de homens que já estava por ali havia algum tempo, sem fazer nada, divertindo-se ao ver-nos cambalear, começou a empacotar as últimas e pequenas partes.

Fomos nos arrastando até as nossas bicicletas. Sacudido por câimbras, precisei de uma infinidade de tempo até acertar a combinação do cadeado. Partimos. Eram quatro e 15. Na verdade, tínhamos

QUANDO FINALMENTE VOLTARÁ A SER COMO NUNCA FOI

planejado passar rapidamente na casa do meu amigo para tomar um banho e trocar de roupa. Eu havia deixado minhas coisas na casa dele: um jeans preto, bem apertado, novinho em folha, e uma camiseta cuidadosamente furada. Mas meu amigo já não estava conseguindo me acompanhar. Sem dizer palavra, virou de repente a esquina e desceu da bicicleta como se já estivesse em sono profundo. Mas eu tinha de ir àquela festa! Imundo e fedendo, saí pedalando madrugada adentro na primeira marcha, embora estivesse em uma descida, e atravessei a cidadezinha dominical, que ainda dormia, rumo à Liberdade. O soldado que estava de guarda olhou com ar interrogativo para meu rosto exausto. Tremendo, dei-lhe meu passe e pude entrar na caserna.

No refeitório dos oficiais ainda se dançava. Mas já sem vivacidade. Uma música suave, daquelas para dançar agarradinho, preenchia o ambiente enfumaçado. Era forte o odor de cerveja e ar viciado. Por toda parte, em meio ao lusco-fusco, havia casais deitados nos nichos. Os que dançavam estavam com os olhos fechados e parcialmente descalços, agarrados ao seu par, com a cabeça apoiada um no outro. Fiquei em pé no vão da porta. E o que vi foi um único e impressionante monumento ao que eu havia perdido. Em silêncio, senti a raiva crescer dentro de mim.

Tornei a sair e sentei-me na ponta de uma árvore caída. O odor do seu tronco oco, apodrecido pela umidade, era desagradável. Um bando de pombas, que com as asas aplaudia a manhã, se aproximou e pousou não muito longe de mim, na calçada. Olhar para as pombas, com seu pouso bem coordenado, suas penas iridescentes e o arrulhar tranquilizador, me fez bem. Bicavam algo no chão e, agitadas, marchavam ao redor umas das outras. Determinado, um segundo bando voou para perto, pousou e abriu espaço entre as que haviam chegado antes. Levantei-me do tronco apodrecido e fui até elas. Estavam tão ocupadas em abrir espaço, bicar, roubar e engolir que consegui me aproximar sem que saíssem voando. Estavam aos meus pés. Então, o susto fez com que se lançassem para o alto. Acompanhei-as com o olhar. Com certeza, eram umas 50. Uma nuvem de pombas voejando contra a luz. Olhei para o chão da calçada. Uma grande poça de vômito. Restos de macarrão e migalhas em molho amarelado de bile. Meu nojo foi seguido pela ira, com a velocidade de um raio. Furioso, não consegui desviar o olhar da poça repugnante.

Eu era o único que estava sóbrio e quis mudar esse estado o mais rápido possível. Preparei um B-52★ – na época, nosso coquetel preferido. Acendi-o, apaguei-o, bebi-o de um só gole e preparei outro. Aqui e ali, as pessoas iam se despedindo. As janelas estavam abertas e os pássaros cantavam.

– Isto não foi uma festa, foi uma missa! – ouvi alguém dizer.

Por uma das janelas, vi o Schlei e a Ilha das Gaivotas. Na quietude da manhã, algumas estavam sentadas à margem. Uma moça boiava nua, fingindo-se de morta, entre lanchas militares.

E, então, aconteceu: do nada. Peguei uma garrafa vazia de cerveja e atirei-a contra a parede. Depois outra, e mais outra, e mais outra. Com toda força! De onde exatamente vinha essa força, não sei dizer. Fui tomado por um furor explosivo. Encolhendo-se, meus colegas procuraram um abrigo seguro, enquanto me entrincheirei atrás do balcão e passei a lançar também garrafas cheias pelo refeitório dos oficiais – contra as paredes, nas janelas e até nos que fugiam. Gritei alguma coisa, mas já não sei o quê. Depois bati a cabeça duas vezes no balcão, desabei e continuei a me debater e a gritar. Três soldados

---

★Coquetel preparado com três bebidas alcóolicas (licor de café, Irish Cream e Grand Marnier) em camadas. Seu nome foi inspirado nos bombardeiros norte-americanos de longo alcance, US B-52 Stratofortress, usados na Guerra do Vietnã. (N. T.)

QUANDO FINALMENTE VOLTARÁ A SER COMO NUNCA FOI

vieram e me seguraram com toda força. Fiquei morrendo de medo deles. Em uma poça grudenta de álcool, lutei pela vida. Gritos e mais gritos sem sentido e socos. Perdi a consciência.

De repente, estava em uma padiola, sendo empurrado para dentro de uma ambulância. Quando esta parou, no curto caminho até o edifício, reconheci onde estava. Prédio E. Ambulatório. Fui levado para um quarto no primeiro andar, E-Centro, janelas com grades, sem maçaneta na parte interna. Um médico veio, e virei o rosto. Não queria ser reconhecido. Ele me fez perguntas: se eu tinha tomado alguma droga. O que eu havia bebido. Se precisava tomar determinados medicamentos. Calei-me. Perguntou meu nome. Apertei as mãos contra o rosto e me fiz de morto.

— Precisamos examinar você. Não é nada demais. Você bateu com a cabeça. Eu gostaria de dar uma olhada.

Simplesmente fiquei deitado. Encolhido, atônito e assustado.

— Gostaria de dar uma olhada.

Chamou dois enfermeiros. Eles me viraram de costas e, com toda força, afastaram minhas mãos do rosto. O médico ficou me olhando. Senti tanta vergonha. Olhou para mim, surpreso. Depois, colocou a mão no meu braço.

— Está tudo bem, não há nenhum problema.

Saiu do quarto e, pouco depois, meu pai chegou. A camisa fora da calça; ele estava ofegante e com cara de sono. Sentou-se na beira da cama. Comecei a chorar.

— O que aconteceu, Josse? O que aconteceu?

— Não sei. Simplesmente aconteceu. Do nada.

Deitei a cabeça no seu colo. Meu pai queria me levar logo para casa, mas o médico acenou para ele, chamando-o de lado, e, diante da porta entreaberta, conversaram em voz baixa. Ouvi meu pai dizer várias vezes:

— Nem pensar!

E o médico:

— ... volátil...

A porta foi fechada. Ele voltou e me explicou que eu teria de ficar mais um pouco ali para repousar. Beijou-me na cabeça e saiu. Ele estava totalmente confuso. Dormi por um bom tempo. Até a noite seguinte. Quando acordei, sentia dores terríveis nos músculos, estava rouco. Minhas roupas se encontravam sobre uma cadeira. Sem que eu tivesse percebido, alguém me vestira com uma camisa de paciente branca, amarrada na lateral.

Estava me sentindo bem. Da cama, olhei para o céu azul e fui até a janela gradeada. O que vi me surpreendeu. Por entre as tílias altas, vi nossa casa. O varal no jardim. Fique um bom tempo em pé, junto da janela. Vi nossa cadela trotando pelo jardim e, rapidamente, uma sombra que lhe abria a porta de vidro. À noite, meu pai veio me buscar. Trouxe roupas limpas, e voltamos para casa. Não levamos nem três minutos.

Minha mãe tentou não chorar, e meu irmão do meio me deu um longo abraço, foi carinhoso comigo. Pude passar a semana em casa, mas depois tive de voltar para a escola. Meu desejo de ir embora por um tempo, de deixar Schleswig, só fez crescer. Queria ir para o exterior. De preferência, para os Estados Unidos. E foi o que fiz.

VENHA, VAMOS CAVALGAR ATÉ LARAMIE

FUI PASSAR UM ANO NOS EUA. QUERIA TER IDO para a Califórnia ou para uma cidade grande, como Nova York ou Chicago. Mas aterrissei em Laramie, no Wyoming, onde à noite os lobos uivavam. Mas eu gostava disso em Laramie, do uivo dos lobos. Fazia com que eu me lembrasse dos uivos e dos gritos dos pacientes. Quinhentas mil pessoas vivem no Wyoming, em uma área tão grande quanto a Alemanha. Só no Alasca vive menos gente. Meu colégio tinha sua própria pista de pouso, já que alguns alunos chegavam todas as manhãs de avião. A própria família que me hospedou não vivia na cidade. Eu estava no subúrbio do subúrbio. Um oásis verde em meio a uma pradaria empoeirada. Desde a manhã até a noite, aspersores controlados à distância rastejavam pelo jardim.

Em Schleswig, eu ficava imaginando que a família que me hospedaria talvez tivesse uma filha bonita. Porém, na minha nova família, havia apenas três irmãos e um cachorro, exatamente como na antiga família. Mais por capricho do que por qualquer outra coisa, nos procedimentos de escolha para o intercâmbio, entre "não religioso, religioso ou extremamente religioso", escolhi no formulário a última opção. Então, na nova cidade, tinha de ir três vezes por semana à igreja. Não para a missa. Eu era obrigado a varrer a igreja e lustrar o altar. Três vezes por semana! Foi horrível.

Eu gostava dos meus pais anfitriões. Stan e Hazel. Eram pacientes e gentis comigo. Só o Don, o caçula dos três irmãos que tinha a mesma idade que eu, não gostava de mim. Ele me corrigia nos mínimos detalhes e fazia careta quando ouvia meu inglês. Quando seus pais não estavam por perto, me chamava de *the German robot*. Acabei me acostumando. No colégio, escolhi apenas matérias que me agradavam. Alpinismo, *rockclimbing*. Às seis da manhã, um ônibus escolar ia me buscar e me levava para as Montanhas Rochosas. Enquanto esperávamos que as rochas secassem ao sol, tomávamos café da manhã. Alemão. Pela primeira vez na vida, fui o melhor da turma. *Woodworking*. Construíamos casas rústicas de passarinho, de tamanho assustador.

Assim se passaram as primeiras semanas, até que uma tarde recebi um telefonema de casa em um horário nada habitual. Estava deitado no meu colchão de água, ouvindo música. O telefone tocou ao lado, na sala. Bateram à porta. Hazel entrou:

— *It's for you.*

Era meu pai. Disse que meu irmão do meio tinha sofrido um acidente de carro e tinha morrido. Desliguei e voltei para o quarto. Bateram de novo à porta e Janet a abriu.

— *What happened?*

Quis responder-lhe, mas já não me ocorria nem uma única palavra em inglês. Uma gagueira horrível. Busquei os termos, disse em alemão:

— ... meu irmão... eh... meu... — Mas não me ocorria nada.

Levantei-me, fui até a mesa, peguei o dicionário. Com os dedos trêmulos, tentei formar a frase:

— *My* — folheei — *brother* — folheei — *is dead.*

Ela quis dizer alguma coisa, mas a impedi com a mão esticada, pedindo silêncio, e continuei a folhear. Encontrei "acidente de carro" — *car accident.*

— *Your brother got killed in a car accident?*

QUANDO FINALMENTE VOLTARÁ A SER COMO NUNCA FOI

Anuí com a cabeça e disse:
— Sim — de novo em alemão.

Quando recebi essa notícia de morte, estávamos para fazer uma viagem ao Yellowstone Park. Como ainda faltavam quatro dias para meu voo de volta, que foi difícil de reservar, partimos na excursão. Infindáveis viagens de automóvel, infindável olhar fixo naquela grandiosa paisagem. Manadas de búfalos e gêiseres. Nunca uma paisagem me pareceu tão desoladora.

Voltei a Schleswig para o enterro. Após 34 horas e quatro escalas, eu estava novamente em Frankfurt. Meu irmão do meio tinha me levado ao aeroporto de Frankfurt. Ali eu o vira pela última vez. Estava novamente naquele lugar, esperando pela conexão para Hamburgo, onde meus pais e o irmão que restara iriam me buscar. Antes que me vissem, vi-os através de um vidro grande, sentados em um banco. Havia correria ao redor deles, quem chegava recebia boas-vindas e beijos, mas eles não se mexiam. Olhavam fixamente para a saída, como pedras tristes. Eu havia imaginado essa volta para casa de outro modo: como uma estrela do basquete, sarado, com um inglês fluente e irradiando autoconfiança. Quando me viram, ficaram muito felizes. Abraçamo-nos em meio às pessoas que corriam, e assim permanecemos um nos braços do outro.

Embora eu soubesse que seria muito difícil para meus pais ficar sem mim, decidi voltar para o Wyoming. Nunca tentaram me convencer do contrário, só uma única vez meu pai me perguntou chorando, curvado sobre uma poltrona:
— Será que você não prefere ficar aqui conosco?

Mas eu queria voltar. E logo!

Apenas 14 dias depois eu estava de volta a Laramie, com a minha família anfitriã completa. No colégio, ninguém sabia do acidente. Além da minha família americana, ninguém se compadeceu de mim.

Isso me fez bem. Simplesmente continuei a viver como antes do acidente. Raramente pensava no meu irmão. Na verdade, somente aos domingos, depois que falava com meus pais ao telefone. Recusava-me a ficar triste. E, nos meses seguintes, fiz tudo o que se fazia em Laramie: joguei basquete, aprendi a lançar bola de futebol americano e a trinchar um peru gigantesco. Retirei quantidades enormes de neve com a pá, conheci uma garota em uma *whirlpool-party* e passei horas andando a cavalo na pradaria. Visitei uma prisão, onde arrumei um correspondente, e fiz longas viagens com meus pais anfitriões. Quando deixei os EUA e voltei para Schleswig, estava pesando 95 quilos, conseguia fazer 100 flexões e falava fluentemente inglês.

No acidente de carro, meu irmão não fora o único a morrer. Sua namorada, com quem estava sentado no banco de trás, também morrera ainda no local do acidente. Um caminhão tinha parado atrás do topo de uma colina, no meio da noite, para desembarcar duas caronistas. Estava até com as luzes apagadas. O carro foi com tudo para debaixo do caminhão. O motorista era o melhor amigo do meu irmão. Saiu ileso.

Com o acidente fatal do meu irmão do meio, minha mãe e meu pai se transformaram em outras pessoas. Embora ambos tivessem voltado a trabalhar, embora cuidassem um do outro, embora comêssemos os três juntos, sentados diante da televisão, e fizéssemos passeios – tudo era a simulação de um tempo passado. Para mim, parecia que estavam tentando se lembrar de quem eram e de como era a vida que um dia tinham levado. Deviam esperar que, aos poucos, a vida real crescesse na estrutura das ações cotidianas, mantida a duras penas. Assim, como meu irmão mais velho fazia faculdade em Munique, vivi com meus pais como o último filho remanescente na nossa casa, em meio à área do hospital psiquiátrico.

RESSURREIÇÃO

A PRIMEIRA COISA QUE FIZ APÓS MEU RETORNO foi dar uma volta no terreno do hospital. Estava ansioso e ávido para ver se algo tinha mudado durante o ano da minha ausência. Enquanto percorria e passava pelos velhos caminhos, pelos prédios familiares e pelos jardins cercados em que os pacientes como sempre se demoravam, fui sendo tomado por uma sensação cada vez mais estranha. Sem entender o que me perturbava, minha certeza só aumentou: alguma coisa havia mudado radicalmente naquele lugar. Minha impressão era de que estava faltando algo, como se alguém o tivesse roubado. Mas o quê?

Na longa reta que levava ao portão principal, a chamada tropa veio na minha direção, e já de longe reconheci alguns pacientes pelo andar e pela postura corporal. Vieram ao meu encontro, abri caminho para eles, que passaram. Alguns me cumprimentaram e continuaram a marchar. Vi-os se afastarem.

Caminhei ao redor do prédio L e vi Ferdinand, o príncipe não me toques, sentado em um banco. Sob o traseiro, uma almofada vermelha, pois ele gostava de conforto. Ao seu lado, estava sentado um rapaz que eu não conhecia. Tinha uma cabeça enorme, era careca, mas seus olhos, a boca e o nariz ficavam bem próximos um do outro no meio do rosto rechonchudo; poderiam até caber em um porta-copos de cerveja. Fiquei feliz e exclamei:

– Ferdinand!

Ele olhou para mim e abriu a boca; sua mandíbula desceu devagar, enquanto seus olhos se arregalaram.

Eu estava quase chegando junto ao banco e vi a expressão de horror no rosto de Ferdinand. Ele tinha crescido, ficado bonito. De camisa e colete de lã, lembrava um pouco um aluno de internato inglês. Pareceu fortemente perturbado ao me ver.

— Ei, Ferdinand, que bom te ver!

As minúsculas pupilas nos olhinhos do jovem ao seu lado voaram de um lado para o outro dentro da cavidade ocular, independentes uma da outra. Raras vezes eu vira um rosto tão estranho. Os cantos dos olhos quase se tocavam, e eu não ficaria admirado se, de repente, a pupila deslizasse de um olho para o outro. Sua pequena boca não era maior do que uma cereja suculenta, e o nariz também era diminuto, como o de um cãozinho nobre. Tudo era ínfimo e circunvizinho naquele enorme crânio rosado.

Ferdinand empalideceu. Até suas mãos ficaram brancas. Eu estava a apenas um passo de distância dele:

— O que foi, Ferdinand?

Seu olhar começou a me preocupar. Será que iria desmaiar, lançar-se sobre mim ou sair correndo? Lentamente, levantou-se e me olhou desconcertado. Na boca escancarada, sua língua se movia tocando silenciosamente o palato.

— O que você disse? Caramba, Ferdinand!

Tentou de novo, moldou letras sem emitir nenhum som.

— Ferdinand, não estou conseguindo entender. O que você está querendo dizer?

Esforçando-se ao máximo, debelando o medo, fez outra tentativa.

Em voz baixa, como se estivesse distante, mais estalando a língua do que falando, consegui entender três palavras:

— Você está vivo?

— O que está querendo dizer, Ferdinand?

Em tom ligeiramente mais claro:

— Você está vivo?

QUANDO FINALMENTE VOLTARÁ A SER COMO NUNCA FOI

— Mas claro! Afinal, estou aqui diante de você.

E então, com saliva, formulou a frase do começo ao fim:

— Você está vivo!

— Ferdinand, pare com isso. O que aconteceu?

Sua voz embargada reencontrou o som, suas cordas vocais pareciam vibrar novamente, e, com clareza, ele repetiu:

— Você está vivo!

Fiz que sim, ri e disse:

— Também fico feliz. Sabe de uma coisa, Ferdinand? Você também está vivo! *Hello!* Que bom ver você de novo!

Ele me abraçou. Não parava de gritar:

— Você está vivo! Você está vivo!

Saltitou ao meu redor e comemorou a minha ressurreição.

— Não é o seu irmão! – balbuciou. – Você não é o seu irmão! Você está vivo! Você não é o seu irmão!

E tornou a me abraçar. Da minúscula boca de cereja do outro paciente saiu a exclamação, sem que ele tivesse a menor ideia do que se tratasse:

— Viva! A assombração do inspetor está circulando. Viva!

Somente, então, entendi que Ferdinand havia me confundido com meu irmão morto. Pois nós dois estávamos sumidos. E, nesse dia, ressuscitei do mundo dos mortos, graças a Ferdinand.

IRMÃOS DE SANGUE

PARA MIM, VER MEUS PAIS TRISTES DAQUELE jeito era bem pior do que meu próprio estado. Eu não sabia direito como estava. Chorava pouco; na verdade, só quando meus pais choravam. Cada vez mais, eles davam a impressão de serem dois desesperados, entregues arbitrariamente um ao outro, e que se seguravam um no outro sem se conhecerem muito bem. Minha mãe sempre fora uma pessoa exageradamente assustada, e meu pai, um homem pesado, com pendor para a letargia. A perda do filho potencializou essas características, tornando-as ainda mais nítidas. Como uma faca afiada, ela descascava a dor do seu equilíbrio que, durante anos, talvez tenha sido apenas simulado. A cada ocasião, mesmo que insignificante, minha mãe sobressaltava-se ou gritava. Se em casa uma porta deixada aberta batesse por causa do vento, ela pulava do sofá como se estivesse pegando fogo, e depois desatava a chorar. Mesmo um espirro repentino ou uma colher que caísse no chão faziam com que erguesse os braços, como se estivesse se defendendo de forças invisíveis, e levavam novamente às lágrimas seus olhos totalmente fatigados.

Já meu pai, em sua poltrona, parecia ter ficado tão pesado de sofrimento como nunca antes. Como se sua carne tivesse se transformado em metal maciço, passava horas sentado, imóvel, apático. Nenhum guindaste no mundo seria capaz de içar da poltrona aquele homem de bronze que a vida havia quebrado.

E, ainda por cima, nossa cadela adoeceu. Entre as patas traseiras, minha mãe descobriu um grande tumor que pendia sob a parede

QUANDO FINALMENTE VOLTARÁ A SER COMO NUNCA FOI

abdominal. Meu pai examinou o local com cuidado, e ficamos admirados por não termos notado nada antes. Como aquele tumor tinha crescido tanto sem que tivéssemos percebido?

No seu lugar preferido, atrás da poltrona Berger do meu pai, onde a cadela envelhecida passava seus dias e suas noites, aquela bolsa repugnante deve ter brotado nela nas últimas semanas. A veterinária, que consultamos no mesmo dia, olhou assombrada para minha mãe e para mim:

— Mas como? Só agora vocês perceberam isso?

Sopesou a mama tumorosa.

— Podemos tentar operar. Mas já está muito grande.

Marcamos o dia da cirurgia e exortamos a cadela a entrar de novo no carro. Ficou sentada no banco traseiro, olhando pelo vidro abaixado. Essa imagem sempre me divertiu, pois suas orelhas caídas voavam ao vento, batendo na sua cabeça e nos seus olhos.

Nos dias anteriores à cirurgia, cuidamos dela como havia muito tempo não fazíamos. Nossa consciência pesada por tê-la negligenciado presenteou-a com palavras carinhosas, atenção exclusiva e delícias especiais na sua tigela. Admirada, olhava para nós e abanava o rabo. Com frequência, simplesmente recebia o mesmo almoço que nós, um pedaço de bolo de carne ou bife rolê. Eu me deitava junto dela como fazia quando criança. Não sabia direito se meu olfato tinha ficado mais sensível com a idade ou se seu cheiro estava mais forte do que antes. Abraçava-a e pegava seu pelo. Nunca o perdera tanto como nas últimas semanas. Tufos flutuavam pelo piso azulejado, e o canto do sofá, que a cadela roçava quando se dirigia para trás da poltrona, estava tão coberto de pelos quanto o carpete marrom.

Lembrei-me de que, por um tempo, meu irmão do meio havia tirado os pelos da escova canina e os juntara em uma sacola plástica.

Pensava em trançá-los na roda de fiar da nossa mãe para transformá-los em fio e fazer um pulôver. Segundo meu irmão, especialista em chamar atenção, seria um pulôver feito por ele mesmo com pelo de landseer. Entretanto, a lã canina só deu para uma toalhinha de mesa, da qual todo mundo sentiu nojo. Ficou anos no quarto do meu irmão, cobrindo um banco. Volta e meia nossa cadela cheirava a toalhinha com inquietação e rosnava. Entendi muito bem sua aversão. É raro alguém deparar com algo feito de si próprio.

Quando chegamos ao consultório veterinário, a sala de espera estava vazia. Minha mãe e eu nos sentamos nas cadeiras de plástico, e a cadela deu uma boa farejada no ar, certamente repleto da mistura extremamente interessante dos odores de pequenos animais. A veterinária apareceu. A cadela arquejou e mal conseguiu ficar em pé no chão liso. Várias vezes escorregou com as patas traseiras. Peguei-a pela barriga e coloquei-a de quatro. As mamas cancerígenas que eu havia esquecido naquele momento bateram nas minhas mãos. A veterinária observou, preocupada, sua tentativa de recompor-se e ficar em pé.

Fomos para a sala de cirurgia. A cadela ofegava muito, de forma entrecortada, e lambia o tumor. A veterinária sentou-se em um banco, pôs a cabeça da landseer entre as mãos e olhou-a nos olhos, sempre remelentos:

– E aí? Será que devemos mesmo operar você? Hein?

Nossa cadela conhecia a veterinária. Confiante, ergueu um pouco as orelhas. Enquanto continuava a segurá-la e afagá-la, a respiração do animal se acalmou. As mãos experientes de médica o acariciaram, examinando ao mesmo tempo os nós linfáticos atrás das orelhas. Então, olhou para minha mãe e perguntou:

– Ela fica sempre ofegante desse jeito?

QUANDO FINALMENTE VOLTARÁ A SER COMO NUNCA FOI

— Não, na verdade, não. Hoje piorou bastante.

— Sabe, não estou totalmente certa de que devemos arriscar uma cirurgia. Ela não está bem de saúde. Também já está velha. Talvez operá-la não seja de grande ajuda.

Ficamos em silêncio. O único barulho na sala estéril eram a inspiração e a expiração cansadas do animal.

— Devemos levá-la de volta? — quis saber minha mãe.

Olhei para nossa cadela. Estava de cabeça baixa, e sua língua rosada, na qual se viam algumas manchas pretas, pendia da boca.

— Não, para ser sincera, eu não faria isso — contestou a veterinária. — Mas é claro que é a senhora quem terá de decidir.

Pareceu muito convincente, sem ser impositiva; tinha uma voz cálida, bem adequada para depositar uma grande decisão no coração de alguém. Para mim, aquela voz competente e intocável tinha algo de sinistro, pois senti que me fazia perder a vontade, que talvez pudesse me levar a fazer uma coisa que eu não desejava de jeito nenhum.

Minha mãe também ficou indecisa, utilizou ainda um pequeno desvio, embora já soubesse muito bem qual era o objetivo da proposta.

— Poderíamos esperar mais um pouco. Talvez seu estado volte a melhorar. Mas nunca ficou com tanta dificuldade para respirar, não é?

Minha mãe olhou para mim. Gostaria de tê-la contradito, mas era verdade o que dizia. A cadela ofegava, chegava a estertorar sem trégua. Mesmo quando dormia, soava como se sua garganta estivesse inchada. Quando se agachava para fazer cocô, suas pernas tremiam, e a língua pendia, escavando o ar. Tudo isso acontecera de maneira furtiva, e não notamos a decadência.

Em apenas alguns minutos, minha mãe e eu tivemos de nos dar conta retroativamente dessa negligência e tomar uma decisão difícil. Um pragmatismo que se corroborava friamente se apropriou de

mim. Pensei: "Vamos levá-la de volta para casa. Ela está sem dor. O principal é ter mais alguns dias", mas me ouvi dizer:
— Faz semanas que ela não está bem, mãe. Mal consegue se levantar sozinha. Acho que está sofrendo.
Minha mãe me olhou com tristeza, mas também com compreensão:
— Você acha mesmo?
Novamente a veterinária falou com sua voz acolchoada e entorpecedora, saltou várias fases de reflexão e decidiu:
— Acreditem em mim, é o melhor a fazer.
Foi estranho ver uma sentença de morte pautada na benevolência se manifestar com meias-frases e alusões.
— Gostariam de dar mais uma volta com ela?
Bastante feliz com esse adiamento, minha mãe logo respondeu:
— Sim, vamos fazer isso!
Conduzimos a cadela pela coleira e saímos do consultório. Não chovia, não fazia sol, não ventava, não fazia frio nem calor, só aquele tempo pastoso do norte alemão. Um tempo que dá vontade de sacudir e depois chutar. Para a cadela era indiferente. Caminhamos com ela por um trecho na calçada. Ignorando seu estado, farejava ofegante ao redor, mancava animada, e o tumor balançava de um lado para o outro.
— Como passamos tanto tempo sem perceber nada? Veja só esse negócio, mãe. É gigantesco.
— O que vamos fazer agora? Acho que tudo está indo rápido demais.
— Para mim, a veterinária está certa.
— Mas é a cadela do Martin.
Minha mãe dizia essa frase com frequência. Na cadela do meu irmão morto, havia sobrevivido alguma coisa de um tempo passado. Aquele animal manco, grande e ofegante também me unia aos meus

QUANDO FINALMENTE VOLTARÁ A SER COMO NUNCA FOI

irmãos, aos meus pais e a um tempo, como se eu ainda acreditasse firmemente que fôssemos uma família indestrutível. Nós, que ficávamos sentados à mesa e tínhamos de responder perguntas. Nós, a superfamília. Sem a cadela, seríamos, de fato, apenas três em casa: pai, mãe e filho adulto. Enquanto caminhávamos pela calçada, ficou claro para minha mãe e para mim que aquela cadela à beira da morte, com seu fio de saliva caindo da boca ofegante, mantinha unido o restante da nossa família.

– Ou deixamos que ela seja operada agora mesmo – disse eu olhando para o chão –, ou ela vai ter de ficar aqui, mãe. Levá-la para casa seria...

– Minha mãe pegou minha mão, caminhamos vagarosamente por um trecho, lado a lado, e esperamos pela cadela, que vinha trotando a certa distância atrás de nós.

– Você ainda se lembra de como era antes? – perguntou minha mãe, logo se alegrando. – Ela puxava tanto que eu não conseguia segurá-la. Quando via outro cão vindo na nossa direção, eu precisava amarrá-la a uma árvore ou cerca. Mas depois compramos essa coleira estranguladora e horrorosa. Meu Deus, como era forte! E sempre aquela loucura pelo Mar Báltico.

Nós dois logo visualizamos claramente a imagem da cadela, que ficava louca de felicidade sempre que via o mar. Como sua obsessão pela água simplesmente a alucinava tão logo sentisse o cheiro das ondas e da espuma.

Mas essas lembranças tornavam ainda mais visível o estado miserável da cadela exausta, que se sentou aos meus pés. Estava no fim das suas forças.

– É, deve ser mesmo o melhor a fazer. Vamos logo com isso, certo?

Fiz que sim para minha mãe. Alguns passos mais à frente, havia um quiosque. Vi a lista de sorvetes diante da entrada.

– Espere um pouco, mãe; já volto.

Comprei um chocolate com recheio de coco Bounty e me ajoelhei diante da cadela:
— Tome, amigona, é para você!
A cadela adorava Bounty. Quando tinha sorte, ganhava uma pontinha minúscula, mas desta vez lhe dei os dois pedaços. Desconfiada, lambeu o primeiro.
— Vamos, garota, pegue! É para você.
Ficou muito indecisa. Será que eu iria mesmo lhe dar o sorvete? A saliva pingou do seu focinho. Empurrei o chocolate na sua boca, e ela o mastigou ruidosa e rapidamente, com determinação. O segundo pedaço, ela apanhou da minha mão e simplesmente o engoliu.
Pusemo-nos no caminho de volta para o consultório. A veterinária estava sentada atrás da sua mesa maciça. A mulher baixinha e ágil, de cabelos bem curtos e grisalhos, olhou para nós com expectativa.
— E então? O que decidiram?
Por um breve instante, minha mãe pensou que eu fosse responder, mas, de repente, me senti muito incomodado. Por acaso, seria eu a força propulsora por trás da decisão? Poderia ter evitado ou, pelo menos, adiado aquela situação? Teria sido a vida da minha irmã de sangue colocada nas minhas mãos? Por que eu tinha tanta certeza de que aquilo era o melhor para a cadela? Estaria eu querendo impressionar a veterinária? Ou a mim mesmo?
— Bom, de fato, a operação deve ser difícil. Nós... – minha mãe se interrompeu, seus olhos se encheram de lágrimas – ... é melhor.
— Querem estar presentes?
Eu não tinha contado com isso; mesmo assim, respondi rapidamente:
— Sim, claro!
Minha mãe olhou surpresa para mim.

QUANDO FINALMENTE VOLTARÁ A SER COMO NUNCA FOI

– Muito bem. – A médica se levantou. Era realmente minúscula. Mal fazia diferença se estivesse sentada ou em pé. – Garanto a vocês que ela não sentirá nenhuma dor. Vou lhes explicar rapidamente o que vamos fazer.

Vamos? Por que "vamos"? Eu, ali, não faria nada, pensei.

– Primeiro, ela vai receber uma injeção de anestesia. Depois, esperamos alguns minutos, até ela adormecer, e então injeto o mesmo medicamento de novo, só que em uma dose letal. Quando ela comeu pela última vez?

Refletimos.

– Hoje, na hora do almoço, uma tigela de bucho. Mas não comeu tudo!

– Certo, então já dá!

Já estava com a injeção preparada na mão.

– Pode fazer com que ela se deite?

– Sim, claro – respondi, levantando a mão e exclamando:

– *Down!*

Isso sempre tinha sido uma grande afetação. Nossa cadela, que era do meu irmão morto, não atendia ao comando "deita!", e sim a "*down!*". Mas, naquele momento, não se mexeu. Repeti o comando. Provavelmente, fazia anos que ninguém lhe pedia isso, pois já vivia deitada. Ninguém mais queria que ela ficasse *down*; nossas ordens tinham se invertido completamente: "Vamos, sua vira-lata velha, você precisa sair uma vez durante o dia. Vamos, levante-se!"

Minha mãe pôs a mão no dorso da cadela e a empurrou delicadamente para baixo. Mas ela ficou em pé, estertorando, sem ver a menor motivação para se deitar no chão do consultório. A veterinária olhou para mim com paciência, mas, de certo modo, exortando-me a agir. Então, fiz algo que até hoje não consigo explicar. Aquela cadela velha, a minha ofegante irmã de sangue, me deixou furioso. Por que não estava me obedecendo? Por que não se deitava como fizera centenas de milhares de vezes antes ao ouvir o estúpido *"down!"*? Por que justamente naquele momento se obstinava diante daquela veterinária? Eu tinha certeza de ter percebido algo superior no seu olhar, algo que me criticava: "Primeiro, você passa semanas sem notar esse câncer gigantesco, do tamanho de uma bola de futebol; e agora sua própria cadela nem te obedece! Pessoas como você não deveriam ter cachorro!"

Empurrei meu pé contra as suas patas traseiras e passei-lhe uma rasteira, derrubando-a. A cadela perdeu o equilíbrio e tombou com tudo no chão.

– O que está fazendo? – gritou minha mãe, assustada.

A veterinária chegou bem perto de mim, sua cabeça cinzenta de ratazana na altura do meu tórax:

– Francamente, o que significa isso? Cuidado!

A cadela ficou patinando nos azulejos lisos. A veterinária agachou-se diante dela e fez "shshsh...", deu-lhe uns tapinhas e enfiou a injeção na sua barriga. Fiquei morrendo de raiva e de vergonha. As duas mulheres se ajoelharam sobre ela e a seguraram, e, após cerca de 20 segundos, ela já estava mais tranquila. Primeiro se levantou a veterinária, depois minha mãe. Eu estava olhando para o chão, mas senti o olhar delas em mim. Na minha frente estava a cadela. Grande e sonolenta. A veterinária inseriu uma agulha bem maior em um frasquinho e puxou o êmbolo. Era essa, portanto, a dose letal.

– Vamos esperar um pouquinho, até ela dormir profundamente.

Minha mãe afundou em uma cadeira, bem na frente, em um canto. Logo em seguida, tornou a se levantar e simplesmente se sentou no chão, junto da cadela. Eu também gostaria de ter me sentado junto dela, mas era como se eu tivesse perdido o meu direito a essa proximidade por causa da minha grosseria. A veterinária veio até mim e colocou a mão minúscula no meu braço:

QUANDO FINALMENTE VOLTARÁ A SER COMO NUNCA FOI

– Certamente seria bom se você também se sentasse com ela por um momento.

Grato pela sua tolerância, dei um passo à frente e me ajoelhei; então, o animal se contorceu e começou a sufocar. Sua parede abdominal se contraiu várias vezes, depois ela pôs para fora um mingau amarronzado no chão, que imediatamente emanou um odor repugnante de coco e vômito. A substância respingou um pouco na calça da minha mãe, que foi até a pia e esfregou energicamente a mão com o anel de pedra da lua na perna da calça. Nos olhos da veterinária, que jogava papel-toalha na mancha, vi que definitivamente nos reveláramos torturadores de animais. Nossas mentiras e nosso diletantismo acabaram com todas as suas tentativas de realizar aquela eutanásia com dignidade. Não havia dúvida de que estava farta de continuar celebrando devoção e de promover uma atmosfera adequada à morte. Cravou a injeção mortal na barriga do animal e, com uma pressão constante do polegar, injetou o veneno no corpo.

Nem dez segundos depois, nossa cadela parou de respirar. Sua língua deslizou por entre os lábios e pendeu, molhada e gigantesca, diante do focinho preto. Nenhum tremor percorreu seus membros, nenhuma almofada das patas moveu-se um milímetro sequer. Nunca imaginei que a vida pudesse ir embora de maneira tão furtiva.

A veterinária recuperou a benevolência, afagou as costas do animal morto e, em rápida sequência, deu várias injeções de ar em uma veia da pata dianteira.

– Cuidamos dela aqui mesmo ou vocês querem levá-la para casa? Na verdade, ela é muito grande para ser enterrada no jardim. Mas posso abrir uma exceção.

Minha mãe chorava e olhou suplicante para mim.

– Claro que vamos levá-la para casa – declarei, sem ter a menor ideia do que isso significava.

Nós três levamos o cadáver da cadela para o carro. Não foi nada fácil. Várias vezes, ele quase escorregou das nossas mãos, de tão pesado e estranhamente articulado que era. Como quisemos ir do consultório ao carro o mais rápido possível, não fomos nada habilidosos. Imaginei-me como um criminoso, um assassino que, profundamente envolvido no seu infortúnio, livra-se do cadáver com duas mulheres bem mais velhas. A única solução de transporte praticável era horrível. Eu, como o mais forte do comando de matadores, segurei as patas traseiras, uma em cada mão; minha mãe, a pata dianteira direita, e a veterinária, a esquerda. As almofadas macias das patas da cadela, entre as quais haviam crescido longos pelos, já que ela tão raramente andava, estavam viradas para cima, e embora eu fosse parte desse trio, pude imaginar com precisão como devia ser a imagem do que estávamos fazendo. Carregamos nossa cadela como uma rês pela calçada. De relance, vi o rosto perturbado do vendedor do quiosque, com quem 15 minutos antes eu havia comprado o Bounty que dera para a fiel cadela bem na frente do seu estabelecimento. O câncer de útero balançava à minha frente. Como não conseguíamos carregar a cadela a uma altura suficiente do chão, resvalamos sua cabeça pendente, o focinho e as orelhas pelo asfalto. Quanto mais eu levantava os membros traseiros, mais pesados ficavam os dianteiros para minha mãe e a veterinária. Com um último impulso, a cabeça bateu com um som abafado contra a placa do carro, e lançamos a cadela, a nossa cadela mais amada do que tudo, a cadela do meu irmão, minha irmã de sangue, no porta-malas. A veterinária olhou ao redor, como se tivesse sido surpreendida, lançou-nos um olhar conspiratório e saiu correndo com suas pernas ágeis. Simplesmente sumiu. Essa mulher, pensei, ainda vai conseguir correr desse jeito aos 90 anos e pegar qualquer ônibus.

Sentei-me atrás do volante, e minha mãe, no banco do passageiro. Abaixou o para-sol e olhou-se no pequeno espelho. Olhou-se,

QUANDO FINALMENTE VOLTARÁ A SER COMO NUNCA FOI

simplesmente. Não passou batom nos lábios, não tirou nenhum pente do porta-luvas, não desenrugou a testa. Olhou-se ao dizer:

— Bom, o que vamos fazer agora?

Refleti. Só havia uma solução:

— Vamos levá-la para a casa de férias e enterrá-la no jardim. Na nossa casa aqui não dá. Ela é realmente muito grande!

Minha mãe olhou para o relógio digital, de luz verde, em cima do painel:

— Precisaremos fazer isso amanhã. Quanto tempo você vai ficar na escola? Ainda tenho duas consultas.

— Ficou louca? A cadela não pode passar a noite no porta-malas.

— É verdade. Poderíamos levá-la para casa e amanhã...

— Nada disso, mãe. Não podemos arrastá-la para cima e para baixo. Você não pode cancelar as consultas?

Balançou negativamente a cabeça. Não podia ou não queria?

— Então, vou sozinho. Aonde você precisa ir?

Levei-a até seu paciente na cidade. Antes de entrar na casa, ela abriu uma fresta do porta-malas, enfiou nele a mão e fechou brevemente os olhos. Parti, deixando a cidadezinha para trás, e pus-me a caminho da nossa casa de férias no Mar Báltico.

Há trechos que percorremos com tanta frequência que começam a ter vida própria. Ora duram uma eternidade, quase não avançamos e nos atormentamos como se estivéssemos vendo um filme pela enésima vez; ora passam voando, entramos em uma espécie de estado de oscilação, entre a familiaridade e o transe, e mal conseguimos acreditar que já chegamos ao destino.

Nesse dia, quando saí pela estrada com a cadela morta no porta-malas, em quase todas as curvas me enganei na minha avaliação e me irritei com a rota desfavorável. O céu sobre mim não parecia querer se livrar tão cedo do seu cinza apático. Por 20 minutos, andei devagar atrás de um caminhão, tentei ultrapassá-lo, oscilando entre a insegurança e a disposição para me arriscar. Simplesmente não consegui ultrapassar. Tentava nas curvas; perdia a coragem nas retas. Minha irmã de sangue estava adormecida em um sono eterno no porta-malas, desequilibrando o carro.

 Quando finalmente entrei na ruazinha, o céu cinzento pousou sobre a paisagem como um filtro, sugando todas as cores. Prados cinza, árvores cinza e, ao redor da superfície cinza da água do pequeno lago, havia vacas acinzentadas, como se tivessem sido empalhadas. Um verdadeiro tempo tumular, pensei, e fui buscar uma pá no barracão. Procurei um local e comecei a cavar. Depois da viagem desagradável de carro, a atividade física me fizera muito bem. Era um alívio sentir os músculos, e, com toda força, tirei a terra preta do buraco com um golpe de pá após o outro. Entrei no ritmo e trabalhei como um *Berserker*.★ Quando a cova chegou à altura da minha barriga e nela consegui dar dois passos, dei-me por satisfeito.

 Saí do buraco, fui até o carro e abri o porta-malas. A língua da cadela estava com um aspecto estranho. Toquei-a com o dedo. Estava áspera e seca. Em apenas duas horas, aquela gigantesca língua rosa, que lambia e sujava tudo com saliva, tinha se transformado em uma sola de sapato quebradiça. Tentei alçar a cadela do porta-malas passando um braço pela sua cabeça e o outro pela barriga. Com um solavanco, testei minha pegada e fiquei surpreso por ter conseguido erguê-la bem. Como um pastor que carrega sua ovelha favorita e ferida, carreguei-a até a cova e coloquei-a no gramado cinzento.

 Entrei na cova e puxei-a até mim. Teria ficado mais leve? Sem esforço, consegui descê-la até o chão. A cova tinha ficado grande demais. Eu tinha feito uma avaliação totalmente errada do tamanho do animal. Nenhum cão no mundo precisaria de um buraco tão

---

★Guerreiro da mitologia nórdica. (N. T.)

QUANDO FINALMENTE VOLTARÁ A SER COMO NUNCA FOI

gigantesco. Depositei seu corpo no centro. Ao seu redor havia, pelo menos, meio metro de espaço. Também tinha cavado fundo demais. A cadela não apenas tinha ficado mais leve, como parecia ter encolhido, de tão frágil que jazia na terra escura. Antigamente, o branco da sua pelagem brilhava, mas naquele momento estava acinzentado e opaco.

Deveria colocá-la em alguma posição determinada? Com as patas cruzadas, como se estivessem se esticando em um salto, ou dobradas embaixo da barriga? Por que eu tinha escavado uma cova tão profunda? Daria perfeitamente para eu me deitar nela. Quando a primeira pá de terra encontrou o primeiro pedaço da cadela, suas patas dianteiras estremeceram para a frente. Parei, olhei assustado para o buraco. Que o animal estivesse morto, disso eu não tinha a menor dúvida, mas a próxima pá de terra também empurrou o corpo, fazendo com que seus membros sobressaltassem por reflexo. Aos poucos, foram sumindo suas costas, a barriga e, por fim, o tumor, que jazia rosado no solo.

Continuei a lançar terra com a pá e comecei a suar. Não havia dúvida: em pouquíssimo tempo, aquela terra preta e fértil do húmus iria amolecer, penetrar e dissolver nossa cadela. Contra aquela terra, pelos, ossos e tudo o que fosse orgânico nada podiam. Pensei: não dá para resistir a esta terra. Seu frescor, sua umidade e sua fertilidade irão engolir e fazer desaparecer tudo o que nela permaneça por muito tempo. Pá após pá, fui tampando o buraco. Não consegui jogar terra na sua cabeça. Entrei novamente na cova e cobri a cabeça da cadela com as mãos. Agarrei o húmus, aquele solo que meu pai sempre exaltou como o mais fértil de toda a região, esmigalhei os torrões e espalhei-os sobre a cabeça do animal. Terra preta, orelhas pretas.

Somente depois de enterrar a cabeça tão amada, de já não poder vê-la, é que me senti melhor. Na meia hora seguinte, preenchi o buraco gigantesco e cobri-o com as leivas de relva, firmando-as com os pés. Antes eu esperava que fosse ficar um montículo sobre a cova, mas não se via nenhuma elevação. Somente o gramado, firme e plano como antes. Como era possível? A cadela simplesmente havia desaparecido. Joguei a pá dentro do barracão pela porta do estábulo e parti sem lavar as mãos.

Obriguei-me a prestar atenção na estrada, mas, na parte inferior do meu campo de visão, duas garras monstruosas cheias de terra seguravam o volante. Pareciam não me pertencer, mas mesmo assim conheciam cada curva e me levaram com segurança para casa.

THE FINAL COUNTDOWN

NO CAMINHO PARA A ESCOLA, FUI ME SENTINDO cada vez pior. O espetáculo dos pacientes, de que antes eu gostava tanto, passou a me repugnar em um crescendo. Até hoje não sei por quê. Rostos deformados, lábios leporinos e hemangiomas nunca tinham me causado grande horror; ao contrário, tudo isso sempre me entusiasmara e me protegera em seu absurdo cotidiano. Mas, naquele momento, eu desenvolvia uma rejeição e, às vezes, até uma verdadeira aversão que muito me surpreendiam. Antes, quando caminhava pelo terreno do hospital psiquiátrico, sempre olhava para os pacientes, mas agora ficava assustado e desviava o olhar com frequência cada vez maior. Mal conseguia suportar os deficientes que vegetavam no gramado, as figuras que se aproximavam demais de mim, o odor misturado de comida do refeitório, linóleo encerado, desinfetantes e transpiração humana, que sempre preencheram o ar da instituição. Com o olhar fixo, eu atravessava diretamente o terreno e só voltava a respirar, aliviado, depois de passar por um dos portões. Em casa, eu ficava o mínimo possível.

Desde o início não tive dúvidas de que passar o réveillon na casa de um dos meus amigos seria diferente de uma festa de fim de ano na cidade. Eu havia recusado diversos convites. À pergunta de meus pais: "Você quer mesmo ir lá?", respondia várias vezes: "Quero, claro. Por que não? Vai ser diferente."

Fazia apenas seis semanas que eu tinha tirado minha carteira de motorista e uma semana que eu podia sair sozinho com o carro do meu pai. A sensação de liberdade dessa primeira viagem para o litoral, com minha própria música e apenas uma das mãos no volante me deixou feliz. Eu era um motorista cuidadoso, quase medroso. Porém, as estradas totalmente retas que cruzavam a planície até o Mar do Norte me deram autoconfiança. Mesmo assim, meus pais não gostaram da ideia de justamente na noite de ano-novo eu ir a uma festa em Eggebek, a 20 quilômetros de distância.

– O que você vai fazer naquele vilarejo? – perguntou-me meu pai. – Não conhece ninguém lá. E também não vai poder beber nada. Tem de me prometer isso!

Realmente eu não conhecia ninguém, só a garota que tinha me convidado. Chamava-se Friederike, e eu a conhecera em um torneio de vôlei. Eu mesmo não jogava vôlei, mas tinha assistido aos jogos realizados no nosso ginásio de esportes entre diversas escolas. Friederike vinha da escola técnica, que nós, do ensino médio, sempre olhávamos com certo desdém. Contudo, eu já não tinha nenhum resquício dessa vaidade, uma vez que meu desempenho escolar era tão pífio que logo a escola de Friederike também poderia ser a minha.

O time em que ela jogava era muito melhor do que o nosso, e perdemos de lavada de três sets a zero. Friederike não levou a vitória muito a sério, e gostei disso logo de cara. Suas companheiras de time batiam as mãos umas das outras após cada ponto ganho e davam tapinhas de encorajamento nas calças apertadas de tecido felpudo. Mas Friederike só sorria, mesmo quando dava uma cortada certeira na bola pela lateral da quadra. Marcou os pontos mais espetaculares e cometeu os erros mais inacreditáveis. De longe, era a melhor e a pior na quadra.

Entre um jogo e outro, fui até ela. Estava sentada sozinha em um dos longos bancos do ginásio, ouvindo música no seu walkman e sacudindo as panturrilhas. Ao chegar à sua frente, fiquei surpreso ao perceber como era alta e forte a música que martelava do fone diretamente em seus ouvidos. Eu disse "Oi!", não muito alto, pois sabia que ela não me ouviria, mas tinha certeza de que me veria e também

QUANDO FINALMENTE VOLTARÁ A SER COMO NUNCA FOI

perceberia que eu havia dito alguma coisa. Levantou o olhar – o mesmo olhar alegre com que havia mandado a bola para a rede. Olhou para mim e tirou o fone.

– Mais dois jogos – exclamei um pouco mais alto – e vocês serão campeãs!

Sacudiu as panturrilhas e anuiu, ao ritmo de artilharia da música. Anuiu para mim ou apenas seguiu o ritmo? Eu estava em pé, na frente dela, e não sabia o que fazer. Não queria bancar o figurante no seu filme particular de heavy metal. Já estava para me virar e sair, quando ela gritou em tom absurdamente alto:

– Quem é você? Não te conheço!

Vários alunos olharam para nós. Seu treinador se aproximou, bateu no ombro dela, puxou o fone dos seus cachos louros:

– Tudo bem? Vamos, se aqueça. Hoje, suas manchetes estão um horror!

Ela se levantou sem nem sequer me olhar e foi para a quadra, ao encontro das colegas. Ainda assisti aos jogos seguintes. Na final, em uma luta acirrada de mais de cinco sets, o time de Friederike teve uma vitória esmagadora sobre a equipe favorita do nobre internato Louisenlund, que ficava próximo à nossa cidadezinha. Por várias vezes, levou seu time à beira da derrota com ações arriscadas, mas com incríveis peixinhos trouxe o time de volta ao jogo.

Depois da premiação, tentei a sorte pela segunda vez.

– Parabéns! Vocês realmente jogaram muito bem. Foi mesmo emocionante!

As bochechas de Friederike estavam vermelhas de esforço e alegria.

– Cadê a sua medalha? – perguntei.

– Está aqui embaixo – apontou para a camiseta banhada em suor. – Acho o maior mico ficar desfilando com uma medalha como essa!

— Posso vê-la? — perguntei.

Puxou-a pela fita e segurou-a na minha frente, com ar conspiratório. Dei um passo na sua direção para conseguir enxergar alguma coisa e, de repente, fiquei bem próximo dela. Peguei a medalha e me surpreendi ao perceber que estava quente, até pelando. Além de "Que pesada!", nada mais me ocorreu. Teriam os nossos cachos se tocado? Recebi sinais confusos da ponta dos meus cabelos. O calor do metal passou para a palma da minha mão.

— Será que agora você poderia soltar a medalha devagar? — perguntou. — É que estou me sentindo meio idiota. Como um cão preso à coleira. — Demos risada. — Vou tomar um banho.

— Claro. Até mais!

No dia seguinte, aconteceu o que eu estava esperando. Na seção de esportes do nosso jornal, vi uma foto do time vencedor e os nomes das jogadoras. Friederike Jöns, de Eggebek. Liguei para o serviço de informações. Três números para o sobrenome Jöns. Tive sorte logo no primeiro. Estava para desligar quando alguém atendeu, mas, surpreendido por um forte acesso de tosse justamente quando pronunciava seu curto nome, parou no "Jö".

— Gostaria de falar com a Friederike!

— Ela está... — Mais tosse, que desta vez soou preocupante, como a de um animal doente — está na casa do Volki!

— Quando ela volta?

— Não faço ideia!

Ouvi um barulho. Um isqueiro, depois uma profunda inspiração e expiração.

— Tudo bem, tento mais tarde de novo.

Nenhuma resposta. Desliguei.

À noite, consegui falar com ela, e já no dia seguinte nos encontramos depois da escola em uma padaria. Comprei uma fatia de

QUANDO FINALMENTE VOLTARÁ A SER COMO NUNCA FOI

bolo Picada de abelha, e ela, um pacote de waffles. Perguntei-lhe se poderia experimentar um. Ela balançou negativamente a cabeça e se afastou correndo.

– Ah, não! – exclamou. – Nem pensar! Odeio dividir!

Achei que estivesse brincando e tentei participar da brincadeira.

– Ah, por favor, por favor, só um pedacinho!

Correu mais um pouco, devorou os waffles o mais rápido que pôde e não me deu nada.

Na escola, meus amigos quiseram saber de tudo nos mínimos detalhes. Se a estava namorando, se não achava estranho sair com uma garota da escola técnica, se já a beijara. Três claros "nãos" como resposta. Mas, na verdade, não tinha sido tão evidente assim como os "nãos" que eu dera como resposta. Em nossa última despedida, eu a abraçara e tentara lhe dar um beijo na bochecha, mas não dera certo. Gostava muito dela. Mas havia coisas que me incomodavam. Ela falava um alemão do Norte com mais sotaque do que eu. Usava expressões que eu não conhecia, e dizia o tempo todo "*véio*". "*Véio*, acho que isto é mais gostoso." Ou então: "*Véio*, estou com a maior dor nos músculos." É claro que não se referia a mim, que não estava me chamando de "velho"; mesmo assim, eu achava estranho e grosseiro.

Em um dos nossos encontros, ela vestia um colete com franjas. Estávamos em uma lanchonete, e eu simplesmente não conseguia reprimir meu mal-estar. Sempre que alguém passava pela porta eu me virava. E sempre ficava aliviado por ver que não era nenhum conhecido. Porém, quando recebi o convite para a festa de fim de ano, aceitei de imediato.

No último dia do ano, comi *fondue* com meus pais, assisti a *Dinner for one* na televisão e saí.

– Você ainda volta hoje à noite ou só amanhã? – perguntou minha mãe.

— Ainda não sei direito. Vamos ver.

Eu realmente não sabia e gostaria de ter respondido que passaria a noite fora.

— Por favor — pediu meu pai —, esteja de volta no mais tardar às 11 da manhã. Queremos ir ao cemitério!

— Também quero ir — respondi, despedindo-me.

Na viagem pela escuridão, não me senti muito bem. Assim que saí da cidade, já não havia postes de iluminação, e o escuro era total. Tive problemas com o farol alto. Não conseguia apagá-lo com rapidez suficiente quando um carro vinha na minha direção. Por duas vezes, alguém deu vários sinais para me alertar do meu erro. Mas eu não ousava abaixar o olhar até o painel. Ainda bem que eu conhecia o caminho, pois, por alguns anos, arrendamos um tanque de pesca atrás de Eggebek. Depois de cruzar a floresta sinuosa, tudo melhorou.

Às dez horas, passei pela placa com o nome do local e iluminação amarela, e entrei no vilarejo. Friederike tinha dito que era para descer a rua principal, depois entrar à direita atrás da grande torre azul do silo e ir até o final dela.

Em um celeiro sem aquecimento, havia vários sofás cobertos com panos, sobre o chão de cimento áspero. Havia também colchões estendidos no chão. Sobre uma mesa extensível, travessas com salada, nenhuma delas verde, todas brancas ou amareladas de maionese. Em cada travessa, uma colher fincada bem no meio, ereta na salada fria como uma pá no campo molhado. Alguns convidados já estavam sentados nos sofás. Todos de casaco, gorro, garrafa de cerveja na mão, alguns até mesmo com a garrafa de cerveja na luva. A fumaça dos cigarros misturava-se ao ar abafado. Entre as vigas pendiam vários cabos com luzes. O vermelho das lâmpadas pintadas artesanalmente misturava-se à luz dos tubos de neon, presos no teto alto e cobertos de teias de aranha, formando um lusco-fusco pálido. O celeiro era grande. Atrás dos sofás e dos colchões, móveis empurrados para o fundo. Um guarda-louças, armários imponentes, máquinas que eu não conhecia, montes de tábuas, portas e janelas velhas.

O aparelho de som parecia ser a única coisa à qual se dera realmente importância. O celeiro estava preenchido por um barulho horrível. Eu nunca tinha ouvido um som que nos graves martelava direto na boca do estômago e, nos agudos, soltava gritos estridentes de pânico. Era muito difícil resistir ao impulso de tampar os ouvidos. Vários toca-discos, consoles de mixagem, amplificadores em duas mesas de cozinha juntas. Caixas de som gigantescas.

Procurei por Friederike com o olhar. Eu estava morrendo de frio. Só estava usando minha jaqueta jeans, pois não contava ir a uma festa em um celeiro gelado. Três meninas de casaco de couro e protetores de ouvido rosa me observavam de um dos sofás. Fui até elas, me agachei e gritei:

— Vocês viram a Friederike?

As meninas se olharam e balançaram negativamente a cabeça. Uma delas era terrivelmente vesga e tinha óculos vermelhos.

— Acho que ainda não chegou! — gritou.

Não deu para ter certeza se ela estava gozando da minha cara. Estariam fantasiadas para a festa de fim de ano? Uma secretária vesga? E o que quisera dizer com "ainda não chegou"? A anfitriã não tinha chegado — como assim?

Atravessei a pista de dança vazia e de chão de cimento até os engradados de cerveja. Minha jaqueta era leve demais não apenas para o frio congelante, mas também protegia pouco dos olhares. Pelo menos, a cerveja estava bem fresca. Desceu gelada, passando pelos meus lábios igualmente gelados.

— Ei, *véio*, que tal pagar?

Um sujeito todo encapotado apontou o dedo para um galão de leite pregado a uma viga. "Cerveja, um marco", era o que estava escrito no metal amassado.

– Deixei o dinheiro no carro. Já vou pegar! – menti, com a esperança de encontrar algum no compartimento.

No caminho para fora, vi Friederike no portão do celeiro junto com um homem visivelmente mais velho do que eu, de cerca de 25 anos.

– Ah, está aqui! – Fiquei feliz ao vê-la. – Já tinha procurado por você!

Ela me olhou, e o cara a seu lado olhou para ela.

– Não achei que viesse! – exclamou Friederike. – Que loucura, *véio*! Faz tempo que você chegou?

– Não, uns 20 minutos!

O sujeito a seu lado cravou os olhos em mim e disse:

– Vou buscar uma cerveja! – Mas soou como se tivesse dito: "Quem é você, babaca?"

Passou por mim e, com habilidade, empurrou-me com o ombro. Friederike e eu nos olhamos. Com a cabeça, fez menção para nos afastarmos, e eu a segui por alguns passos para a parte lateral do celeiro. Ali estava bem mais tranquilo – mais frio e com o céu estrelado.

– A festa é mesmo sua?

– Não, imagine. Que ideia!

– Achei que fosse.

– Não está com frio? – olhou-me com preocupação.

– Não, dá para aguentar.

Pegou minhas mãos.

– Caramba, *véio*, estão geladas!

Alguém gritou seu nome.

– Estou aqui!

QUANDO FINALMENTE VOLTARÁ A SER COMO NUNCA FOI

O sujeito que havia me empurrado com o ombro se aproximou, pegou o pulso dela e me disse:

— Vaza!

Com um puxão, Friederike soltou o pulso:

— Qual é? Ficou louco?

Ele se colocou bem na minha frente e pressionou a testa contra a minha:

— Vaza, *véio*!

Friederike tentou afastá-lo:

— Está maluco, *véio*?

A ponta quente do seu nariz tocou a gelada do meu, e ele soltou um bafo morno de cerveja na minha boca. Empurrou-me com a testa. E, pela terceira vez, declarou:

— Chega de enrolação. Pode ir vazando, *véio*!

Dois caras o pegaram por debaixo dos braços e o levaram embora. Até chegar à esquina do celeiro, não me perdeu de vista, soltando fumacinha branca pelas ventas. Eu estava tremendo. De frio, de medo. Os joelhos tremiam e os dentes batiam.

— Ele é realmente louco! — Friederike riu.

Eu gostava daquela risada. Soava a: tudo é possível, e justamente agora.

— Nem estamos mais juntos! Só que a ficha do cara não cai, *véio*!

Uma moça se aproximou:

— Freddy, venha logo, o Volki está criando caso.

Entramos no celeiro. Volki estava sentado em um colchão, provocando os outros por causa da música. Não se entendia o que dizia. A moça vesga com protetor de ouvido era a única que dançava. Por um breve momento, sentei-me no encosto de um sofá. Bem entre as minhas coxas havia um buraco no tecido. Tateei as bordas e enfiei um pouco do indicador no estofo. Debaixo do forro, uma fina camada de enchimento desfiado. Dava para enfiar o dedo inteiro no sofá. Seria um buraco feito por rato? Tirei a mão. Imaginei os ratos dentro do sofá. Em seu ninho. Deviam estar sofrendo com aquela música e achando que seu mundo de rato afundaria no barulho. Friederike foi até Volki e o acalmou.

Uma balada sentimental de rock encheu o celeiro com um lamento distorcido de guitarra. Muitos conheciam a canção, levantaram-se e foram dançar. Também Friederike e Volki, abraçadinhos, ela bem ereta, amparando-o. Ele parecia muito amoroso. Encostou a cabeça na dela e sorriu como um idiota.

Saí e sentei-me no carro. Estava com tanto frio que, por um bom tempo, não consegui enfiar a chave na ignição. Já estava para partir quando alguém bateu na minha janela.

– *Véio*, você não pagou a cerveja. Não adianta fugir!

– Ah, é verdade. Desculpe.

Vasculhei os compartimentos, o porta-luvas. Uns caras estavam em pé ao redor do carro e, com suas botas, balançavam-se contra o para-choque. Achei uma moeda de um marco e lhe entreguei, dei partida no motor e quis sair. Alguém bateu no teto do carro, outros bloquearam o caminho. Friederike estava no portão de entrada e gritou alguma coisa. Eles se afastaram e saí do pátio.

Assim que cheguei à rua principal, parei em um ponto de ônibus e tentei me acalmar.

– Que babacas! – gritei. E, mais uma vez, em desespero, segurei e puxei o volante. – Babacas! Cambada de idiotas!

Mantive minhas mãos congeladas por cima das saídas de ar. Aos poucos, o ar foi esquentando. Só então vi a hora: onze e 28. Se me apressasse, antes da meia-noite estaria em uma das festas da cidade. Mas preferia ir para casa. Tomar uma taça de champanhe com meus pais e ir para minha cama quente.

Parti. Em Eggebek, havia gente por toda parte na rua, lançando rojões. Como despedida, ainda lançaram morteiros que explodiram sobre o teto do carro. Assim que deixei o vilarejo, fez-se silêncio.

QUANDO FINALMENTE VOLTARÁ A SER COMO NUNCA FOI

Meus ouvidos zumbiam por causa da música alta. Não havia vivalma nos arredores. Dirigi devagar e pensei se os poucos goles de cerveja me causariam problema em alguma blitz. Pensei em Friederike. Estaria realmente namorando aquele imbecil? Mas, afinal, o que eu tinha imaginado? Por acaso, que íamos começar a namorar naquela noite? Que, no silêncio do campo, ela se apertaria totalmente nua contra mim, debaixo de uma espessa coberta? Sim, exatamente isso! Era com esse tipo de coisa que eu tinha sonhado.

Então, houve um choque abafado. Levei um susto e dei uma freada brusca. Olhei pelo retrovisor. Havia alguma coisa estirada na estrada. Eu estava em uma curva longa. O que fazer? Simplesmente continuar em frente? Liguei o pisca-alerta e desci. A lua estava quase cheia e bem iluminada. Cerca de 15 metros atrás do carro, algo se movia na pista. Aproximei-me com cuidado. Um gato. Estava deitado de lado, com a cabeça levantada, lambendo a barriga. Vi que estava todo ensanguentado. Seu abdômen havia arrebentado, era uma massa sangrenta. O gato não parava de lamber a barriga aberta, devorando o próprio sangue. Quando me aproximei, olhou para mim. Seus olhos refletiam as luzes vermelhas da traseira do carro. Resmungou, engasgou, tossiu gorgolejando e voltou a se lamber. Quando me aproximei mais um pouco, tentou se levantar; com as patas dianteiras, puxou um pouco o abdômen sangrento na direção da valeta. Vi uma coisa pendendo da sua barriga, pele escura e ondulada. O que fazer?

Onze e 47. Sentei-me no carro e liguei o rádio. Um vozerio agitado, uma alegria de ano-novo simulada de forma estranha. Aumentei o volume. Tornei a sair do carro, encontrei no porta-malas um pano de prato e fui até o gato. Estava com a cabeça deitada no asfalto, choramingando e ofegante. Ao ficar bem na sua frente e cobri-lo com o pano, vi uma costela despontar do pelo avermelhado. Me senti mal. Do carro ecoava uma música alegre. As patas do gato se contraíam, afastando o pano para o lado, e um tremor o percorreu até a ponta da cauda. Então, ouvi a contagem pelo rádio: dez, nove, oito... No zero, grande júbilo e a canção *The final countdown*. A distância, estouro de morteiros e rojões isolados, que sob a amplidão do firmamento cuspiam um pouco de vermelho e azul com uma debilidade lamentável.

À meia-noite e 15, um carro veio na minha direção pela longa curva. Acenei para ele já de longe, e ele parou. Uma Mercedes antiga.

— O que aconteceu?

Um homem vestindo um macacão imundo, camisa xadrez e boné azul.

— Atropelei um gato. Está ali na frente. Não sei o que fazer.

O homem desceu do carro. Pesadas botas de borracha. Foi se arrastando até o animal. Diante do seu focinho, uma poça espumante de sangue vermelho-claro.

— E este pano? — Eu não soube o que dizer. — Bom, já não há o que fazer.

E antes que eu pudesse me virar, deu um chute com a bota de borracha na cabeça do animal. Um barulho de estilhaço. Com a ponta do calçado, lançou-o na valeta. Limpou o sangue do sapato na faixa de grama pálida da lateral, iluminada pela lua, e entrou no carro. Abaixou o vidro:

— Ah, sim, feliz ano-novo!

— O quê?

— Feliz ano-novo!

— Ah, obrigado! Para o senhor também. Feliz ano-novo.

QUEM ESTÁ SÓ TAMBÉM ESTÁ EM SEGREDO

E ENTÃO TEVE INÍCIO O QUE MEU PAI NÃO CONSEGUIA refrear com nenhum livro, e contra o qual nem mesmo todo o conhecimento teórico do mundo servia: ele ficou doente. Fazia anos que eu já não morava em casa. O diagnóstico fulminante acelerou o tempo, e os acontecimentos se atropelaram.

Vinte e quatro horas depois que meu pai urinou sangue, seu rim doente foi retirado. Segundo me disse ao telefone, levaria seis anos para o risco de a reincidência da doença diminuir significativamente. Após seis anos, ele teria a mesma chance de chegar a uma idade avançada como antes da doença.

Meu pai e minha mãe não se davam nada bem. Sem filhos em casa nem cachorro. As preocupações do meu pai, os medos da minha mãe. E então aconteceu: meu pai tornou a conhecer outra mulher e se mudou para a casa dela, que tinha dois filhos pequenos e morava em Lübeck.

Minha mãe ainda ficou um tempo na nossa casa, mas depois foi para a Itália, encontrou um bom trabalho em um hospital no Lago Maggiore e tentou começar uma nova vida.

O que durante todos aqueles anos, independentemente das razões, parecia impossível, agora tinha se tornado verdade: meus pais haviam se separado. Quando telefonei para meu pai em Lübeck, ouvi crianças ao fundo. Quando telefonei para minha mãe, ela estava sentada na varanda, com vista para o lago, desfrutando da noite quente. Nossa casa no meio do terreno do hospital psiquiátrico ficou vazia. Inicialmente, havia planos para transformá-la em uma unidade. Moradia assistida.

Mas, então, meu pai adoeceu de novo. Começou com dores na perna. A primeira cirurgia tinha sido apenas um ano antes. Mas o exame não deixou dúvidas. Minha mãe me telefonou:

— Sabe o que aconteceu com ele?

Perguntei de imediato, pois ouvi pânico em sua voz:

— Ele se matou?

— Não — respondeu —, vai ter de operar de novo.

— Ele ligou para você? — perguntei, pois, na verdade, pensei que já não tivessem contato.

— Ligou — respondeu —, logo depois que ficou sabendo.

Apenas seis semanas depois, encontraram minúsculas manchas em seu pulmão. Meu pai ficou desesperado. Sabia muito bem o que isso significava. O que lhe caberia. Foi difícil para ele começar os árduos tratamentos. A perna foi operada. O pulmão recebeu radioterapia. Estava mais uma vez no hospital. Sempre que eu tinha tempo, ia visitá-lo. Ele evitava que eu encontrasse a nova mulher e as crianças, o que era muito conveniente para mim. Tentou voltar a trabalhar. Mas já não dava. Deve ter sido horrível para ele esvaziar seu consultório. Então, começou a fazer as coisas pela última vez. Morava com a nova família, mas se sentia cada vez mais como um peso. Essa vida que ele tinha acabado de encontrar ainda não estava pronta para sua doença. Era difícil com as crianças. Tomou uma amarga decisão: voltar para nossa casa. Ali ficou: doente, sozinho, em meio ao hospital psiquiátrico.

Por dois meses, não vi meu pai. Quando ele abriu a porta, tentei disfarçar meu susto com sua enorme mudança, dando-lhe rapidamente um abraço. Ele havia engordado ainda mais. Porém, seu

QUANDO FINALMENTE VOLTARÁ A SER COMO NUNCA FOI

tamanho nada mais tinha daquela saúde robusta de outros tempos, quando ele – queixando-se, mas orgulhoso – empurrava a barriga e, depois de uma semana cheia de trabalho, boiava de costas na piscina como uma rolha bem-nutrida. Sua corpulência tinha perdido a força. A doença, a solidão e a falta de perspectiva tinham aumentado a força gravitacional e diminuído seu vigor. Muitas vezes me perguntei por que aquele homem careca, malvestido e gordo tinha sucesso com as mulheres. Acho que deveria ser por causa dos seus olhos. Eram amigáveis e muito inteligentes, cujo carisma ele conseguia regular como um mágico. Com confiança e interesse, aqueles olhos eram capazes de dominar e encantar qualquer um. Quando ele queria, a pessoa que recebesse esse olhar dos seus olhos passava a ter certeza de que conseguiria tudo aquilo a que se havia proposto e de que era invulnerável. Os últimos meses não tinham feito bem a esses olhos paternos. Seu olho de Gottfried Benn pendia de maneira tão flácida e sem lirismo como nunca antes. Seu bigode havia perdido o amarelo repugnante, porém marcante, e tinha ficado grisalho. Trazia os últimos cabelos bem curtos na nuca, e o restante, cuidadosamente aparado, mostrava-se escasso acima do rosto inchado e pálido, como a coroa murcha de louros de um mestre licenciado.

Já fazia um ano que morava sozinho na nossa casa, mas não estava bem instalado ali. Demo-nos um longo abraço, e, quando ele me olhou, seus olhos ficaram marejados.

– Entre. Está com fome?

Coloquei minha bolsa no corredor e vi a coleira pendurada no aquecedor. Embora a cadela já tivesse morrido muitos anos antes, a coleira havia resistido em seu lugar. Tirei-a do registro do termostato.

– Ainda está aqui? – perguntei.

– Mas é bonita. Nem tudo precisa ser logo jogado fora. Gosto de vê-la.

Suas primeiras palavras já revelaram como ele tinha ficado sensível, como futuro, perda e passado ecoavam de maneira funesta em cada frase, empurrando os significados do que era dito. Passou por mim no corredor, e vi que mancava ligeiramente. Na sala, deixou-se cair na poltrona.

– Fez boa viagem?

– Fiz, tudo certo. Embora sempre pareça mais distante do que imagino no começo.

– Pois é, sinto muito não ter ido te buscar na estação.

– Não tem problema, gosto de caminhar.

– É... bobagem..., mas para mim é muito difícil sair do carro.

No parapeito da janela, ao lado das fotos do meu irmão falecido, do meu outro irmão e de mim em Laramie, descobri, para minha total surpresa, também uma da minha mãe. O que a foto dela estava fazendo ali?, perguntei-me. Estava com meu pai em uma festa de família. Ele, diante de uma mesa farta, proferindo um discurso. Nas mãos, o chamado *Semmelsonne*, diversos pãezinhos cobertos de grãos formando um disco. Minha mãe olhando para ele, sorrindo e encostando a cabeça na sua opulenta barriga.

Para comer, sentamo-nos os dois à gigantesca mesa familiar e, conversando e perguntando com animação, fizemos de tudo para não ficarmos deprimidos com as cadeiras vazias. Havia purê de batatas e almôndegas. Ambos lutavam em um molho escuro e extremamente temperado por uma sobrevivência apetitosa. Além disso, ervilhas despedaçadas. Teria sido ele mesmo que as cozinhara?

– Que pratos são esses? – perguntei-lhe.

– Não está bom? Agora recebo comida lá de cima.

"De cima" significava da grande cozinha do hospital psiquiátrico. Os pratos tinham três divisórias, e somente então entendi que o que estava diante de nós era comida de hospital em louça de hospital.

– Você gosta disso? – quis saber.

QUANDO FINALMENTE VOLTARÁ A SER COMO NUNCA FOI

— Ah, a gente acaba se acostumando. Simplesmente não dou conta de fazer as compras, cozinhar, ficar pensando no que preparar.

Falei-lhe de Kassel, onde estava morando no momento, e como estava sendo meu trabalho. Só que o fio que ligava meu relato às suas perguntas foi ficando cada vez mais fino.

— Venha, quero te mostrar uma coisa. Você vai se surpreender! — disse meu pai para não emudecer por completo.

Saímos para o terraço. Por todo lado havia vasos com flores.

— Foi você que plantou tudo isso? — perguntei.

— Foi, sim. Precisava fazer alguma coisa. Olhe só isto aqui, tenho até feijão-da-espanha. Estão indo bem. Mas não era isso que eu queria mostrar. Venha.

Demos a volta na casa até o jardim dos fundos. Ali, encostada na parede e colocada sobre suporte, uma caixa de madeira maciça que se revelou uma perfeita coelheira quando me aproximei.

— Onde conseguiu isto?

— Fizeram para mim lá em cima, na carpintaria. Veja só.

Aproximei-me da tela metálica. Na palha havia dois coelhos comendo, satisfeitos, folhas de dentes-de-leão. Um deles, bem preto; o outro, cor de areia.

— Que lindos! Desde quando está com eles?

— Faz duas semanas.

Abriu uma das portinholas, pegou o preto pelas orelhas e ergueu-o. Por um momento, o coelho ficou dependurado, comprido e rígido no ar, mas já no instante seguinte sentou-se no braço do meu pai. Aninhou-se na sua barriga. Meu pai acariciou sua cabeça e as orelhas esticadas para trás.

— Tinha iguais a esses quando era criança. Uma porção.

— Como eles se chamam?

Olhou para o animal, que respirava tranquilamente. Os afagos de meu pai, sua mão que deslizava pela cabeça e pela coluna dorsal, transbordavam como ondas de pelo através do corpo flexível do coelho.

— Black e Decker.

— Como é que é?

Ele sorriu e, por um momento, lá estava ela de novo, sua nítida alegria de viver, alimentada por uma ligeira hipertensão.

— Ah, são bons nomes. Pronto, agora você volta para sua casa.

Com cuidado, fechou a coelheira.

— Até mais, Black e Decker!

Meu pai sempre foi bom para dar nomes. Quando via minha mãe nua, chamava-a de *blanke Hans* – originariamente, uma perífrase para falar do Mar do Norte quando há calmaria. Em algum momento, o "blank"* foi sacrificado pelo cotidiano, e ele passou a chamá-la apenas de Hans. Minha mãe nunca sabia ao certo se achava engraçado ou um desafio. Sempre soava estranho:

— Hermann, você viu a chave do meu carro?

— Não, Hans, sinto muito.

Voltamos para dentro de casa.

— Bom, vou me deitar um pouco. Você cuida da cozinha?

De cinco pratos, cinco copos, cinco facas, cinco garfos e uma tigela de cachorro para dois pratos e dois copos é uma redução de fundo sonoro que não passa despercebida quando se tira a mesa. Em um primeiro momento, tive a impressão de que tudo estava como antes, mas, então, cada vez mais fui notando coisas que denunciavam a mudança de situação do meu pai e da casa. Minha cama não estava feita. Na minha família, lençóis limpos após uma viagem ou uma longa ausência sempre foram expressão tácita de boas-vindas. Depois de semanas longe de casa – fosse por uma viagem de mochila nas costas, fosse por estar estudando em outra cidade –, voltar a me deitar na cama com odor familiar

---

*Liso e reluzente. (N. T.)

QUANDO FINALMENTE VOLTARÁ A SER COMO NUNCA FOI

sempre fora para mim como uma promessa de que, apesar de eu ter partido e deixado meu lar para trás, aquele lugar me aguardaria inalterável e firme. Eu sabia que não tinha direito à cama feita com lençóis limpos, que isso teria significado um esforço para meu pai novamente doente, que não me daria trabalho nenhum fazer a cama; no entanto, fiquei decepcionado com o leito nada convidativo que me tornava um estranho. Desanimado, peguei a roupa de cama no armário maciço do corredor e estiquei o lençol sobre o colchão, que estava repleto de manchas nojentas que eu nunca vira e cuja origem desconhecia.

Outra mudança eram os jornais não lidos, empilhados ao redor da poltrona e em diversos locais. Meu pai sempre lia o jornal de um jeito que depois o deixava com cara de lido. Não importava o caderno: fosse política, economia, esportes ou entretenimento, toda linha era cuidadosamente estudada, até mesmo as dos classificados. Não era raro ele colocar a espessa e pesada edição de domingo de um jornal qualquer sobre a coxa, esfregar as mãos como um pianista diante de um difícil concerto, relaxar os dedos e, solene, abrir a primeira página. Muitas vezes reclamava da falta de tempo para ler um jornal inteiro.

– Quando me aposentar, vou ler tudo com mais atenção ainda. Vou passar o dia inteiro debaixo de uma montanha de jornais e livros. Vou me esconder como se estivesse debaixo do gigantesco bloco errático de um dólmen e ler, ler, ler!

Mas, naquele momento em que tinha todo o tempo do mundo, seu interesse parecia paralisado. Os jornais se amontoavam compactos e intocados.

À tarde, fomos juntos para a cidade. Dei-lhe o braço e, caminhando ao seu lado, eu sentia seu claudicar diretamente no meu quadril. Ele se apoiou um pouco em mim e, desse modo, percorremos a rua de comércio.

— Que estranho! – disse-lhe. – Mesmo que muita coisa tenha mudado por aqui, tudo parece igual! Refizeram tudo, o pavimento está mais bonito; os postes de iluminação, mais agradáveis; as fachadas foram pintadas, mas nada mudou. Parece que a atmosfera continua a mesma.

Ele não respondeu diretamente.

— Para mim foi um desafio enorme na época assumir o Hesterberg. Eu era o mais jovem diretor de um hospital regional em toda a Alemanha. E realmente dei muito duro. A escola, o novo hospital. Mas certamente você tem razão, também me surpreendo com o fato de que este é o lugar onde passei mais da metade da minha vida.

A cada par de metros que percorríamos, ele era cumprimentado, e tentava mancar o mínimo possível.

— Está precisando de alguma coisa? – perguntei.

Ele balançou a cabeça negativamente. Na vitrine da Radio Voigt, a loja de eletrodomésticos da cidade, vimos alguns aparelhos.

— Olhe só, filho, aquilo ali é um receptor universal.

— O que ele faz? – perguntei, embora soubesse.

— Com ele você pode receber todas as ondas de todas as emissoras que existem.

— Mas e se a gente não conhece a língua?

— Há mais emissoras alemãs do que você imagina. Na África do Sul, ou, recentemente li, uma estação de rádio em Alma-Ata, que também transmite em alemão!

Passamos por uma vitrine cuja superfície inteira, inclusive as paredes laterais, estava decorada com instrumentos de corte de todos os tamanhos. Todos abertos ou fora das suas bainhas de couro ou decoradas. Canivetes; facas de cortar pão, de cortar carne; facas com o gume curvo, reto ou estriado. Vários tipos de machete e até três espadas samurai decoradas em um suporte com entalhe asiático. Depois de observarmos por um momento as lâminas prateadas e

QUANDO FINALMENTE VOLTARÁ A SER COMO NUNCA FOI

afiadas, de repente meu pai se segurou com mais firmeza em mim e puxou-me para mais perto. Olhei para ele. Tinha fechado os olhos.

– Vamos seguir em frente, rápido – pediu com um tom de súplica que eu desconhecia. – Estou me sentindo mal por causa destas coisas.

Com cuidado, prosseguimos. O que tinha acontecido?, pensei. Como ele podia estar se sentindo mal só de ter olhado instrumentos cortantes? Em silêncio, fomos nos afastando devagar. Nunca eu tinha caminhado por um trecho tão longo, de braço dado com meu pai. Encontramos um ritmo lento, mais estável. Na nossa cozinha, nunca houvera uma única faca realmente afiada. Na verdade, na nossa casa, nada era cortado, só despedaçado. Fatias de pão só saíam depois de comprimidas para baixo, e as de salsicha, quando apertadas e puxadas. Qualquer régua teria sido mais afiada do que uma faca. Os tomates acabavam sendo esmagados por facas cegas, e os pepinos pareciam ter sido cortados a socos. Na nossa casa, nunca uma lâmina afiada passara pela manteiga, nunca os pimentões tiveram cortes perfeitos, nem o queijo, uma quina lisa. Tudo era rasgado e desfiado. Qual a razão disso? A instabilidade imprevisível da minha mãe, que eventualmente levava a imprudências? A estranha sensibilidade do meu pai a lâminas reluzentes, que se revelara pela primeira vez naquele momento? Meus acessos indomáveis de ira? Será que a falta de facas afiadas era uma prevenção apropriada ou apenas, como eu sempre acreditara, puro desleixo, uma negligência sem importância?

Percorrendo uma longa curva, voltamos ao carro. Meu pai tinha feito um esforço excessivo, descansou apoiado no capô e depois, com minha ajuda e arfando, sentou-se no banco do automóvel.

– Gostaria muito de ir ao cemitério, mas seria demais para mim. Sinto muito!

— Podemos ir amanhã — sugeri.

Na breve volta para casa, ficou sentado ao meu lado mascando um pacote inteiro de Mentos. Ia enfiando na boca uma pastilha após a outra, mastigava-a com pressa, fazendo barulho, e depois a engolia.

À noite, ou melhor, ainda no final da tarde, fomos comer no Restaurante dos Bálcãs. Esse restaurante era um pavilhão construído sobre palafitas. Ofereceram-nos um bom lugar, ficamos sentados bem ao lado da janela, com uma vista maravilhosa para o Schlei e a Ilha das Gaivotas. Uma garçonete rechonchuda veio até nós e colocou o cardápio sobre a toalha de mesa manchada. Estava com um vestido azul-escuro, fechado até o pescoço, bem justo na parte de cima, mas que, abaixo dos cordões que amarravam os quadris, chegava até o chão em pregas firmes. Meu pai olhou para ela, empurrou rapidamente os incisivos por cima do lábio inferior e abriu o cardápio.

— O que vai querer? — perguntei.

— Estou com fome. Acho que vou arriscar uma tábua de grelhados!

— Jura? — Surpreendi-me. — Então, vá em frente.

A chamada tábua de grelhados era um verdadeiro desafio e, já antigamente, o cúmulo do excesso de carne para meus irmãos e eu. Meu irmão do meio a batizara de "suicídio vegetariano". Em um prato enorme, especialidades grelhadas e oriundas de diversos animais eram empilhadas de tal forma que o arroz ou as batatas assadas que vinham embaixo já não podiam ser vistos. Tinha se tornado um ritual não muito criativo imitar a voz do respectivo animal a cada mordida na carne. Fazíamos "muuu", "mééé" e "cocorocó", mastigávamos sem pensar e achávamos muito engraçado quando meu pai fazia "miau" ou "au-au".

QUANDO FINALMENTE VOLTARÁ A SER COMO NUNCA FOI

A garçonete voltou, e meu pai disse, com voz suave:
— Bom, para mim, a tábua de grelhados e... — olhou para ela, com ar de desafio — um chope!

Meu pai era bom nisso. Meio de brincadeira, meio a sério — sonoro e muito charmoso. Ela se surpreendeu:
— Tábua de grelhados? Pois não.

Seu vestido me impressionou, e não soube direito se eram mesmo seus seios os responsáveis pelas incríveis curvas ou se a própria roupa era costurada de forma que o tecido fino formasse os montes. Ela olhou para mim:
— E você? Ou melhor, o senhor? Ah, desculpe, o que deseja?
— Pode me chamar de você!

Ela riu.
— Tudo bem. Então, o que vai querer? Também a tábua de grelhados?

Hesitei, pois, na verdade, tinha escolhido outra coisa. Mas, de repente, ocorreu-me que também tinha de me afirmar perante meu pai pedindo outra tábua de grelhados, como se naquele momento eu tivesse de provar que era um carnívoro tão grandioso quanto ele. Também quis agradar à garçonete; por isso, obviamente tinha de pedir algo de peso.

— Vou querer... — refleti no último segundo — o espeto de cordeiro com arroz e — tentei imitar o olhar do meu pai — um chope. Grande!

Ela fechou os cardápios e apressou-se pelo corredor estreito das mesas. Ambos a olhamos afastar-se. Era incrível como parecia mudar de direção só com o balanço dos quadris, contornando a quina das mesas como se estivesse dançando. Dava para ouvir a bainha do vestido roçar o chão, e esse rumor misturava-se discretamente ao vozerio dos outros clientes. Meu pai observou-a sem pudor até ela passar pela porta basculante e desaparecer na cozinha.

Ficamos calados, olhando para a água, para os raros barcos que, apesar das velas infladas, pareciam não sair do lugar. Fiquei irritado com o fato de meu pai ter olhado a garçonete por trás. Não importava onde se estivesse com ele, sempre olhava para o traseiro, os peitos e as pernas das mulheres. Mas, para mim, o pior era quando ele se achava o máximo e se virava para olhar embasbacado uma mulher que passasse por ele. Como eu conhecia bem essa situação! Sabia exatamente, de antemão, o que iria acontecer ao ver uma mulher vindo na nossa direção e tendo certeza de que era do seu agrado. Mal ela passava por nós, ele parava, detinha-se brevemente e se virava. E fazia isso como se, perdido em pensamentos, tivesse esquecido alguma coisa na direção da qual vínhamos, embora soubesse muito bem que ninguém, nem minha mãe, nem meus irmãos tivesse alguma dúvida de que se tratasse de uma mulher. Com uma enlevação professoral, disfarçava seu olhar cobiçoso, voltado ao traseiro do rabo de saia provinciano que acabava de passar. Era uma situação tão tosca que, ao espectador, só restava fingir que não havia percebido. E meu pai sabia muito bem disso. Mas o fato de continuar fazendo naquele momento em que estava doente, que tinha apenas um rim, que uma cicatriz vermelho-rubi atravessava sua barriga como um zíper e que um tanchão letal vicejava na sua perna me pareceu lamentável e até indigno. Afinal, será que uma doença como essa não livra o sujeito de nada?, pensei, olhando para a torre viking. Será que, nesse caso, esses reflexos totalmente insípidos não poderiam se soltar do indivíduo, permitindo que ele alcançasse algo novo? Tudo ficaria sempre como antes? Seria mesmo inevitável que, não obstante a morte se aproximasse, o sujeito já não se encaminhasse para um futuro aberto, mas se afastasse inexoravelmente dele, permanecendo em uma situação em que tudo é patético e pequeno? Talvez eu só estivesse sentindo vergonha porque também gostara da moça e, exatamente como ele, acabara mergulhando nesse olhar embasbacado.

Ela saiu da cozinha e foi para detrás do balcão. Com uma das mãos, levantou os cabelos da nuca, para se refrescar um pouco e, com a outra, tirou o chope. Olhou para nós, e seu olhar encontrou o nosso através de todo o restaurante. Levantou o primeiro copo e fez algo absurdo, mas que nos encantou: segurou o copo diante da boca e soprou a espuma que avultava sobre a borda. Farrapos de espuma de chope velejaram no ar e se depositaram no balcão. Em seguida, encheu todo o copo. Meu pai e eu nos olhamos:

– Você viu isso? – cochichou. – Ela soprou a espuma do copo?

– Talvez seja totalmente normal fazer isso nos Bálcãs! – refleti em voz alta.

Ele riu e disse:

– Seria o máximo. Adoro os Bálcãs!

Depois de ter tirado o segundo chope, soprado a espuma e tornado a encher o copo, pôs-se novamente a caminho. Seu retorno foi ainda mais interessante do que seu primeiro sumiço. Equilibrava a bandeja no alto, a linha aérea sobre nós oscilava, enquanto seus quadris contornavam os clientes sentados e a quina das mesas ainda com mais embalo. Nossos copos vacilavam pelo salão sem derramar o chope, deslizavam com segurança por cima das cabeças, enquanto suas ancas balançavam com elegância precisa por entre a aglomeração.

– Pronto, dois chopes. Um para o senhor e outro para você! A comida vai demorar um pouco. Hoje temos muito movimento.

– Você tem de fazer tudo sozinha? Não tem ninguém para ajudá-la?

Obviamente, esta era a pergunta correta e tocou fundo seu coração balcânico.

– Tem toda razão. Vou pedir para meu chefe vir até aqui. O senhor poderia repetir a pergunta a ele?

— Claro! – exclamou meu pai, alto demais. – Mande o cara vir até aqui!

Jogou a cabeça e deixou-se levar pelo embalo dos quadris até a cozinha.

Sem pensar muito, com uma pergunta trouxe-o de volta à realidade. Eu mesmo fiquei surpreso com a maneira direta como toquei nesse assunto delicado.

— Por que você não ficou em Lübeck?

Ele se mostrou visivelmente desconcertado, empurrou a barriga de um lado para o outro e bebeu metade do copo de chope:

— Ah, sabe, só morei seis meses com eles. Era difícil com as crianças. Ainda são pequenas. E agora esse negócio com a minha perna. – Sua fala desacelerou. – Provavelmente vai piorar. Seria pedir demais.

Também bebi um pouco do meu chope.

— O que você quer dizer com "pedir demais"? Afinal, você estava feliz com eles.

— Pois é, estava mesmo. Mas essa doença e os filhos dela. Eu não queria isso.

— E agora?

— Vamos ver.

— Mas não acho certo você ficar comendo aquela gororoba do Hesterberg, pai!

Quando a garçonete voltou, colocou o cordeiro na minha frente e a tábua de grelhados decorada com pimenta carbonizada na frente do meu pai, ficamos os dois felizes por sabermos exatamente o que estávamos para fazer. Meu pai fez "muuu" e roeu a costeleta; eu fiz "mééé" e puxei o pedaço de carne do espeto. Quando terminamos, no prato do meu pai havia uma montanha de ossos, todos roídos, que me deram nojo só de olhar. Ele tinha engolido tudo. As cartilagens, os tendões, a gordura. Os ossos brilhavam de tão brancos

QUANDO FINALMENTE VOLTARÁ A SER COMO NUNCA FOI

e lambidos, como se fossem restos mortais que a qualquer momento pudessem ser despachados para uma catacumba. Acenou para a garçonete e deu-lhe uma gorjeta alta demais, que, segundo me pareceu, ela recebeu com desprezo e não nos dignou mais nenhum olhar.

– Que tal darmos uma volta de carro pela região? Vamos sair um pouco desse fim de mundo? – perguntei meu pai, já sentado no carro e com o cinto afivelado. Voltar direto para a nossa casa não era uma boa ideia. Moveu o traseiro para frente e para trás no assento do carro, a fim de encontrar uma posição confortável:

– Com prazer, mas não muito longe, está bem?

Fiz que sim e dei a partida. Deixamos a cidade e logo atravessamos a paisagem de montes suaves. Os campos ceifados de cereais reluziam, louros.

– Preciso parar um pouco – pediu-me ele, e, na primeira oportunidade, entrei em uma trilha.

Descemos. Sair do aperto do carro, como de um casulo fechado, para a paisagem fez bem. Logo à nossa frente, vi uma máquina agrária monstruosa sobre um pasto extenso. Não era uma ceifadeira-debulhadora. Em ritmo lento, o monstrengo murmurante passava por longas faixas de relva ceifada, cujo odor chegava até mim. Na parte já percorrida do campo, havia várias esferas já embrulhadas em plástico branco. Como ovos gigantescos, estavam a uma distância exata uns dos outros, cada um contendo certamente dois metros de diâmetro. Observei a máquina em seu trabalho. Meu pai postou-se ao meu lado. Fiquei curioso para saber como seria depositar aqueles ovos e calculei a distância do último deles até o local do próximo.

O veículo parou. De sua parte traseira saíam três garras. Por um momento, nada aconteceu, mas ouvi uma trepidação no interior do veículo. Então se abriu uma fresta e um enorme fardo de feno saiu comprimido. Eu não esperava que fosse tão grande. Deslizou para dentro de uma espécie de dispositivo de fixação, e, de repente, as garras começaram a rodar e, girando cada vez mais rápido, foram perdendo o contorno e, por fim, se tornaram invisíveis. Não entendi direito o que era aquilo. Mas, já no momento seguinte, os braços das garras enrolaram faixas brancas de folhas de plástico ao redor dos fardos. Com habilidade, estes eram virados e girados e, a uma velocidade que emitia zunidos, eram encapsulados. No início, o fardo ainda parecia cheio de ataduras, mas as faixas iam reduzindo rapidamente sua superfície. A cena me dava certo aperto no peito, pois imaginei que as faixas cingiam e amarravam demais a esfera de feno, como se aquela configuração precisasse de mais ar. As garras teciam e teciam, giravam os fardos até o último verde do feno desaparecer.

Mas mesmo assim não parecia suficiente. As faixas de plástico branco continuavam a zunir ao redor das esferas. Isso não vai virar um invólucro, pensei do meu ponto de observação, tampouco um pacote; vai virar uma casca, um ovo gigantesco e encouraçado. Então, as garras desaceleraram, frearam em segurança e se retiraram para dentro do aparelho. Por um instante, o ovo girou ao redor de si mesmo e enlaçou as três faixas de plástico em uma corda compacta. De uma abertura da máquina saiu uma foice que, mesmo a distância, picotou com brutalidade exagerada o feixe de plástico e cortou o cordão umbilical. O ovo deu um salto, foi empurrado para a frente e desabou no campo.

Ficamos tão fascinados com esse processo que permanecemos em pé junto à cerca e assistimos também ao nascimento do próximo fardo de feno, a seu encapsulamento e à deposição do ovo. Porém, mesmo depois, não entramos no carro. Quando o sol começou a se pôr e os faróis se acenderam na cabeça da máquina, ainda continuamos ali em pé. Caído o último ovo, a máquina se curvou como uma mãe gigantesca e cuidadosa sobre os ovos em seu ninho, ajeitando aqui e ali mais um fardo. Na parte de cima, sentado em uma minúscula casinha de vidro, a uma luz descorada, como um cérebro pálido,

QUANDO FINALMENTE VOLTARÁ A SER COMO NUNCA FOI

o motorista estava totalmente inerte. Meu pai havia colocado o braço sobre meus ombros. Contamos os fardos. Eram 24.

— Exatamente a sua idade – disse, e entrou no carro.

Mais tarde nessa noite, quando estávamos sentados à frente da tevê, o telefone tocou e meu pai deu um salto, na medida do possível para ele, atendeu formalmente com "Pois não?", mudou a voz para um saudoso "Oi, e aí?", e desapareceu na sala ao lado, puxando o fio do aparelho. Por mais que eu tentasse ouvir apenas a televisão, pela porta acabei pescando alguns trechos da conversa. Ouvi-o dizer: "Pois é, é muito bom ele estar aqui" e "Sim, fomos comer", e depois: "Eu também" e, mais uma vez: "Sim, eu também!".

Quando voltou, parecia extremamente triste. Sentou-se e respirou com dificuldade; colocou a mão sobre o esterno, onde deu uma leve batida. Achei que, a qualquer momento, ele fosse dizer alguma coisa que nunca me dissera. Fitei a tela da tevê e esperei, esperei muito que ele rompesse o silêncio. Eu não queria nenhuma confissão, nenhum pedido de desculpa, nenhuma explicação, só queria – pois é, o que é que eu queria? – talvez algumas frases que correspondessem à nossa intimidade, um momento puro, livre de toda ironia e de todo ritual entre pai e filho. Mas ele ficou calado.

Contudo, na mesma noite, esse momento chegou. Leve como uma pena, sem nenhum esforço e com elegância, ele simplesmente disse tudo.

Foi mais cedo do que eu para a cama. Fui vê-lo em seu quarto, onde as duas camas ainda estavam juntas.

— Boa noite, pai. Durma bem.

Travesso, joguei-me na cama vazia da minha mãe. Meu pai abaixou seu livro. Como de costume, antes de dormir, às vezes, chupava um pirulito. Não faço ideia de quando pegou esse hábito.

Antigamente, era eu que lhe fornecia os pirulitos. Quem fazia isso agora? Quando ele ficava deitado na cama desse jeito, meu irmão mais velho o chamava de Kojak. Colocou a mão no meu ombro. Meu Deus, como eram quentes as suas mãos! Mesmo no auge do inverno, depois de duas horas de excursão pelo Mar do Norte, com tempestade de gelo, essas mãos eram tão quentes como no alto verão, e muitas vezes meus irmãos e eu brigávamos nos passeios para ver quem poderia aquecer seus dedos gelados na mão do meu pai.

Sem olhar diretamente para mim, começou a falar:

— Fico muito feliz, Josse, por você me visitar. Sinto muito se não sou muito falante, mas, a esta altura, está tudo uma grande merda. O fato de eu já não poder trabalhar me deixa infinitamente triste. Sempre gostei tanto do meu trabalho. Gosto tanto dessas crianças. Gosto muito de como elas são, tão selvagens e cheias de vida. Quando se alegram, se alegram para valer, e quando gritam, então gritam mesmo. – Olhou brevemente para mim, com carinho, e anuiu. – Não é? Penso muito em por que sempre me senti bem melhor entre os supostamente anormais do que entre os supostamente saudáveis. Toda essa afetação, melindres, falatório. Claro que também é bobagem dourar a pílula. Sua mãe sofreu muito com isso. Nenhuma visita, nenhuma viagem, nenhum amigo. Mas eu não podia fazer nada. Nunca mais vou voltar a trabalhar. É tão difícil para mim! Mas não dá mais para perambular o dia todo pelo terreno gigantesco. Também sinto vergonha dos médicos. Um médico doente, isso não dá certo. Nesta cidade minúscula, todos já sabem. Quem é que vai levar os filhos a um médico doente?

Olhou-me com ar interrogativo. Dei de ombros.

— A perna dói tanto! Talvez eu ainda opere. As longas viagens de carro de Lübeck até Schleswig. São demais para mim. Sabe, a mulher em Lübeck... mas que jeito de falar! A mulher em Lübeck: o nome

QUANDO FINALMENTE VOLTARÁ A SER COMO NUNCA FOI

dela é Karin. Ela é muito mais jovem do que eu. Nos conhecemos no trem. Ah, mas você não vai querer saber dessa história. E a sua mãe sozinha naquela merda de Itália. O que ela quer lá, afinal? Tudo isso é ridículo.

Suspirou, mas parecia mais surpreso do que desesperado:

— Que loucura toda é essa, filho? A gente pensa que na velhice, de certo modo, vai melhorar — da dor de amor, da saudade —; tudo bobagem. Li outro dia. Como antigamente os homens morriam mais cedo que as mulheres ou tombavam na guerra, viravam artigo de luxo nos asilos. As vovozinhas arranhando os olhos umas das outras de ciúmes. Ah, eu bem que ia gostar disso. Ser um aposentado disputado, em forma. Essa doença que tenho vai piorar, não imagino como será, não sei como vou lidar com isso. — Espreguiçou-se, mastigou o pirulito. — E olha que nunca tive cárie! Mais de 60 anos, e nenhuma obturação.

Eu estava deitado na cama da minha mãe. De bruços, aproximei-me dele e o abracei. Ele puxou a coberta e a estendeu por cima de mim.

— Meu Josse querido, realmente é muito bom que você esteja aqui.

— O que você está lendo?

— Ah, poesia. Foi sempre assim na minha vida. Quando não estou bem, leio poesia. Quando a gente está com muita coisa na cabeça, busca respostas concentradas.

— Alguma em especial?

— Sim, do Benn. Gosto dele. Do Benn e do Goethe.

— Bom, Goethe não é para mim — afirmei, embora esse duro julgamento carecesse de toda ocupação efetiva com Goethe.

— Calma que Goethe ainda vai passar pela sua vida. Também é mais adequado para a velhice. Se bem que, se você ler *Werther*, acho que vai gostar. Escute só, é maravilhoso.

Leu para mim todo o poema em voz alta. Sem grandes entonações, de maneira quase monótona, mas com um tom sensível para cada palavra:

Quem está só também está em segredo.
Sempre no fluxo das imagens,
da sua concepção, da sua germinação,
mesmo as sombras trazem sua brasa.
Prenhe de todo estrato,
pleno de pensamento, e não disperso,
capaz de aniquilar
todo ser humano que nutre e reúne.
Sem comoção vê a terra
tornar-se diferente da que foi sua,
não mais "morre" nem "torna-te":
a perfeição o observa, imóvel.

— Que poeta incrível, não acha? E era médico. E um filho da mãe também. Sabe o que ele disse, certa vez? "Uma boa gestão é melhor do que a fidelidade!" Nada mal essa frase. Mas como torná-la realidade? Bom, meu querido, vou apagar a luz.

Avancei rastejando debaixo das suas cobertas, beijei sua careca e fui para meu quarto, que aos poucos se acostumava comigo.

Fiquei mais dois dias com ele. Arranjei-lhe Margret como cozinheira, que entrou impetuosamente em casa, como um exército repleto de alegria. Parecia não ter envelhecido nada:
— *Minhanossasenhoraqueosenhorachadoutorhojetembolodecarnecomsaladaminhanossanãoacredito!!!*

TEORIA E PRÁTICA

NA MINHA VISITA SEGUINTE, FOI FERDINAND QUEM ME abriu a porta. Fiquei surpreso.

— Ei, Ferdinand, o que você está fazendo aqui?

— Ei, Ferdinand, o que você está fazendo aqui? Estou fazendo um pouco de companhia ao seu pai.

Exalava o mesmo perfume de anos antes, quando brincávamos juntos no porão.

— É muito gentil da sua parte.

Repetiu minha fala:

— É muito gentil da sua parte. Ah, faço com prazer.

— Como ele está?

E, novamente:

— Como ele está? Não muito bem hoje. Está muito ansioso para te ver.

— Ferdinand, por que você sempre repete o que digo?

— Por que você sempre repete o que digo? – Fechou a porta guarda-vento, de modo que já não podíamos ser ouvidos no corredor da entrada. – Acabei me acostumando. Queriam me mandar para casa. Isso se chama ecolalia. Faço de propósito. Tudo fingimento.

— Sei.

— Sei. É para que eu possa continuar aqui. Agora entre.

Meu pai tinha se mudado do quarto para a sala. Sua cama estava muito alta, armada sobre quatro blocos de madeira. Cumprimentei-o com um beijo. Nem precisei me curvar, pois ele estava deitado na altura da mesa, talvez até um pouco mais, na altura de um altar.

— O que aconteceu com a sua cama?
— Ah, tenho tanta dificuldade para me levantar. Seja bem-vindo. Fizeram isso para mim lá na carpintaria. Agora só preciso me sentar. Vou te mostrar.

Enquanto meu pai se erguia fazendo barulho e empurrando as pernas nuas e muito pálidas para a borda da cama, vi uma moça sentada no parapeito da janela. Estava ali encolhida em meias-calças verdes e um pulôver verde-abacate bem apertado, parecendo um louva-deus, delicada, de braços longos, pernas longas e dobradas, olhando para mim. Da cozinha veio Margret, disparando:

— *Doutorhojetemcosteletacomcenouraseufilhojáchegouminhanossanão acredito!*

O inseto verde em forma de moça deslizou do parapeito da janela e foi se sentar junto ao meu pai na beira da cama. Ele me apresentou a ela, sorrindo:

— Este é meu filho, Olga. Não tenha medo, ele não faz nada.

Ferdinand tinha se sentado à mesa e estava desenhando um dos seus velhos e conhecidos gatos em plano sagital. Margret bateu nos meus ombros:

— *Agoratemcomidadeverdadeesperoqueestejacomfome.*

Dei as mãos ao meu pai e puxei-o para cima, ajudei-o a vestir o roupão e levei-o até sua poltrona Berger. No cômodo ao lado, ouvi o barulho da televisão e um longo "Ahhhhhhhhhh".

— Quem está ali? – perguntei.
— Quem está ali? É o Anton assistindo ao *Tom e Jerry*.

Achando graça, olhei para meu pai:
— Nossa, quanta coisa acontecendo por aqui!

Ele concordou com a cabeça:
— Pois é, tenho recebido muitas visitas. Visitas de que gosto.

QUANDO FINALMENTE VOLTARÁ A SER COMO NUNCA FOI

Passei três dias turbulentos com ele: comi sem parar, joguei horas de pingue-pongue com os pacientes e, ao partir, a despedida foi extremamente difícil para todos nós.

Levei um bom tempo para entender a decisão da minha mãe de romper com a vida que havia reconstruído e voltar para meu pai. Ele a havia enganado e torturado com a sua inacessibilidade durante anos, mas, apesar de tudo, ela deve ter acreditado que não poderia deixá-lo sozinho. Tentei dissuadi-la. Mas minha mãe deixou a Itália e voltou para Schleswig.

Então, aconteceu algo inacreditável. Fui para casa e abri a porta.

– Tem alguém aí?

Nada. Nenhum paciente, ninguém. Fiquei preocupado. Andei pela casa e encontrei meus pais dormindo juntos em uma cama. Meu pai tinha colocado o braço ao redor da minha mãe. A cabeça dela estava deitada em seu peito. Nunca os tinha visto tão juntos, tão próximos.

Sentei-me na beira da cama e fiquei olhando os dois. "Que estranho", pensei, "estes são seus pais. Seus pais dormindo. Você sempre teve só um pai e uma mãe, mas nunca pais."

Minha mãe abriu os olhos e me viu. Na verdade, deveria ter levado um susto, mas apenas ficou deitada, olhando para mim. Dei um beijo nela e na mão do meu pai. Ele também acordou.

– Meu Josse, que bom que está aqui.

Já não lembro quanto tempo ficamos ali sentados. Foi o momento mais bonito da minha vida junto com meus pais.

Minha mãe ficou com ele. A mulher de Lübeck telefonou. Minha mãe o colocou contra a parede:

– Mais nenhum telefonema escondido, senão vou embora e deixo você morrer sozinho aqui.

Será que ele cumpriu a promessa? Acho que não.

A dor encontrou na corpulência do meu pai um lar espaçoso. Sempre que ele achava que a dor tinha chegado ao máximo, seu zênite era ultrapassado, e ela se transferia para o órgão mais próximo. Sempre que meu pai empregava as últimas forças para se acostumar com um novo foco de dor, era surpreendido por outra ainda mais intensa. E sempre as últimas forças ainda não eram realmente as últimas. Volta e meia, ele pensava: "Bom, mais forte esta dor não vai ficar, então vou tentar estabilizá-la com as minhas últimas forças."

Mas, então, sempre vinha mais uma dor e sempre vinham mais últimas forças. O estado catastrófico das duas últimas semanas sempre era paradisíaco em comparação com o atual.

No seu corpo, a dor irradiava do seu foco para os órgãos e ossos limítrofes, irradiava através deles para dentro do quarto e até para a casa inteira. Deitado no meu antigo quarto, eu sentia a dor do meu pai irradiar pelas paredes, de modo que eu também já não sabia em que posição ficar.

O hálito da morte do meu pai era fresco. Ele dizia:

– Estou de novo com um gosto horrível na boca. Como se tivesse comido alguma coisa podre.

Para vencer esse gosto, chupava balas sem parar. Mas nada ajudava. Somente quando engolia uma grande quantidade de cápsulas de mentol, que acabavam desencadeando tosse, é que aquele gosto permanente de podre era expulso. Bastava chegar perto dele para os olhos começarem a lacrimejar, de tão forte e frio era seu hálito.

QUANDO FINALMENTE VOLTARÁ A SER COMO NUNCA FOI

Muitas vezes, simplesmente ficava deitado com a cabeça afundada no travesseiro, o pescoço mal barbeado se delineava cartilaginoso pela pele flácida, oferecendo-se, pronto, para ser devorado por algo grande e superior.

Meu pai tinha de se ocupar da sua dor dia e noite. Tentava ler, mas a dor ficava com raiva quando ele se dedicava a outra coisa.

Então veio a morfina, com a qual ele começou tarde demais. A essa altura, sua dor já estava tão indisciplinada que somente uma enorme quantidade da droga era capaz de domá-la. Meu pai mesmo a injetava na barriga inchada. Quando se quer realmente aliviar e dominar a dor, é preciso alimentá-la desde pequena com morfina. Pois, de fato, a dor que só mais tarde é abafada com ela é muito mais agressiva do que aquela que é dominada ao primeiro lampejo. As doses de morfina que meu pai se injetava teriam sido fatais para uma pessoa saudável. E a dor verdadeiramente invisível tornava-se visível com a fome enorme e mensurável da droga.

O último grau da dor, que já não podia ser ultrapassado, havia sido atingido quando sua doença chegou à coluna e passou a devorar sua medula através dos discos intervertebrais. Era uma noite quente, ele gritava e gritava, e os pacientes do hospital psiquiátrico também. Eu estava deitado no meu quarto. Com a cabeça na cabeceira, os pés na outra extremidade da cama e os dentes cerrados. Ouvia os gritos dos pacientes, que preenchiam a noite quente, e os gritos de meu pai, que ecoavam pela casa. Volta e meia ia me sentar junto dele. Mas, após dez minutos, ficava tão abalado com seu sofrimento, tão abatido com sua dor que voltava para meu quarto.

Por causa das doses incrivelmente altas de morfina, ele começou a ter alucinações. Falava bobagens, gritava:

— A única banheira que presta é a da Kaldewei!
E de novo:
— A única banheira que presta é a da Kaldewei!
A dor já não lhe dava trégua. Acossava-o. Quando acordei de manhã, a casa estava em silêncio. Desci a escada. Minha mãe estava toda encolhida na poltrona do meu pai. Ele estava deitado na sua cama, inerte. Soltei um gemido, e minha mãe olhou para mim.
— Ele morreu? – perguntei.
— Não, não morreu! – respondeu. Cochichava como se estivesse no quarto de uma criança adormecida. – Foi uma noite tão horrível! Primeiro, já não conseguia mexer os pés. Depois, as pernas. Gritou tanto. Berrou: "Ai, meu Deus, santo Deus, o que é isso? O que é isso? Estou ardendo. Meus pés estão ardendo!" Suou muito. O calor foi subindo aos poucos pelo seu corpo. Até chegar ao ponto fraco da sua coluna. Tentei acalmá-lo. "Estou ardendo!" Ao mesmo tempo, batia nas pernas. E, de repente, pegou meu rosto. Pensei: Agora ele vai morrer. Estava com os olhos bem arregalados. Um medo tão grande. Ficou me olhando. E, subitamente, a dor foi embora.
Não entendi o que minha mãe estava querendo dizer:
— Como assim, a dor foi embora?
— Isso mesmo, foi embora. Daqui para baixo – colocou dois dedos no meu esterno –, está paralisado.
Horas mais tarde, quando meu pai acordou, devastado por ter lutado pela vida, mostrou uma alegria que nos comoveu. Pela primeira vez depois de quase dois anos, não sentia dor.

Começou um período estranho. Em Kassel, eu fazia meus primeiros pequenos papéis, e minha mãe cuidava com devoção do meu pai paralisado. Quando eu os visitava, visitava dois amantes. Nunca achei que fosse possível ver meus pais daquele jeito. Dois amantes, alegres, exaustos, mas carregados pela atenção que dedicavam um ao outro.

QUANDO FINALMENTE VOLTARÁ A SER COMO NUNCA FOI

Após três, quatro meses, meu pai começou a ter problemas cada vez maiores com a respiração, e, à nova dor que se formava nos ombros, juntou-se o medo de morrer sufocado. Ainda se injetava uma grande quantidade de morfina. Se não o fizesse, começava a ter sintomas de abstinência. Por sua vez, a morfina ameaçava paralisar sua respiração.

Meu pai queria muito morrer em casa. Mas, após outra crise de falta de ar em que quase morrera, foi para o hospital.

Minha mãe o acompanhou. Várias vezes, o desejo do meu pai de morrer e a disponibilidade do seu corpo para a morte não se encontraram por pouco. Várias vezes quis morrer, mas seu corpo não deixou. E quando seu corpo deixava, repentinamente meu pai começava a lutar pela vida.

Longe de toda teoria, totalmente ocupados com a faina cotidiana e prática da morte, meus pais superaram juntos as últimas semanas.

Já no corredor do hospital, uma enfermeira em prantos veio ao meu encontro e me abraçou. Minha mãe estava sentada junto à sua cama. Uma vela ardia, e suas mãos estavam unidas, o que me perturbou de imediato. De fato, ele parecia aliviado. O rosto escoriado, relaxado. A dor e o medo finalmente tinham desistido dele. Mais tarde, perguntei-me muitas vezes para onde tinha ido repentinamente aquela dor consistente. Aquela dor cevada com morfina, que havia sugado toda a vida do meu pai, que o roera como um osso suculento. Essa dor vigorosa e até profundamente saudável não podia ter ido embora. Teria se desfeito no ar com a morte do meu pai ou ido para outro lugar? Estaria sentada em algum canto, consumindo a energia que havia devorado dele e esperando por mim, assim que a fome voltasse?

— Que bom que veio — disse minha mãe. — Daqui a 15 minutos vão levá-lo embora.

Fiquei assustado, fui imediatamente até o médico-chefe e pedi para adiarem sua retirada.

— Ele vai ficar o tempo que quiserem.

Minha mãe quis ir para casa, para sua própria cama. Era tarde. Fiquei ali. Sozinho com ele. Despi-me e deitei-me ao seu lado. Sempre tinha feito isso. Mesmo aos 20 anos, eu me arrastava debaixo de suas cobertas e ficávamos conversando. Ele ainda estava quente. Toquei-o, beijei-o. Levantei suas pálpebras fechadas e olhei para seus olhos opacos. Afaguei seus braços, sua barriga peluda.

O colchão em que estava era antidecúbito. Estimulava permanentemente a circulação do paciente, evitando a formação de escaras. Suas câmaras se enchiam e se esvaziavam de ar constantemente.

Permaneci deitado junto do meu pai morto, e debaixo de nós esse colchão trabalhava. Fui ficando completamente entorpecido. Ele ainda estava quente. Aninhados um no outro, nadamos no colchão. Adormeci. Quando acordei, ele ainda estava quente. Suas costas.

Então, percebi que o calor não era seu, e sim do colchão elétrico. Levantei-me e desliguei-o. De repente, fez-se silêncio no quarto. Nem tinha percebido o zumbido tranquilizador de antes. Ele esfriou em pouco tempo e, de repente, também ficou estranho. Somente então a morte passou a ter algo inexorável e desagradável. Do lado de fora, amanhecia.

Meu irmão chegou de Berlim e o deixei sozinho com meu pai. Fui dar um passeio, sentia-me livre e feliz. Inexplicavelmente feliz. O punho fechado em que eu vivera por tantos anos finalmente tornava a se abrir. Quando minha mãe voltou, ficou surpresa, até quase horrorizada por ele ainda estar na cama. Já era suficiente, e fomos embora.

QUANDO FINALMENTE VOLTARÁ A SER COMO NUNCA FOI

* * *

Após cinco dias totalmente ocupados com a organização do sepultamento, o enterro foi seguido por uma missa. Todos que estavam de luto também se mostravam bastante serenos. Não como anos antes, no enterro do meu irmão, em que todos choravam, gemiam alto e se escoravam mutuamente.

Não aguentei ficar na missa. O padre falou do meu pai como um homem de ação. Saí da igreja e fui de carro para casa.

Enfiei a chave na fechadura da porta de casa, mas ela estava fechada por dentro com a corrente. Ouvi um barulho. Pulei o muro do jardim, dei a volta na casa até a porta dos fundos. O vidro da janela tinha sido quebrado, a porta estava aberta. Olhei ao redor, mas não vi ninguém. Entrei em casa, passei pelo corredor que dava na sala. Tudo estava revirado, gavetas escancaradas e esvaziadas.

Corri para a cozinha, que fedia. Alguém tinha cagado em cima da mesa. As bandejas com comidas frias e as travessas com pratos à base de peixe, que haviam sido trazidas da cozinha do hospital psiquiátrico, tinham sido arremessadas contra as paredes. Por todo lado havia salmão e fatias de presunto.

Peguei uma faca grande e subi as escadas. Estava fora de mim. Gritei. Fui de quarto em quarto. Todos os armários haviam sido revirados. Não encontrei ninguém.

Voltei correndo para a cozinha e fiquei desconcertado diante do monte de cocô. Em breve, todos chegariam da igreja. Peguei uma sacola e, com uma colher, enfiei a merda dentro dela. Não queria de jeito nenhum que minha mãe visse aquilo. Com um desinfetante qualquer, esfreguei a mesa. Ajoelhado nos azulejos da cozinha, juntei com as duas mãos os arenques e os pedaços de enguia marinados. O cheiro da merda dos ladrões, o cheiro de peixe e do desinfetante químico reviraram meu estômago. Fui ao banheiro e vomitei. Depois continuei a limpar.

Escondi a sacola plástica na lixeira do lado de fora, debaixo de outro lixo. Eu estava enjoado. Minhas mãos fediam. Esfreguei-as com a escovinha de unhas do meu pai. Vomitei de novo no banheiro, enxaguei a boca e fui arrumar a casa.

Pelo menos, até as primeiras pessoas voltarem da missa, conseguiria pôr todas as gavetas no lugar. Somente então liguei para a polícia. Obviamente, era tarde demais. Depois do enterro e antes da missa, certamente 20 amigos e parentes tinham passado em nossa casa. A maioria deixara ali as suas bolsas. A todas faltava alguma coisa. Somente minha avó tinha escondido a dela atrás da poltrona. Apesar de minha arrumação, minha mãe ficou terrivelmente abatida, e, aos poucos, eu também fui perdendo as forças. O policial falou de uma gangue que costumava atacar durante cerimônias de sepultamento. Mas teríamos tido sorte, pois quase sempre eles deixavam um "presentinho" em cima da mesa, como se costumava dizer na gíria dos bandidos.

Logo após a morte do meu pai, eu já estava de volta a Kassel para atuar no teatro quando meu irmão me telefonou pedindo para eu fazer uma coisa com ele na sexta-feira seguinte. O quê, não quis me dizer. Mas era importante, e ele ficaria feliz por não ter de fazê-lo sozinho. Pegamos o carro do meu pai e passamos pelo local onde nosso irmão havia sofrido o acidente fatal.

Então, meu irmão me explicou a razão da nossa viagem. Ao dar uma olhada nas contas do meu pai, deparou com uma ordem permanente de transferência. Informou-se junto ao banco e descobriu que essa ordem permanente existia havia mais de cinco anos. Todo mês, 1.200 marcos. O dinheiro era transferido para uma imobiliária em Kiel. Estávamos com o atestado de óbito do meu pai para saber junto a essa empresa a que se referia o aluguel, pois era de um aluguel que se tratava. Meu irmão ainda me contou que havia encontrado um molho de chaves. E justamente dentro de uma caixa que meu pai tinha trazido para casa depois de ter arrumado o consultório ao saber que nunca mais voltaria a trabalhar.

De Schleswig até Kiel são cerca de 60 quilômetros. O inverno no norte da Alemanha é desolador. Até o meio-dia, praticamente não há luz e, a partir das quatro da tarde, já está escuro como breu. Durante a viagem, meu irmão me contou que havia ligado para a última namorada do meu pai em Lübeck e perguntado se ela sabia do apartamento. Não sabia de nada, mas ficou feliz por poder falar com alguém da família. Ficara sabendo da morte do meu pai pelo jornal, mas não ousara ir ao enterro. Perguntou se poderia visitar o túmulo dele. Meu irmão ficou surpreso com sua insegurança e disse que não tinha nada contra. Desde então, sempre há flores no túmulo, e minha mãe não sabe de onde vêm.

Na imobiliária, apresentamos o atestado de óbito e anulamos a ordem permanente. O contrato tinha um prazo de rescisão de três meses. Informaram-nos o endereço e partimos. Ficamos em silêncio no caminho. Meu irmão disse apenas uma vez:

— O que será que nos espera?

O apartamento ficava em um prédio alto bem na baía de Kiel. Encontramos uma campainha, ao lado da qual estava escrito H. M. As iniciais do meu pai. Meu irmão tocou. Só então me dei conta de que talvez alguém pudesse estar no apartamento. Nada.

A chave abriu a porta. Meu irmão também encontrou a caixa de correio com as mesmas iniciais H. M., mas desta não tínhamos a chave. Mesmo assim, meu irmão a abriu pela fenda.

— Humm — mais não disse.

Pegamos o elevador atapetado até o nono andar. Em cada corredor havia cinco apartamentos. Ali também, o nome abreviado do meu pai estava na primeira porta. Meu irmão bateu. De novo, nenhuma resposta.

Então, pegou a chave e abriu a porta. A primeira coisa que vi, ainda à luz vinda do corredor, foi um casaco com gola de pele no vestíbulo. Não encontramos o interruptor. Através das grandes janelas, vimos a cidade, a água, a luz amarela do porto.

– Nada mau – disse meu irmão, finalmente acendendo a luz.

Estávamos no meio de um apartamento espaçoso e muito moderno. Em uma parede estavam penduradas cinco fotografias grandes em preto e branco, emolduradas. Uma mulher com cerca de 30 anos. As diferenças entre cada foto eram mínimas. A sequência de imagens começava em cima: a mulher ia virando a cabeça, mas somente na foto central olhava para o observador. Tinha cabelos pretos e parecia bem magra.

Demos uma olhada no apartamento. Sobre o criado-mudo havia outra foto da mesma mulher de cabelos pretos. Meu pai estava sentado ao seu lado, e havia mais algumas pessoas em um terraço. Ele parecia feliz, tranquilo. Ria. Ao fundo, viam-se ciprestes e uma cadeia de colinas suavemente arredondadas. Vestia um terno leve, que eu não conhecia, e na mão segurava um copo de coquetel com uma rodela de laranja na borda.

Eu nunca tinha visto meu pai beber coquetel. O armário estava cheio de roupas. O terno claro da foto também estava nele. Em uma gaveta, encontramos mais roupas. Embora estivessem limpas, dava para perceber que fazia muito tempo que ninguém tinha estado ali. Havia um aparelho de som. Meu irmão deu uma olhada nos discos e pôs um para tocar. Sentamo-nos nas caras poltronas de couro, conversamos e bebemos uísque. Então, meu irmão se levantou de repente e começou a dançar. Fiquei assistindo, depois também dancei. Dançamos os dois nesse apartamento, e do porto de Kiel partiu uma balsa gigantesca, com iluminação festiva.

* * *

QUANDO FINALMENTE VOLTARÁ A SER COMO NUNCA FOI

Cada vez mais tenho a impressão de que o passado é um lugar ainda mais inseguro e instável que o futuro. O que deixei para trás não deveria ser algo seguro, concluído, que já fora e só esperava para ser narrado, e o que tenho pela frente não deve ser o chamado futuro a ser moldado?

E se eu tiver de moldar meu futuro? E se de um passado permeado e moldado puder surgir algo como um futuro em aberto? É um pensamento opressivo, mas, de vez em quando, a vida que tenho pela frente me parece um trecho feito sob medida para mim, a ser inevitavelmente percorrido, uma linha em que vou me equilibrar com cuidado até o fim.

Sim, é nisto que acredito: somente depois de ter conseguido desatar e abrir todos esses pequenos pacotes de recordações; somente quando eu ousar desistir da aparente confiabilidade do passado, aceitá-lo como caos, moldá-lo como caos, decorá-lo, comemorá-lo; somente quando todos os meus mortos voltarem a ser vivos, familiares, mas também muito mais estranhos e independentes do que eu jamais reconhecera; somente então conseguirei tomar decisões, o futuro cumprirá sua promessa eterna e será incerto, e a linha se ampliará em uma superfície.

Após umas férias de verão no Norte, fiz um passeio até Schleswig para rever o terreno do hospital psiquiátrico depois de tantos anos. Tinha ouvido falar que havia sido fechado, mas o fato de as intervenções terem sido tão maciças me surpreenderam. O muro da instituição, que no total certamente contava três quilômetros de comprimento, havia desaparecido, assim como os dois portões de entrada. Agora dá para entrar direto com o carro no terreno, e alguém que não seja do lugar dificilmente irá perceber a passagem da área da cidade para aquela da instituição. Os prédios C, D e M foram demolidos. O prédio K está vazio e com vidros quebrados até o último andar. Suponho que reformar esses caixotes tão sombrios segundo o padrão atual seja simplesmente caro demais. Os edifícios construídos mais tarde ainda estão funcionando, mas no meu passeio mal consegui reconhecer alguma coisa, pois todas as cercas foram substituídas por paliçadas de um metro de altura, que impediam a visão. Os bancos ainda presentes diante das entradas principais estavam vazios; aliás, não se via vivalma em todo o hospital psiquiátrico, o que me deu a impressão de que havia sido evacuado ou até mesmo fechado.

Não vi nem ouvi nada. O viveiro de plantas, a serralheria e as outras oficinas tinham grandes tapumes presos às janelas. No entanto, a grama do campo de futebol havia sido cortada recentemente e perfeitas linhas de cal tinham sido pintadas no gramado – coisa pela qual, antigamente, sempre havíamos ansiado. A grande área, a linha central e até a marca do pênalti, tudo ali. O novo hospital oferecia uma triste imagem. As manchas de ferrugem tinham desfigurado toda a fachada. Atrás dos vidros, que haviam sido substituídos e me pareceram curiosamente pequenos e maciços, espessos como as janelas que sobressaem no gelo de um iglu, vi alguns pacientes. Como os últimos representantes de uma espécie ameaçada de declínio, caminhavam sem contorno nítido de um lado para o outro, por trás do vidro blindado.

Embora eu não tivesse nenhuma dúvida de que o estado anterior da instituição era insustentável, de que a superlotação e a aglomeração dos pacientes eram horríveis, de que os cuidados médicos certamente eram insuficientes e a aplicação maciça de psicofármacos tranquilizantes, uma evidência imperdoável; embora eu não tivesse dúvida de que aos últimos pacientes remanescentes – mais tarde fiquei sabendo que não chegavam a 300 – certamente era oferecido um ambiente bem mais profissional e digno; embora eu não tivesse nenhuma dúvida a respeito disso tudo, nunca o Hesterberg me pareceu tão desolador, tão – pois é, não sei dizer de outra forma – desenganado como nesse dia.

Como era possível? Que tivesse melhorado para todo mundo, menos para mim? Naquele momento, ficou claro que eu lamentava a perda de um mundo cujo desaparecimento nada tinha de triste. Meu sentimentalismo se dirigia a um lugar infernal, destacado do mundo. Graças a Deus, essa instituição superlotada tinha acabado!

Mas eu sentia saudades dela com todas as fibras do meu corpo: da alegria não filtrada, dos abraços muito longos, da ira desenfreada.

Sentia saudades da imoderação, do espetáculo, da normalidade, para mim evidente, desse lugar de loucura.

Sentia saudades da... – como posso nomeá-la – sim, da clareza daquelas pessoas. Uma clareza em que tantos pacientes haviam sido encarcerados pelo destino.

E, acima de tudo, sentia saudades daqueles milhares de gritos dos doentes durante a noite, que me faziam dormir tão bem.

Fui até nossa casa, que, de fato, tinha se tornado uma unidade de tratamento: residência assistida. Minha mãe já tinha me contado; portanto, eu estava prevenido. Vi a porta da casa. Sobre ela, uma placa: casa S. Apesar de várias pinturas, nela descobri sulcos que nossa cadela havia deixado depois de anos arranhando a porta quando queria entrar.

Caminhei ao longo da cerca ao redor da casa e cheguei aos quartos dos meus irmãos, que ficavam um ao lado do outro, com suas janelas e a porta do meu terraço. Uma mancha branca e enevoada pulsava no vidro da porta, diminuindo e aumentando de tamanho. Atrás dessa mancha de vapor, percebi indistintamente os contornos de um rosto. Como uma medusa pulsante, a mancha nadava no vidro, encolhendo-se e crescendo.

Atrás da porta do terraço, no quarto que era meu, alguém estava sentado no chão, bafejando sua respiração contra a janela.

Pulei a cerca e me aproximei. O chão que pisei parecia familiar e proibido.

E foi isto que encontrei: um menino, com não mais de sete anos, exausto, apoiado com a testa no vidro, os olhos fitando o lado de fora. Seu olhar me atravessou em direção a um vazio pacífico. Respirava: puxava e soltava o ar. Não fazia outra coisa a não ser respirar: puxava e soltava o ar. Sentado no chão do meu quarto. O vidro embaçava e tornava a clarear. Ele sumia e tornava a aparecer, sumia e tornava a aparecer. Nada mais.

SOBRE O AUTOR

JOACHIM MEYERHOFF nasceu em 1967, em Homburg/Saar, mas cresceu em Schleswig. Por seu romance de estreia, *Alle Toten fliegen hoch. Amerika* [Todos os mortos voam alto. América], recebeu o Prêmio Literário Franz Tumler, em 2011, e o Prêmio Bremen de Literatura em 2012. Desde 2005 é membro do Burgtheater, em Viena. Em seu ciclo de seis partes, *Alle Toten fliegen hoch*, Meyerhoff apareceu no palco como narrador e foi convidado para o Encontro Teatral de 2009. Em 2007, foi escolhido Ator do Ano.

AGRADECIMENTO

A tradução desta obra teve apoio do Goethe-Institut por meio do fundo do Ministério de Relações Exteriores da Alemanha.

Muito obrigado.

Papel: Pólen Soft 70g
Tipo: Bembo
www.editoravalentina.com.br